LAOZI
TAIJIQUAN
BENYUAN

张文鼎◎编著

老子·太极拳本原

長江出版傳媒
Changjiang Publishing & Media
湖北科学技术出版社
HUBEI SCIENCE & TECHNOLOGY PRESS

序

《太极拳谱》曰：“天地为一大太极，人身为一小太极。人身为太极之体，不可不练太极之拳。本固有之灵而重练之，良有益也”。太极者阴阳也，天地一阴阳，人身亦一阴阳，天人本就相应合一，以天然固有之灵，重修本然良能潜藏的太极拳，开发潜能，必相得益彰。不仅有益于身心健康，更有可能开启众妙之门，攀登大道之殿堂。既知习练太极拳为入道之基，尤当明太极之理，不可不知太极拳之本原。这个理是道，这个本原是老子所论之道。太极者无极而生，无极者，虚无之至极也，也就是道，唯道集虚。道生一，一为太极、为元气，虚无所生之先天一气，就是太极拳之根本，“气也者，虚而待物者也”。

道，天地万物的总根源。老子以五千言论道，倡道家学说，奠定了中华传统文化的根基。鲁迅先生说：“不读《老子》一书，就不知中国文化，不知人生真谛”。道给万物以生命，又供万物以生计，万物受之而生生不已。道大慈大爱，珍视生命，在所有生命体中，人得天独厚，最具灵明智慧。须知得一人之生命最难，能得此身、此世、此缘之生命更是难上加难，必须善加珍爱，一失人生，万劫难复。道家重生，欲天下众生健康长寿，得长生久视之道。提出了我命由我不由天的理念，要夺天地之造化，参赞天地之化育，与天地共生，永世长存。

为实现重生之理念，道家提出了完整的养生功法，有不朽的传世经典。老子所说的“致虚极，守静笃”，“载营魄抱一，能无离乎”，“万物负阴而抱阳，冲气以为和”，“独立而不改，周行而不殆，”“专气致柔”等要义，是道家所有养生经典中的经典，也正是学者当知当明的根本。营为精神，属阳刚；魄为形体，属阴柔，精神与形体的合一，则有人生命的一切功能。阴不离阳，阳不离阴，阴阳相济，相抱不离，如是有道家性命双修、内外兼修、动静兼修的功法。独立不改是形体之处静忘形，周行不殆是内气之健运流行，形静而意动，外静而内动，而根本是心神之虚静无为，这是道家养生修身的核心妙要，也正是太极拳必修功课性命双修之学。

张三丰先生说："学太极拳为入道之基，入道以养心定性，聚气敛神为主"。"欲求安心定性，敛神聚气，则打坐之举不可缺，而行功之法不可废。学者须于动静之中，寻太极之益"。站桩、打坐是静中求动的静功，行拳盘架是动中求静的动功，太极拳必须功拳并炼，静中触动动犹静。功属柔而拳属刚，拳须动而功宜静，刚柔相济，动静相因，始成太极之象。

修静功必遵老子的六字真言："致虚极，守静笃"，虚其心而静其意。欲求虚静，则要"不见可欲，使心不乱"，"不欲以静"，"清静为天下正"，应知虚静之修为归根复命之正功。虚静在于修心，心贵静，要求心中不存一丝杂念，平如止水无微波，净如晴空无片云。心静则专，能专则能返观内照，存一觉照之心，照而不照，不照而照，则主宰常在。

练动功老子提出的要求是："骨弱筋柔而握固"，"专气致柔，复归于婴儿"，要修炼身形如同初生婴儿般的天真柔软。"人之生也柔弱"，"弱者道之用"。化有形之筋骨为一团元气，化有为无，以至于无状之状，无物之象，复归于无物。见素抱朴，复归于无极。

内外兼修即是性命双修之功，有炼形化气，炼气化神，炼神还虚，炼虚合道四阶功法。身静而炼形，心静而炼气，念静而炼神，在虚静无为中，身、心、念、精、气、神，同归于化，化有为无，最终复归于无极纯朴之大道。

太极拳动静双修之妙用，先贤已然述明，愿天下人们延年益寿，不徒作技击之末。充分发挥其养生长寿、祛病康复、以及寻理、求趣、证道的功能，使所有善良的人都能得太极之益。

也有专爱太极拳技击之奇者，志在寻求柔之胜刚，弱之胜强，四两拨千斤的妙要，保护弱小者的安全。然细究其妙，也就在于“专气致柔”，“守中抱一”，“守柔曰强”，“反者道之动，弱者道之用”，以及用意不用力，意气君来骨肉臣等诀要。而太极拳之应对，其主旨是无为不争，谦卑处下，“不敢为主而为客，不敢进寸而退尺”。其原则是舍己从人，顺应随从，坚持慈，俭，不敢为天下先的三宝。中华乃礼乐之邦，敬长爱幼，以和为贵，宽厚礼让，珍爱生命。老子曰：“以其不争，故天下莫能与之争”，“恬淡为上，胜而不美”。

道不可须臾离也，离则非道。修炼太极拳为证道求道，当不可偏离老子所论之道。《老子》一书，原为道经之祖，太极拳本是丹道由动入静、由有入无之修。今依照《老子》书中所论，道生一、由无极而太极、法自然之常理，寻太极拳之本原。以明身心性命之根，知天人物我之原，复归其根本，不离大中至正之道。本正而源清，源清则流清，太极拳有如此源头活水清流，汇成滔滔不绝之江河，自远古以来奔流不息。时至今日已发展成为慈善的海洋，使普天之下都能得健康长寿之益，得大道养育之恩惠。

前　言

一

《老子》一书，瑰集了老子之前数千年乃至上古中华文化的精华。老子在书中所论的道，是宇宙自然之道，是自上古以来流传不息之道。鲁迅先生说："不读《老子》一书，就不知中国文化，不知人生真谛"。并认为"中国根柢全在道家"。老子将道的理念发扬光大，成为中华文化的根基，并倡立了道家学说。

司马迁在《史记》中说："老子所贵道，虚无因应，变化于无为，故著书辞称微妙难识"。有阐释曰：老子之道，以虚无为本，以因应为用，无为而无不为。老子说道为："视之不见，听之不闻，搏之不得。无状之状，无物之象"。虽没有具体形象，但却是万事万物的主宰，其作用无所不包，无处不在。顺应自然的变化以归于无为，无为而无不为的因应对待，无不中和圆融，至善至美。道不可见，在其作用中见，其作用称之为德，德是道的体现。

道自虚无而生育万物，老子这样说："道生一，一生二，二生三，三生万物"。道本虚静无为，无中生有，有了元始的一气。静极而动，动之则分，一气分为阴阳二气。阴阳对立，经冲气调和而成三体，由三体而发展成为万事万物。普天下之万事万物，莫不因道而生，所以道是万物的总本原。

道生育了宇宙中万事万物，生天、生地、生人，必有一共同遵守的法则，有序有规律的生生不已，又源源不绝。这一法则的成立，老子说是："人法地，地法天，天法道，道法自然"。人最接近于地，依赖于地，很自然以地的规律为法则。而地围绕着天转，必然效法于天。天是道之子，知子守母，必然效法道。道即自然，自本自根，以自身为法，是为普天之下所共同遵循的法式，因之而包罗万象，贯通万物。道通唯一，一者元气也，庄子曰："通天下一气耳"。道以元气贯通天下万物，联系天下万物，养育天下万物，是宇宙的总法则。

这自然的法则规律，万物共同遵守执行。道本具这一法则，自己作出表率，树立了高尚的道德标准。"道生之，德蓄之，长之育之，亭之毒之，养之覆之，生而不有，为而不持，长而不宰，是谓玄德"。这个玄德是最高尚、最深远的德，道为体，德为用，德是道的具体体现。道生养了万物，从不占有，奉献施与，不图回报，以全力资助万物为充实，把一切捐出为富有，愈出而愈有。道兼具真善美的品格称之为德，最高尚、最美好的德叫玄德。

《老子》一书到唐代被尊之为《道德经》，是道家学说经典中的经典。又以继承老子学说的《庄子》一书为《南华经》，《列子》一书为《冲虚经》，为道家学派的三大经典。继之发展成为汪洋浩瀚的道藏，有洋洋五、六千卷之多，堪为古今中外之观止。从这"综罗百代，广博精微"的道家典籍中，人们可以发现，道家特别尊重生命，有关养生之道的论述著作，在道藏中占有很大成分，如《参同契》、《悟真篇》、《黄庭经》等。

生命因其极度难得，所以特别珍贵，理当爱惜又爱惜，奈何天命有定数，三灾八难，大限难逃。老子提出了"反者道之动"的理念，道家认为，顺则凡，逆则仙。要逆天而行，主张自己掌握自己的命运，我命由我不由天，修炼长生久视之道，要效法天地而永世长存。为此，道家发展了自上古流传的养生理论与功法，以大道本体之虚静无为为纲领，修炼人生三宝精、气、神。这种修炼全凭心意用功夫，与天地精神相往来，以求得与道合真。

道家养生之修，全面、完整、高尚，称为性命双修，包括了性功与命功两重功法。性者，心神也，性功以修炼精神为主，是形而上者，具体以元神为修炼对象，有练神还虚，炼虚合道的两步功夫。命者，身形也，命功以修炼形体为主，具体以元精、元气为修炼对象，有炼精化气，炼气化神的两步功夫。修炼的步骤，先是筑基炼己，基础坚固再行提炼元精，使之化为元气，化合精气神三元为二。第二步提炼元气，使之化为元神，化合三元归一，完成命功的修炼。再往前进阶，练神返虚，还归精、气、神于虚无之道。《老子》曰："为道日损，损之又损，以至于无为"。性命双修由有入无，使有形有质的形体，脱胎换骨，进行一番彻底的改造，由气化到虚无，最终回归于道本体之虚静无为，复还本来真面目。

命功炼形，包括静坐、桩功的静修；太极拳、五禽戏等的动修。当命功炼到极致，化有形入无为，也就入于性功的炼神阶段。太极拳到此阶段其修炼也有了质的变化，所谓入化境，视动犹静，视静犹动，达到形神合一，为中华武学的最高境界。

道"微妙玄通，深不可识"，古往今来研究论著几过千种，"古之所以贵此道者何"？有学者说："它究天人之际，察万物之情，通古今之变，应人生之事，证大道之真，是世人修真之圣典"。道无所不能、无所不知、无所不通、无所不应，故曰："道者，万物之奥"。如能以至诚至敬之心，作虚静无为之修，就能得到道的佑助。

二

"道生一,一生二,二生三,三生万物"，是老子提出的宇宙生成模式。与之对应又有无极生太极,太极生两仪,两仪生四象,四象生五行、八卦的模式。

老子在书中第二十八章提出了无极一词，曰："复归于无极"。任继愈先生释之为："最后的真理"。赵德政先生则释为："自然无为的母体状态"。两说都赋予无极以道之含义，先贤们也说："无极者道也"。由此可知，在上面两种模式中，无极对应道，道大中至正，无极也就是中，所谓"无极者，真中也"。

依次对应，太极就是一，故有说："太极者一也"。又说太极就是元气，杨廷秀先生说："元气浑沦，阴阳未分，是谓太极"，元气也就是一。李杞先生说："夫太极者，形、气、质未离之初也。方其未离之初，混混沌沌，不可得而指名，故谓之太极”。太极是浑沦一团元气，有圆之象。

两仪即是阴阳，对应二，太极一动阴阳生，浑沦初动而一分为二。一动则有向背，向为阳，背为阴；一动则现缓急，缓为阴，急为阳；一动则显开合，开为阳，合为阴，产生了相互对立的矛盾体。阴阳相互对立的统一于一件事物之中，万物因阴阳对立而存在。

四象对应三，言其生生发展的过程，四象由两仪分化，一分为二、又一分为二，在分化中平衡。而阴阳二气的对立，必以中和冲虚之气进行调和，方能有相生相克、对立统一的作用。《老子》曰："万物负阴而抱阳，冲气以为和"。冲即中，冲气是中和之气，调和阴阳，平衡阴阳，转化阴阳，皆有赖其中和的作用。阴阳二气加中和之冲气而为三，由此而生五行、八卦，而生万物。

关于太极一词，南怀瑾先生说："是上古留下这么一个名词，代表宇宙初生的那个极点，太极之上是无极"。太极这个名词与道之一词同样，是上古流传下来的，是中华传统文化的精髓。在《老子》书中，只见有无极而未见太极一词,在《庄子》书中却见有太极一词,庄子在《大宗师》文中说:"在太极之先而不为高"。这是道家经典中出现较早的太极一词。在易传中也有"易有太极，是生两仪"之句。

与太极一词相应，流传有太极图，太极图也有其发展演进的过程，到现在流行的有阴阳双鱼太极图与周子太极图，这两图对太极拳的发展都有重要意义。周子太极图有宋代周敦颐所著的《太极图说》，对太极的含义作了全面的论述，该文产生的影响巨大。兹录原文如后。

《太极图说》:"无极而太极。太极动而生阳，动极而静，静而生阴，静极复动。一动一静，互为其根。分阴分阳，两仪立焉。阳变阴合，而生水火木金土。五气顺布,四时行焉。五行一阴阳也,阴阳一太极也,太极本无极也。五行之生也，各一其性，无极之真，二五之精，妙合而凝。乾道成男，坤道成女,二气交感,化生万物,万物生生而变化无穷焉。唯人也,得其秀而最灵。形既生矣，神发知矣，五性感动而善恶分，万事出矣。圣人定之以中正仁义而主静，立人极焉。故圣人与天地合其德，日月合其明，四时合其序，鬼神合其吉凶。君子修之吉，小人悖之凶。故曰，立天之道，曰阴与阳；立地之道，曰柔与刚；立人之道，曰仁与义。又曰，原始返终，固知生死之说，大哉易也，斯其至矣！"

《太极图说》在许多相关著作中，都有详尽的解说，下面仅就与太极拳有关联的部分，作些了解。

文中说："太极动而生阳，动极而静，静而生阴，静极复动，一动一静，互为其根"。阴阳是道家学说的核心，所谓一阴一阳之谓道。阴阳更是太极拳的根本问题，所谓一阴一阳谓之拳，拳打一阴又一阳。阳指事物的光明面，引申为动、为开、为升、为上，在八卦中为乾，具有刚健、统领的作用。阴指事物的幽暗面，引申为静、为合、为降、为下，在八卦中为坤，具有柔顺、潜藏、宽厚的性格。阴阳相互协调补充，所以阴不离阳，阳不离阴，万事万物都在阴阳对立协调中演化成长。阳刚健运，当动到了极点，物极必反，阳极阴生，动极而静；当阴静到极点，静极生动，一阳萌生，所以说阴阳互为其根，相反相成。阴阳相对又不可分离，所谓孤阴不生，独阳不长，任何事物有阴就有阳，阴阳同时同在，相互依存，相互促进，相互转换。有如人体，有前胸，必有后背；有内脏，必有外形，相互依存而不可缺失偏废。阴阳之义，深矣广矣，太极拳学根于太极阴阳之理，王宗岳先生之《太极拳论》，依阴阳之理而立论，指出"须知阴阳"，"阴阳相济，方为懂劲"。

《太极图说》中还说："分阴分阳，两仪立焉。阴变阳合，而生水火木金土。五气顺布，四时行焉。五行一阴阳也，阴阳一太极也"。这是说太极包含了阴阳相反相成的两个方面。在相反的方面，就是水与火的对立，水火不相容，是阴阳对立最为明显的现象。在相成方面，就是金木相成，春天草木萌芽，春为木，万物生长。秋天万物成熟，到达终点，秋季收割为金。故曰："木金者，生成之终始也"。土是木火金水的活动场所，所有变化都在土地上发生，合起来就是五行。可知，五行是阴阳进一步的推衍，阴变阳合而生木火水金土，五行一阴阳也。

文中还说："无极之真，二五之精，妙合而凝"。二是阴阳二气，五是木火土金水五行之气，阴阳五行之气，遵依道的规律，化合凝聚而生万物。万物之中唯人最得其灵秀，成为万物之灵，这个灵是先天本然的灵光，是先天本具的智慧，其中有精，其精甚真。

文中又说："立天之道，曰阴与阳；立地之道，曰柔与刚；立人之道，曰仁与义"。天道变化，一阴一阳，日月运行，寒来暑往，为万物生化之源。地道顺承天道，在地成形，形质有刚柔之分，刚柔相推而有万物之变化。人道讲道德仁义，行为的标准是以仁安人，以义正我。刚健者天之道，柔顺者地之道，中和者人之道，天地人称为三才，三才者一阴阳也，阴阳者一太极也，在此又有了"太极涵三归一"的准则。

太极一动阴阳生，也就是阴阳分。阴阳二气，阳刚阴柔，阳清阴浊，阳升阴降，各行其是。欲妙合而凝，必赖冲气以为和，调和阴阳，使其相亲相济，得生化万物之美。阴气，阳气，冲和的中气，三者缺一不可，故太极涵三而归一。

与周敦颐《太极图说》对应有周子太极图（见图一）。周敦颐的太极图，来源于陈抟的无极图（见图二）。周敦颐颠倒其序，改为自上而下的顺读，取顺而生人，生生不已之意。陈抟的无极图为由下而上的逆读，取逆而成丹之意。

兹节录黄宗炎先生《太极图辩》对二图的解说：陈抟无极图，"其最下圈为玄牝之门，玄牝即谷神，牝者窍也，谷者虚也，指人身命门两肾空隙之处，气之所由以生，是为祖气。凡人五官百骸之运用知觉，皆根于此。于是提其祖气上升，为稍上一圈，名为炼精化气，炼气化神，炼有形之精，化为微茫之气。炼依稀呼吸之气，化为出有入无之神，使贯于五脏六腑。而为中层之左木火，右金水，中土相联络之一圈，名为五气朝元。行之而得也，则水火媾而为孕。又其上之中分黑白两相间杂之一圈，名为取坎填离，乃成圣胎。又使复还于元始，而为最上之一圈，名为炼神返虚，复归无极，而功用至矣。盖始于得窍，次于炼己，次于和合，次于得药，终于脱胎求仙，真长生之秘诀也”。

周子太极图，“以顺而生人，故从上而下。太虚有无，有必本无，乃更最上圈炼神还虚，复归无极之名曰无极而太极。太虚之中，脉络分辨，指之为理，乃更其次圈取坎填离之名曰阳动阴静。气生于理，名为气质之性，乃更第三圈五气朝元之名曰五行各一性。理气既具而形质呈，得其全灵者为人，人有男女，乃更第四圈炼精化气、炼气化神之名曰乾道成男、坤道成女。得其偏者蠢者为万物，乃更最下圈玄牝之门曰万物化生”。

现代流行的太极图（见图三），是一外圆内含阴阳双鱼的图形。有说是以周敦颐太极图中阳动阴静为仿本，去掉上下各圈简化而成。外圈为圆形，代表宇宙；圆圈内的阴阳鱼为阴阳两仪；阴阳鱼又各有一个鱼眼，代表阴中有阳，阳中有阴，阴阳中复有阴阳。此图外形虽然简单，而所包涵的意义却非常丰富。

一、太极图以圆为形，象征着宇宙无始无终的周期循环运动。圆转自如，灵动不息，变化无常，可大可小，具有无限的伸缩性，其大无外，其小无内。宇宙间的一切运动都以圆为形，有柔韧、适应、顺随、圆润、融通之义。

二、图内太极双鱼互抱，黑白分明，对立统一，动态平衡。双鱼显示着，阳渐生至极盛，阴已萌生动意；阴渐长而极盛，而阳已起而薄之，一进一退，此消彼长。太极双鱼同居一圆之中，表示阴不离阳、阳不离阴，相互交合为统一体。双鱼眼还代表着灵动生机，小可以变大，弱能够变强，宇宙处在变化之中。

三、太极双鱼走成 S 形曲线，表示一切事物的发展，曲则有成。S 形曲线旁视之为波浪形，上视成螺旋状，有圆转不息，变化无穷之象，表达了动与变的哲理。

四、现代流行太极图，画为平面，但应以立体视角观读之，从中悟出灵性的信息，精义入神，心灵相通，则当自有一番妙趣。《参同契》曰：“千周灿彬彬兮，万遍将可睹，神明或告人兮，魂灵忽自悟，挥端常其绪兮，必得其门户，天道无适莫兮，常传于贤者”。

太极图对太极拳有极深刻的指导意义，是太极拳内功心法的源泉。

附：图一，图二，图三。

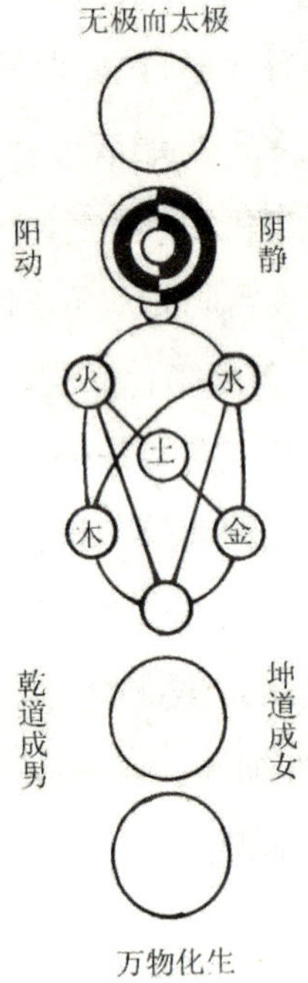

图一　周敦颐太极图

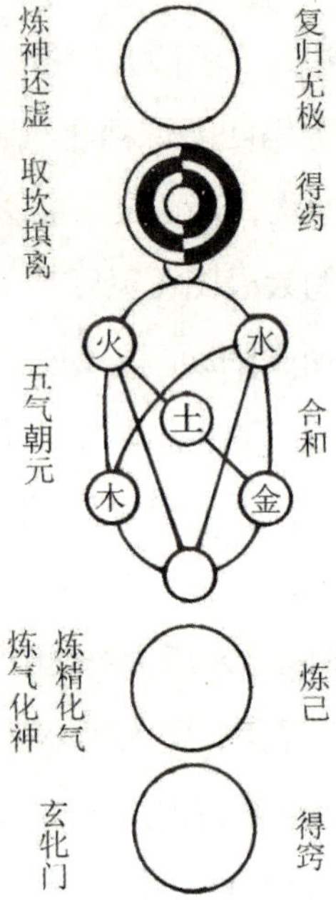

图二　陈抟太极图

图三　太极图

三

道家认为，天地是一大太极，人身是一小太极，其核心是天人合一，天人相应，天人互参。而天与人所合、所应、所感，就落实在太极阴阳上。天有阴阳，人亦有阴阳，具体表现为：天有日月，人有两目；天有风雨，人有喜怒；天有雷电，人有音声；天有冬夏，人有寒热等等。天与人同类相亲、同声相应、同气相求，因天与人终究同归于道之本原。

王双有先生说："宇宙是一个巨大的脑，人脑是其中一部分。只有天人感应，天人交融的直觉和顿悟中所获得的心灵启示，才能看成是宇宙的自我意识，此时所悟的天机，也正是宇宙的自我泄露。宇宙在思维着，唯有以宇宙为自身，才能感知宇宙的思维"。这里说的宇宙是道所生之子，在思维着的宇宙即太极，因道无思无为，有萌动之兆者，即太极也。

《太极拳谱》有《大小太极解》与《人身太极解》，把人体内外各部比作太极、两仪、四象、五行、八卦，说："人身为太极之体，不可不练太极之拳"。

太极拳是在自然无为之道的培育下，逐渐发展成熟的养生功法，它以太极阴阳为总纲，在刚柔、虚实、动静、开合间求变化。所追求的是无形无象，以合道体之虚无；它全体透空，以与天地合一。依八卦之理，有掤、捋、挤、按、采、挒、肘、靠之八劲八法；纳五行之气，有进、退、顾、盼、定之五势五步，合称为太极十三势。言外形拳架，更重在精神意气之内功。拳谱《太极进退不已功》曰："掤进捋退自然理，阴阳水火相既济。先知四手得来真，采挒肘靠方可许。四隅从此演出来，十三势架永不已。所以因之名长拳，任君开展与收敛，千万不可离太极"。此诀以阴阳相济之理，言十三势之动静开合，不离太极往复循环之真。

太极生于无极，也就是道之子，秉承了道的一切美德，因此太极拳之第一要义是大中至正，在内必具浩然正气，于外必具有中正形体。《太极拳谱》有：立身中正安舒，尾闾中正神贯顶，中土不离位，占住中定等等要诀，规范了守中不失、不偏不倚、顶天立地的原则。形体之必中必正，心意的不偏不倚，合于道本具之真善美。

太极是一，浑沦初开，萌生征兆，寂然不动之体，感而遂通，元气始凝，名之为一。此际将动而未动，似静而非静，《太极拳谱》谓之静中触动动犹静。太极拳之守一，即是守此灵明之真机，所谓肌肉若一，周身如一，即全身所有内外一切都具有此灵明之真机。此太极真机兆象，先天一气应感而来，无极生太极，虚无生一气即是。

太极是元气，浑沦未开之先，此元气静默蕴蓄于虚空；浑沦初动，元气由虚空始生。此元气是宇宙万物的基本，人生有此元气则活泼生长。太极拳以此元气连通内外，以心行气，以气运身，运行者此气也；行气如九曲珠，意气须换得灵，转换者此气也。太极拳之气遍身躯不稍滞，遍体流行不留停，说的就是元气在体内健运不息的状态。元气在体内之充盈集聚，太极拳称之为内气、内劲。

太极一动阴阳生，即是此元气、先天一气，一分为二，分为阴阳二气。万物负阴而抱阳，是万物不离此阴阳二气，既对立又统一于一体之中。阴阳相济是太极拳的基本准则，凡拳法之虚实变转、动分静合、刚柔相寓、粘走相生、屈伸顺随、开合鼓荡等，总归为阴阳二气的生克制化，所谓一阴一阳之谓拳。阴阳二气对立互争，相生相克，相互转化，全赖冲气以为和，阴阳二气之间因有中和之气的调和，故能统一于太极体中，所以太极又是中和之理。

太极者，虚其中之象也，“当其无，有器之用”。太极拳修炼至化境，全体气化，成为一虚空的大气球，此气球大而无外，小而无内，中间是透空的。其特点是空、虚、散，无边无沿，看不见、摸不着。太极拳之用，就是这虚空的大气球的旋转、膨胀与收缩。

太极是心，是诚。太极就是这个灵明本具、真觉真知的心，极具大智大慧，灵如空谷、明如宝镜、静如止水，能觉照一切、洞知一切。太极拳因灵知真知而有神明的听劲、懂劲功能，这种先天固有之良，能不思而得，不勉而中，因之而能应化无方。此心非后天凡心，是先天道心，虚无之真心。何为真心，事来应之，事去已之，物之照也光不分，物之去也光不灭，如此之心，即是真心、道心、是太极虚中之心。

曾子曰：“欲正其心者，先诚其意。意诚而后心正，心正而后身修”。养身修炼太极拳，必诚心诚意，相信太极拳是高尚实效的养生之学。诚信则专一，专一则精进，精进不已则能近于道，所谓精诚所至，金石为开。

太极拳全凭心意用功夫，用意不用力。太极拳神明功夫的修炼，有很大部分是借假修真，以真心真意假借设想，在虚中求实，在无中求有，其妙就在于一心之虚静空灵。所以拳者，拳拳服膺之谓也，诚心信服，恳切把握，奉持谨守，时刻不忘。《太极拳图说》曰：“拳者，权也，所以权物知其轻重也，然其理实根乎太极，而其用不遗乎两拳”。两拳者，即是拳拳服膺。

四

太极拳是一门深涵哲理的拳学，相信是依随着中华传统文化，逐步丰富成熟，以至于大成的。中华传统文化的博大精深，供给了太极拳以丰富的营养，尤其是老子倡立的道家哲学。在数千年的历史长河中，致力于太极拳的研究学者们，从老子那里得到了智慧，获取了灵感，为太极拳的发展做出了贡献。而这些先贤，遵照老子的教导，“道隐无名”、“功成身退”。他们的隐退，给后人留下了众多的疑团与猜想，也使得有的人为争得创造权而吵闹不休。

太极拳发展成为如此精深广博，如此高雅奥妙的学术，应该是众多先贤共同努力的结果。虽然无法弄清他们研究探索的过程，后人还是从蛛丝马迹中发现了端倪，尽管有些端倪缺少实证，引起争论，但不失其研究的价值。

《五字诀》,《走架打手行功要言》,《撒放密诀》等太极拳经典论文的作者，李亦畬先生说:“太极拳不知始于何人，其精微巧妙，王宗岳论详且尽矣。后传至河南陈家沟陈姓，神而明者代不数人”。李先生极其慎重地对待了太极拳的历史，不知为不知，是智也。

《吴氏太极拳》的作者王辉璞先生，言其所藏老谱中有：“开山启教自轩辕，……始此留下太极拳”之说，并说太极拳原称八面熊掌。此说太过久远，缺乏考证。

《太极拳气功入门》的著者李文涛先生，在书中对太极拳的源流说得较为系统。书中说后梁时有安徽人名程灵洗者，从师韩拱月，学得太极功十四式。程灵洗著有《观经悟会法》，文中说：“太极者，非纯功于易经，不能得也。易经一书，必须朝夕悟在心内，会在身中。超以象外，得其环中。人所不知，而己独知之妙，若非得师一点心法之传，如何能致使我手之舞之，乐在其中矣”。太极功可认为是太极拳的雏形，王新午先生称该文：“对于太极拳之体用，已昭然若揭”。

唐代有许宣平者，师从于欢子学太极功，共有三十七式，又名三世七，后有宋远桥传承其艺。民国初期，有宋书铭先生公开其拳谱，计有《心会论》、《周身大用论》、《十六关要论》等近十首歌诀。

唐代还有李道子，也练太极功，又叫先天拳，曾去武当山。传有《授秘歌》一首曰：“无形无象，全体透空。应物自然，西山悬磬。虎吼猿鸣，水清河静。翻江播海，尽性立命”。该歌诀揭示太极拳近于道的境界，指明太极拳修炼之正途。

宋代有胡镜子等人，习后天拳，有捧捋挤按采挒肘靠八式，是太极拳的一个重要发展阶段。与当代流行的十三势八法，仅只一字之差。

张三丰是位传奇式的道士，信其有者认为他是太极拳的创始人；疑其无者说是个虚无神仙。而《明史·方技传》中有《张三丰传》，记载了张三丰的生平事迹。清人黄百家所著《内家拳》一书云：“自外家至少林，其术精矣，张三丰既精于少林，复从而翻之，是名内家”。又有黄梨洲为王征南写的墓志曰：“少林以拳勇名天下，然主于搏人，人亦得而乘之。有所谓内家，以静制动，犯者应手即扑，故别少林为内家，内家盖起于宋之张三丰”。上两文都肯定张三丰是内家拳之起始者，将外家拳从而翻之成为内家拳。

李文涛先生说：“在张三丰前，不能说没有太极拳。张三丰的功绩是在于他以前代的太极功为基础，纳以道家功夫，也就是给太极拳以内功，创造了比较完整的太极拳”。此说认为张三丰以前代太极功为基础,采用道家学术,创造了完整的太极拳。这与张三丰是太极拳之集大成者的观点相近。

徐兆仁先生主编的《东方修道文库》中的《太极道诀》一书,辑录了《张三丰大道指要》与《张三丰太极炼丹秘诀》两卷。而太极炼丹秘诀被认为是研究太极拳的珍贵文献,又是太极拳的内功心法指南。秘诀包括有早功、午功、晚功、行功、打坐、拳法等十多篇诀要。其中之《学太极拳须敛神聚气论》,全面论述了太极拳之修炼要领,曰:“其虚灵、含拔、松腰、定虚实、沉坠、用意不用力、上下相随、内外相合、相连不断、动中求静,此太极拳之十要,学者之不二法门也”。又说:“学太极拳,为入道之基,入道以养生定性,聚气敛神为主。故习此拳,亦须如此”。还说:“人之生机,全持神气。气清上浮,无异上天。神凝内敛,无异下地。神气相交,亦宛然一太极也。故传我太极拳法,即须先明太极道。若不明此,非吾徒也”。文中指明,修炼太极拳就在于内敛其神,外聚其气,神气既交,一身之太极成。此外,尚有《太极拳论》、《积气开关说》、《打坐浅训》等文,皆是指导太极拳修炼的经典论文。而在《太极行功说》中指出:“必须功拳并练,盖功属柔而拳属刚、拳属动而功属静,刚柔互济,动静相因,始成太极之象。相辅而行,方足致用。此练太极拳者所以必先知行功之妙用,行功者所以必先明太极之妙道也”。拳指的是套路、单操;功指的是站功、坐功等。必须动静兼修,相辅相成,才能精进。若重拳轻功,偏于一端,阴阳不能相济,难得有成,拳谚有“练拳不练功,到老一场空”之说,上文阐明了功拳并练的妙用,太极拳就是内外兼修,性命双修之学。

王宗岳先生得张三丰之传,所著《太极拳论》,是指导太极拳修炼的经典,全面深入地阐述了太极拳的要义,对太极拳的发展有突出的贡献。《十三势行功歌》相传也是王宗岳先生所著。

王宗岳之后,数传至于蒋发。蒋发在河南赵堡传邢喜怀,又经数传至陈清平,发展为赵堡太极拳。陈清平传武禹襄,发展成为武氏太极拳。蒋发还将太极拳传至陈家沟,经发展演变成为陈式太极拳。后陈家沟的陈长兴传杨露禅，发展成为杨氏太极拳和吴氏太极拳。当代流行的各派太极拳，大多属于张三丰——王宗岳——蒋发这一传承体系。

关于张三丰，王壮弘先生在《上善若水》一书中有独特的见解："历史上至少有几百个张三丰，为什么叫张三丰呢？三丰是一个乾卦，一个坤卦，中间一竖，乾三连，坤六断，阴阳啊！那时搞阴阳的，凡是姓张的，都叫张三丰"。虽是一家之言，却揭示了三丰二字的秘密。杨式太极拳的传承，有个大秘密不轻示于人，此秘密与三丰二字有关。

目　录

一、众妙之门……001
二、一阴一阳……005
三、虚心实腹……009
四、冲虚淡泊……013
五、橐籥守中……020
六、谷神玄牝……026
七、外身无私……031
八、上善若水……035
九、盈满而倾……039
十、专气致柔……044
十一、无之为用……049
十二、返观内照……053
十三、离形去知……056
十四、无状之状……060
十五、微妙玄通……064
十六、致虚守静……067
十七、至诚至信……072
十八、大智大慧……076
十九、见素抱朴……079
二十、绝学无忧……083
二一、惟道是从……087
二二、曲全抱一……090
二三、希言自然……095

二四、立如平准……099
二五、道法自然……103
二六、静为躁君……109
二七、袭明要妙……112
二八、知白守黑……118
二九、自然无为……122
三十、果而勿强……125
三一、恬淡为上……128
三二、知止不殆……131
三三、自知者明……134
三四、大道泛兮……139
三五、大象无形……143
三六、相反相成……146
三七、无名之朴……150
三八、上德无为……153
三九、得一为本……157
四十、道之动用……160
四一、大器晚成……164
四二、负阴抱阳……168
四三、至柔克坚……172
四四、知足知止……178
四五、大盈若冲……181
四六、欲得为咎……184
四七、不为而成……188
四八、为道日损……191
四九、德善德信……195
五十、善摄生者……198

五一、尊道贵德……201
五二、知子守母……206
五三、介然有知……210
五四、以身观身……213
五五、知和曰常……217
五六、知者不言……220
五七、以正用奇……223
五八、祸福相依……228
五九、深根固柢……232
六十、若烹小鲜……237
六一、以静为下……240
六二、坐进此道……244
六三、图难于易……248
六四、慎终如始……252
六五、善为道者……258
六六、善下不争……262
六七、我有三宝……267
六八、不争之德……271
六九、退而为客……275
七十、有宗有君……279
七一、知病不病……284
七二、居心宽广……289
七三、不争善胜……293
七四、勿代匠斫……297
七五、有为难成……301
七六、柔弱处上……305
七七、损益之道……309

七八、柔弱如水……314
七九、有德司契……319
八十、安居乐俗……323
八一、为而不争……328
炼拳合道，回归本原……333
编后语……338

一、众妙之门

道，可道，非常道；名，可名，非常名。无名，天地之始；有名，万物之母。故常无，欲以观其妙；常有，欲以观其徼。此两者同出而异名，同谓之玄，玄之又玄，众妙之门。

真常永恒的道，无形无象，虚静无为，叫不出名号，故不可言说。凡可以称道，叫得出名字的，绝非真常永恒的道。《诗经》曰："上天之载，无声无臭"。庄子曰："虚静、恬淡、寂寞、无为者，万物之本也"。道，就是如此不可捉摸，视之不见、听之不闻、循之不得，虚空至极，纯粹至极。勉强定个称谓叫道，还有个代号叫无极，表示宇宙开创之先，那种空空洞洞，混混沌沌，什么都没有的状况。

在虚静至极的无极中，不知何故，偶有机兆，静极动生，无极有生。这个状况，古人又定以太易、太初、太始、太素之名。列子曰："太易者，未见气也；太初者，气之始也；太始者，形之始也；太素者，质之始也。气形质具而未相离，故曰浑沦"，这说的是从无生有的过程。在宇宙开创之先，什么都没有，连元气都未形成，且称为太易。静到极点刚刚萌生动的机兆，这就初生了元气的一点迹象，称之为太初。接下来元气形成了，有了初步的形态，叫它为太始。元气有了形态，并且开始有了一定的性质，叫作太素。元气的形状、性质都已具备，但相互尚未分离，即未分阴阳，叫作浑沦。浑沦就是阴阳浑然一体，尚未判分，此前是一个○，是天地之始。太易、太初、太始、太素、浑沦合起来称为太极，是由○到一的过程，一就是太极，○则是无极。

这样详分了元气生成的几个阶段，其他经书中则统而言之，曰“先天一气由虚无中来”，“道自虚无生一气”。

太极一动阴阳生，元气逐渐成熟了，丰满了，要变化了。静极而动，一动则势不可挡，宇宙大爆炸了，分阴分阳，产生了阴阳二气。《悟真篇》曰：“道自虚无生一气，便从一气产阴阳，阴阳再合为三体，三体重生万物昌”。有了太极、阴阳之名，由此生育万物，故为万物之母。先天一气又名之为元气、真气，自虚无而生，虚无为其本性，常在虚空中积聚。这个元气是一，也就是太极。

太极在有无之间，在动静之间。太极之先是无极，是道，是形而上者，无形象可以称道。太极之后是阴阳、五行、八卦，生成万事万物，是形而下者，有形有质、有名称、有个性的具体事物。故曰，太极是所以生生之理，太极之先是常无，太极之后是常有。

常无，欲以观其妙。站在太极之先形而上的角度，用无的境界去观察这个宇宙，将会认识到道的玄妙。道家的观，在此是静观、是玄览。在虚静、恬淡的状态中，以极度清纯、透明的心境去观察体认。在这种状态中，人脑与宇宙这个大脑融合如一，能观察到极其隐微奥妙的景象，可以发现宇宙间深隐的奥秘，例如人体之经络穴位的发现。中华的先祖，通过静观玄览，认识了天文、地理、和人身的奥妙，在学术上的巨大成就，为人类文明进步做出了伟大的贡献。

古时候的人，心地单纯，生活简朴，环境清幽，日出而作，日落而息。修炼养生之术者，较易进到深度入静状态，在虚静无为中，触发内在固有的灵光，能见常人所不能见，知常人所不能知。天地间最玄妙者，莫过于生命，在万类生灵中，最灵秀者唯有人类，观察清楚人自身这个复杂玄妙的系统，解开对自身认知的谜团，探索生命的奥秘，不仅是兴趣，而更像是一种使命。在虚无的境界中，静观玄览，出现了奇妙的景象，观察到体内元气的流通，发现了元气流通的规律，更发现了元气的循环与日月四季的运行合拍，认识到了天人合一的玄妙。

南怀瑾先生在《太极拳与静坐》一书中说：“习静坐而坐久后有所成的

人，……有时在不知不觉之间，气机自己起了动静功能，不是我们所能控制的。在气机的动象中，发现太极拳的原理，太极拳动的原理，就是自身中十四经脉气机动的原理，且循其轨道运行。故太极拳亦可视为练气之功，久之可以练到胎息的境界”。南怀瑾先生对中华传统文化有极深厚的造诣，在养生修炼内功方面有极高深的成就，所言当然是有所根据。南先生所说：“太极拳亦可视为练气之功。”直指太极拳核心要义。气也者，虚而待物者也。唯道集虚，是本书讨论的主纲。

闻说修炼内功有成就的人，当气机发动时，有六根震动的景象，内气能自行推动肢体外形的运动。这种无心无意之动，是人生固有良能的显现，不拘一格，有的能出现类似太极拳的姿势。古代的修炼者们，在历史的长河中，有可能不止一人、不止一次的出现过因气机的触发，而产生如同太极拳姿的自发之动。有人曾写文章介绍，当炼静功气机发动时，有自发之动，认得其中有太极拳之姿势。这种自然而然气机触发的动，其姿势柔和、优雅、美妙、舒服，有心者将其记录下来，平素反复琢磨，成为养生健体的单操功法，单操的式样逐渐积累丰富，渐有类似于十四式的太极功等。后逐渐积累丰富，又有如三世七的，由单式操练而汇集成套，前人将其叫作先天法、或后天拳。直到张三丰，将其总结汇编，定名为太极拳。总的来说，这也是从无中生有。

常有，欲以观其微。站在太极之后，形而下的角度，万事万物已然生生不已，就需要认知万事万物，格物致知，了解并掌握万物的个性。老子教导要“以身观身，以家观家，以乡观乡，以国观国，以天下观天下”，穷究事物的终极。观家、观乡是社会科学家的事；观国、观天下是政治家的事。我们修炼太极拳，就只讨论以身观身。

道家内功之修，其功法有返观内视，平常人的眼光向外看，观看身外所发生的事件。养生者认为，这是精神外驰，是内气的外泄，不利于内养。修炼内功要求将眼光收回来，向内看，这样能将空中的能量吸收进来。修内功通过返观内视，当功夫精进到一定程度，可以观察到自身心脏的跳动、血液的流行，以及各个脏腑的活动。更进阶还可以观察到内气的流通，前任后督之行气滚滚，气遍身躯之遍体流行，以至肌肉若一、周身气化、到全体透空的景象。

通过深入细致的观察，发现了自身生命活动的规律，太极拳修炼的先贤们，将其总结为修炼的原则要领，以供后来者鉴证。而后学者，也要通过返观内视去学习揣摩、去体验求证。如虚领顶劲之要领，通过返观内视，检查顶心是否有如绳系吊，全身骨节是否由此而一串吊起，是否符合尤须贯串的要求。又如立身中正之要领，通过返观内视，检查由百会到会阴是否铅垂一线，是否有偏倚歪斜之弊。体认百会周围的神气凝聚，检验尾闾是否中正不倚。守中抱一也须通过返观内视来实现，如此等等。通过返观内视，排查缺陷，纠正错误，以合乎原则要领。所以内功经书中说，返观内视，收视返听为内修的主要功法。

太极拳从常有之形体起修，修炼形体回归如婴儿，柔弱无骨，肌肉若一，以至全体气化，入于化境。到达同归于化，如此也就能由有入无，回归于虚静无为之大道。

常无的无形，常有的有象，是来自同一个根源，“此两者同出而异名”。出有入无，无中生有，太极就在这之间，在太极之先，为形而上者；在太极之后，为形而下者。太极是一道门，曰众妙之门，天门，是道与器的分界、是有与无的分界、虚与实的分界。

门外是虚空渺茫，混混沌沌，在这里真空妙有，不增不减，不垢不净，不生不灭。道就在这里，无为而无所不为，无知而无所不知，无能而无所不能。唯道集虚，因虚而真，真神、真心、真意、真觉、真知，伴道而生。

门内是繁花似锦，芸芸众生，有性有情，有知有识，有生有死。人为万物之灵，为生活而劳作，有的为理想而奋斗，有的为贪欲而争夺，但终不离生老病死。为人贵在积德行善，“天道无亲，常与善人”，道无偏私，永远是帮助善良之人。门内门外两重天，无为者，不生不灭；有作者，生死轮回。

二、一阴一阳

天下皆知美之为美，斯恶矣；皆知善之为善，斯不善矣。故有无相生，难易相成，长短相形，高下相倾，音声相和，前后相随。是以，圣人处无为之事，行不言之教，万物作焉而不为始，生而不有，为而不恃，功成而弗居。夫唯弗居，是以不去。

普天下的一切事物，都因有其对立面而存在。本章讨论这一对立统一的现象，没有了对立的一方，另一方也就无法存在。如知道什么叫作美，因有不美的丑与之相比较。知道什么是善，因有不善的恶与之相比较。没有丑，也就没有美；没有恶，也就没有善。就像东西有正面必然有反面，形状有长有短，排列有前有后，做事有难有易，能力有大有小，都因为相互对比而存在。这种现象，中华传统哲学称之为阴阳。阴阳包括了所有一切的自然现象，如天地、日月、昼夜、寒暑、男女、雌雄、强弱、进退、方圆、水火等等。这些相对立的事物，都在按照一定的自然规律而演变。

道就是一阴一阳，阴阳相互对立，又相互依存，相反相成，相互转化。如动与静是相互对立的，但静极而动，动极而静，在一定条件下可以相互转换，是阴阳交变。动与静互为因果，无动则无静，无静也就无动，这就是孤阴不生，独阳不长之理，阴阳间一定要维持着相济平衡的关系。普天下的万事万物都因其有中和平衡的作用，才能维持生生不已的和谐发展。

太极一动阴阳生，太极未动之先，是虚空混沌，是恍惚窈冥。当静极而动，无中生有，在虚无中偶生朕兆，而有太极之动。一动则分阴分阳，产生了阴阳二气，生成了两相对立的力量。道使之发挥作用，因其对立，促之和谐统一，就有了三生万物的动力。道以中和之气，冲气以为和，去平衡这种动力，调节这种动力，让其按照道自然的规律，自然的原则，自然而然的发展。道主宰一切，但对万物的生化从来不加干涉，更不去占有，其根本就在于中和，纯任阴阳二气自然发挥作用，中和则使阴阳二气运行达到最合理的状态。

这种阴阳对立统一的关系，在流行的太极图中，以黑白双鱼表示。这阴阳二鱼统一在太极图中，相互追逐，周而复始，彼消此长，但相互不离不弃，这就是道的原则规律。这一白一黑的双鱼，白者为阳，表示着阳刚、雄健、为纯阳之体；黑者为阴，表示着阴雌、柔顺、为纯阴之形，这就代表了天下万事万物的秉性。且以拳法为例，激烈、快捷、开展、发放、进攻等为阳刚；缓和、匀慢、卷合、收蓄、防守等为阴柔。性质虽有阴阳之分，但因统一于太极一体之中，一定是刚柔相济，虚实得中，中和平衡，如此才有拳法之妙，所谓一阴一阳之谓拳。如拳法之开合，要适得其中，不可开了又开，开无边际；也不可合了又合，合而不止。拳法之要义是，有开必然有合，正如有阴必然有阳，要开中寓合，合中寓开，开合任自由，自然合适。拳至化境，任何一动，开合同在，即开即合，是开是合，无迹可觅。其余动静、虚实、蓄发、攻守等理皆如此，即阴不离阳，阳不离阴。

黑白双鱼，一阴一阳，对于人生而言，也就是一性一命。性者，元神也。神为心中之觉知，而性即心中至善之理，所谓在人曰性。命者，元气也。天以五行阴阳之气生人，人受此元气得生，承天之命也。天在此是指道，道赋予人以生命，所谓在天曰命。由此可明，性即神，命即气，性命就是神气。养先天之神，谓之修性；养先天之气，谓之修命。道家之修炼，讲求性命双修，形而上之精神即性，形而下之形体即命，精神与形体并修，不可偏废。太极拳之修即是性命双修，引申为内外兼修，动静兼修。内者，为神意内气；外者，为身体外形。动者有拳术姿势套路，静者有桩功静坐等。这就是太极拳所着重之拳功并练，阴阳双修，拳打一阴又一阳。

阴阳二气，相生相克，相反相成，阴变阳合而生水火木金土。水与火的不相容，火炎上而水流下，为阴阳对立。而金木为阴阳之相成，春种秋收为金木之生成。而所有变化都在土地上发生，所以说五行一阴阳也。

传统哲学谓天一生水，水外柔而内刚，外阴而内阳，在八卦为坎，在人为肾。此坎中之阳，为先天之气，为元气，为阳中之精。人得此气则生，此气即人之命。人欲固命，不可不固此气，养此气，此即是修命。

又曰地二生火，火外阳而内阴，外刚而内柔，在八卦为离，在人为心。此离中之阴，为先天之神，即是元神，为阴中之精。浑然在中之神，寂然不动，至虚至静，静则生慧，此灵明觉知之神，为人生之主宰。养此先天之神，谓之修性。养气养神，性命双修，为太极拳修炼之根本功法，也就是一阴一阳之功。

阴阳之为拳者，一内一外、一刚一柔、一虚一实、即是一内气，一外形也。内气为阳，有乾天之象。外形属阴，有坤柔之德。此内气即充之于身中之元气，用之于拳术则称之为内劲。气无知而神有知，无知之气必赖有知之神主导之，故神为气之主，气无神则失其主宰，神无气则无所依负，神气本不相离。神为体，气为用，如此决定了太极拳必然是以神领气，因此有神为主帅，气为运使之规则。在拳谱中有：以心行气，以气运身，心为令，气为旗这些拳法要领。可知阳者、内者，内在无形之心神意气是也。

阴柔有形之外者，是骨肉身体，形而下者谓之器，身体为载道之器，神气之所寄托。拳术之姿势招法，皆由身形表现出来，若无身形之演绎，拳法招术皆为空谈，所以命功不可不修。然而身形无知，不能自行操运，必由心神内气主导，故有拳谱之以气运身，身为驱使这些要诀。身形不运不动，受到驱使调动才能运行，所以身形的功用就在于表达心神的意志，完成心神的指令。为了准确、完整、圆满地完成心神的意志，身形必灵活敏捷，无呆滞僵硬之弊。所以拳法要求身形能柔弱无骨，具有坤阴柔顺之德，效法水之有七善。

能达到柔弱无骨，太极拳已经有了相当的成就，但与神明化境仍有差距。太极拳对形体的要求是肌肉若一，全体气化，达到内清虚外脱换的虚无境界。

这就是无形无象，全体透空，身形脱有而入无，炼化有形之体为无形之气。一者，太极也，元气也，肌肉若一就是全体化为一气。气者体之充也，元气充盈于周身，浸润于肌肤筋骨，流行于经络血脉，以至渗入每一细胞。元气为细胞输送营养能源，同时也对细胞进行着脱形换象的改造，这叫作练形化气。功深日久全身内外皆为元气所化，气在人中，人也就在气中，全部有形之体，化为一团无形之气，太极拳由此而入于神明化境。

三、虚心实腹

不尚贤，使民不争；不贵难得之货，使民不为盗；不见可欲，使民心不乱。是以圣人之治，虚其心，实其腹，弱其志，强其骨，常使民无知无欲。使夫智者不敢为也。为无为，则无不治。

《清静经》曰：“夫人神好清而心扰之，人心好静而欲牵之”。可欲是可以引起人心产生欲望的事物，如华饰、美味、珍宝、丽色等。人眼见耳闻，观境而染，心神为欲望所牵动，欲占有贪求，这种欲望扰乱了心神。《清静经》曰：“既生贪求，即是烦恼，烦恼妄想，忧苦身心”，心为欲望贪求惑乱，生颠倒妄想，沉溺苦海，戕害身心，永失真道。当不见可欲，抱元守一，一心不乱，寡欲清心，则能常清常静，保养身心。常存一清净纯洁的心，是修炼太极拳的根本。本章提出的虚其心，实其腹，弱其志，强其骨，是养身修炼的基本要领，后人依据这些要领，创造了内功太极拳的修炼功法。

《太极拳谱》曰：“人之周身，心为一身之主宰。主宰，太极也”，所以说心为太极。这里所谓之心，非指肉体五脏之心，而是指一切精神现象的总称，心之官则思，特征是能念虑，为君主之官，神明出焉。常有心神，心性之说。心神是说心含藏精神，有意识和思想活动，包括了脑的功能。一般是非分别，知识念虑为后天识神；从虚无而生之灵知，是为先天元神。心性则是不生不灭、不变易的心体，与生俱来，是为天性、元性。在人曰性，人禀受天性，本具真善美之良，纯素朴质，正大光明。后经尘俗习染，形成个人的特质，是为自性、个性，也就有了各别的人心。在《太极拳谱》则说：心为令，心为主帅，心贵静。道家还认为虚静无为之人心即道，道本体融于主体心中，道虚静故心亦虚静，人心应合乎道的虚静无为，故修炼以虚其心为主旨。黄元吉先生说：“心即气之虚灵，有知识思虑作为者”，此心务如明镜，物未来时，此心空洞纯净，虚静以养其本体；物既来时，此心灵觉如常，亦然虚静以养其神明。

修道之要在明心见性，上段已说到性，但能虚静即是性，上天之载，无声无臭，天然自然者也。心何以明？唯虚则灵，灵则明，明则众理俱备，明得虚静空无这个心，无杂无染，即明心。经书曰：心本灵也，一旦光明觉照，洞达无碍，即明心矣。性本虚也，一旦清静自如，恬淡无为，即见性矣。可知明心见性之真谛，即一虚而矣，心虚则性体常明，虚其心，则神与性合。经书又曰：道本至虚，虚极化神，神变生气，道者神之主，神者气之主，大哉神也，其变化之本。由此可知，虚静无为而明心，虚静无为而见性。经书曰：“虚者大道之体，天地之始，动静自此出，阴阳由此运，万物自此生，故虚者天下之大本也”。更指明：“亘古亘今超越者，悉由虚里做功夫。虚中无我明天理，虚心实腹道之基”。修炼太极拳必定要在虚静无为中做功夫，虚静无为之法，是根本大法。虚心而求得明心见性，著不得一毫思虑想象，惟有顺其自然而已。

《内经·素问》曰：腹为阴，阴中之阴肾也，阴中之至阴脾也，腹中有脾肾诸脏腑充实。脾者，土也，治中央，土生万物而法天地，土居中央之位，黄乃土之正色，故称之为黄中、正位、真土等。真土是为真意，动极而静，此意属阴，是为己土，己土纳离卦，为元神代号；静极而动，此意属阳，是为戊土，戊土纳坎卦，为精气。中央戊己土，有意领作用，即集中作用，坎水离火使其凝结必须由真意领导，返观内照即真意之妙用，内丹功称为黄婆为媒。

肾者，水脏也，受五脏六腑之精而藏之，精为身形之本。肾水充足则精满，精满则气足，气足则神旺，称为三全。精气神为人生三宝，三宝富足则身强体健，益寿延年。三宝亏损则应及时修炼内功，补亏为盈，筑基炼己，修炼自己本身三宝，打好基础。精满而后炼精化气，气足而后炼气化神，神全而后炼神还虚，还归于虚静无为之大道，此实其腹之大意。

虚其心，实其腹。章乃器先生在《科学的内功拳》中说：腹实胸宽的状态为太极，内含虚实阴阳之体。而满体宽松的状态是无极，内气充盈周身若一。由满体宽松的状态到腹实心虚的状态，是无极生太极。章先生说："我们只要留意于腹部的必须紧张和胸部的必须宽适，就一切都有了"，因为"内脏的体积，始终不过这一些，充实了腹部，当然不至再充实到胸部"，这是生理之自然。上面说到，腹中之黄中正位，是人身之中心，《性命圭旨》说："中心之心既实，则五行之心自虚矣"，五行之心指的是心脏，因心属离火。同样在说明，腹部充实了，心更虚，章乃器先生提到，腹实胸宽叫作水升火降，阴阳易位。

在内丹功中则称之为取坎填离，流戊就己。土有戊己，上面已述明，己土为元神，真意，戊土为精气。己土下降归于黄中正位，戊土上升至黄中正位，在此正位经真意引导，即黄婆为媒，神与气合，心肾相交，故叫流戊就己，这是内丹功法筑基炼己之功。

心肾相交又称之为坎离交媾，取坎填离。离为心火，火性上炎、飞扬而不可止，其卦象为☲。坎为肾水，水性下潜，流动而不居，其卦象为☵。取坎填离，就是提取坎卦中的阳爻，填入离卦中的阴爻，原来是坎中满，离中虚，取满填虚，使离回复其纯阳之乾体☰，同时坎复归其纯阴之坤位☷，各复归其本位。功法在于一心虚静，收摄妄动之心火，使离火潜沉下降于中土；当心清无欲之时，肾水清明纯净，三焦相火蒸腾使之上升，与离火相会于黄中，真意、黄婆为媒介，此坎离相交称之为姹女郎君相会。这是内丹功法之炼精化气，称为初关小周天，炼三宝为二家，元精化为了元气。心火相交于肾，扶助相火，三焦相火旺盛而温蒸肾水，如锅中水开，沸腾而化气然。

坎离交媾，还归乾坤本来面目，乾为三焦相火，坤为脾土，火土合德，即是乾坤交媾，为炼气化神的大周天，称为中关。内丹功修炼初关之炼精化气，行小周天，河车循环运转，以泥丸宫为鼎，下丹田为炉。中关炼气化神，为大周天，鼎下移至黄庭，元气只在中、下二田间氤氲。修炼只守此二田，不固定一田，任其自然灵动。大周天非运气循环，而是用绵密寂照的功夫，致虚守静，使元气发育成长，由有为过渡到无为。

上关为炼神还虚，经过初关与中关的修炼，精气神三元归一，化为灵明之神。上关之修，炼此寄托于后天之神，复归其根本，返回先天虚空无为之境，复还其本来面目。内丹功的修炼，凝神聚火以化精血，精血又复分解为三焦元气，周布于全身。三焦气府充满形体，而三焦有名而无形，虚也；元气同样有名而无形，所谓虚空即气，同气相求，故元气聚集于三焦气府之中。气聚而能成形万物，道以一气来统一虚空与万物，统领者为复还其本来面目之先天元神，也就是道。到此形化虚、气化虚、神还虚，全体虚明而通透，虚静而无为，回归于道的本原。

内丹功之修炼，有筑基炼己，初关，中关，上关四步，其功理功法，广博精微。精要在于致虚守静，清心寡欲，一念不生，若稍有杂念，即有鼎倒炉倾之患，魔乱伤身之灾。所以一定要收摄杂念妄想，一其心志，清虚以自养，柔弱以自持，所谓弱其志也。

依据脏象理论，肾属水，藏精，又主骨，藏志。肾水饱满则肾精充足，精生髓，脑为髓海，如此骨、髓、脑三者充实健壮，故曰强其骨。肾精充足，则精力充沛，耳聪目明，沉着镇静，情绪不为外物所动，七情六欲不移其志。喜怒忧思恐之五志，不足以乱其心神，可见宝肾固精是修身之根本，精是生命的基本物质，精满所化之气足，再化之神旺，精是修炼内功太极拳之基本能源。

四、冲虚淡泊

道冲，而用之或不盈。渊兮，似万物之宗。挫其锐，解其纷，和其光，同其尘。湛兮，似或存。吾不知谁之子，象帝之先。

道冲虚淡泊，大中至正，其体空空洞洞，浑无一物，视之不可见，听之不可闻。及其发而为用，冲和在抱，施之此而此宜，措之彼而彼当，无所不能，无所不知。就像一空虚的容器，永远不会被充满；如若大海容纳百川，海面总是那样平，浩浩渊渊，实在不可穷究。如此之渊深辽阔，是天下万事万物归本溯源的最终极点。那样的混混沌沌，又是那么清明纯净，似无还有，真空妙有。不知道是从哪里产生的，继承了谁的传统而来，他在开始的开始之先，太初的太初之前。

太极拳效法道的品性，冲虚平淡，宁静谦和，无为而无不为。唐朝李道子的《授秘歌》“无形无象，全体透空”，遵依道的本然规范太极拳，是指导太极拳修炼最重要的秘诀。

歌词加附注为：“无形无象（忘其有己），全体透空（内外如　）。忘物自然（随心所欲），西山悬磬（海阔天空）。虎吼猿鸣（锻炼阴精），泉清水静（心死神活）。翻江播海（元气流动），尽性立命（神定气足）”。这首授秘歌指明，太极拳为大道之修，修炼的目的是穷究天地万物深妙之理，尽量发挥自己和他人包括万物之本性。修炼的原则是本大道之虚无，无形无象，全体透空。修炼之功法为忘物自然，西山悬磬，泉清水静。修炼中的景象效应是，虎吼猿鸣，翻江播海。通过性命双修，自然无为，天理流行，尽性立命，以拳合道。

无形无象：本章曰湛兮，似或存。湛以无、以没解，指没有形象，但似无还有，似亡还存。无形无象，是宇宙未生之先的无极状态，也是恍惚混沌元气未动时的太极状态。庄子曰："道不可闻，道不可见，道不可言，道不当名"，虚静无为的道，没有形象可以触摸。太极拳效法道之虚静无为，上节所言之性命双修，由炼形化气而全体气化，再经炼气化神，炼神还虚而全体虚化，成为恍惚渺冥之清空一气，气即虚空，实在无形象可以触摸。

形指身体、外形，太极拳之姿势招法，套路形式皆是。象者，指现象、景象，太极拳内功修炼中，内气所产生的内景即是。拳者，一外形，一内气，到达神明化境，无内无外，一应虚空。虚空则人不知我，人摸不到、触不着，我之动静虚实全然人莫能知，因没有形象示于人。汪永泉先生说："要追求一种无的境界，要什么都没有。没有目标，没有对象"。汪永泉先生在他的语录集中，十数次论及什么都没有，一切可见可触之形体、拳架、招势都化为无形，所谓拳无拳、招无招、法无法。没有了形体、招势的负累，干干净净的求真，在虚静无为中求真、得真。没有游思杂念的干扰，形为真形，拳为真拳，气为真气，心为真心，人则修炼成为脱离了低级趣味的真人，也就是复回真我。

道无为而无不为，不执着于形象招式，然后才能宗法道体之自然无为。朱怀元先生说："若在招中求下去，难得术中化为空"，还说："若在外形求下去，枉费功夫莫猜疑"。指明太极拳不执着于形象，凡有形象，都非先天自然之学。太极拳要化入自然无为神明之境，朱怀元先生又说："入化本是集中意，无形无象莫猜疑，掤捋挤按皆非是，真得化境万归一"。

如何炼到无形无象，其注释为忘其有己，忘掉自身有形体的存在。老子曰："及吾无身，吾有何患"。身无其身，则六根清净；心无其心，则无欲无扰。通过坐忘、站忘的修炼，堕肢体，黜聪明，离形去知。忘掉后天世俗的一切，包括形体与心智，还我先天的本来面目。

全体透空：没有了形体的负担，无内无外则全体光明通透，拳谱注释为内外如一，内功太极拳的修炼要达到肌肉若一的境界。一者，太极也，元气也，一身内外都是元气之自然流行。太极拳要练至全体气化，化有形之身体为一团先天真一之元气，太极拳之一切动静开合，不过一气之流行而已。拳谱云："以意寻气来运行，意到之处气亦通，若能全身无滞处，才是真正太极功"。

太极拳之修，就在于培育元气，化有为无，炼有形之精为无形之气。气者虚空也，先天一气从虚无中来，在虚空处聚，往来流行与虚空之间。在人身则无内无外，内外皆为元气充斥，所谓人在气中，气在人中，统为无形之气。故全体透空，一气而已，一虚而已。人身之三焦，合道体之虚而无形，为元气积聚流行之所在。内功修炼培育三焦之气，三焦元气充足，则推动体内生命功能入于化境，精化气，气化神，同归于化。促进周身全体气化，如此全体透空，全身内外一气之流行而已，是为太极一周身，周身一太极。

忘物自然：能忘掉自我，忘心、忘身，其他外物则无不可忘，入于忘忘之境。忘是自然而然的忘，不着意操作，不是勉强控制，在虚静无为的境界中，淡淡的忘，恍惚的忘。因其忘而无人无我，无外无内，无是无非，无拳无招，一切法道体之自然而然，自然应该如何，也就顺随如何。对于修炼者来说，忘物则无欲，无欲则清净，能清静无为，则天下悉皆归。本句拳谱上释之为随心所欲，此心是先天之道心，当修炼回复先天之道心真心，心一思念即是天理，心一运作即合天机，道心真意之一切有作与无为皆合自然天道。

因为忘记了自已的存在，舍弃了白身。太极拳之应物，以舍己从人为法，将主动权让与对方，符合坤阴柔顺随从之道。顺从人之意愿，随对方之进退而进退，所谓知进退存亡而不失其正者，因忘物忘身之后，有神明灵知道心主宰。效法坤道之宽容敦厚，处下不争。物来则应之，物去不留，不丢不顶，无过不及，自己不留一丝痕迹，一切自然而然，一如大道之冲虚淡泊。

西山悬磬：《悟真篇》有"西山白虎正猖狂，东海青龙不可当"，以及"华岳山头雄虎啸，扶桑海底牝龙吟"之句，其注解曰：华岳乃西山也，扶桑谓东海也。龙虎之义下节有解。西山指的西岳华山，绝壁凌空，高耸入云。磬则为玉石乐器，悬挂架上，击之而鸣。今有玉石之磬，悬挂于西岳华山之巅，击而鸣之，其音悠扬空灵，绝响远播。恰如我身虚凌于空际，逍遥于云端，随玉磬之清音幽韵，飘然入化之玄妙。

本句注释为海阔天空，海阔从鱼跃，天空任鸟飞，海阔容纳百川，天空包覆万物。表达心胸开阔，无拘无束之情怀。修炼太极拳应怀此心胸，不为形象所支配，不被招法所拘束，更不受情志好恶的影响，一任自然而然，动与天随，静如山岳。正如王芗斋先生所说："虚灵独存，悠扬相依，海阔天空涤万虑"，一灵独存对长空，心比天宽，修炼太极拳者当怀此海阔天空之心境。

对照人身而言，西山为昆仑顶，太极拳有虚领顶劲之要决。头顶悬，神贯顶，是修炼太极拳之根本功法。在头顶最上端，用心意将全身悬吊起来，头顶有绳索上挂于云端宝树，如悬玉磬。头顶有此空灵虚悬之劲，提起一身之精神，如此一悬领，则一身之内气有主，一身之骨肉有宗，合大道之中正安舒，虚灵独存。

虎吼猿鸣：王重阳先生说："大凡学道，先要炼性，炼性之道，要混混沌沌，不识不知，无人无我，炼之方得入法。降龙伏虎之道既行，又必锁心猿而拴意马，便归于静定"。关于龙虎，内丹功法以筑基炼己之功为龙虎交媾，龙为阳，为心火，代表神；虎为阴，为肾水，代表气。龙虎交媾是阴阳二气的交合。龙虎之情性在于戊己，戊己为天地之门户，在人身，鼻为天门吸气以入肺，口为地户饮食以入胃。饮食化生之精微由肝摄入而藏，为营血之源，龙指营血，主于心；虎为气，气纳入肺，肺属金，金生水，肾水乃足，肾水足则精气足。龙虎交媾指吸入摄取外界的真气与水谷精微的交合，化为阴精，也是营血；阳精则是三焦之元气。三焦气足则火旺，能蒸化水谷，使水谷之精微升腾，上奉心肺滋养神气，神气得养则长寿延年，本句之注释锻炼阴精指此。

猿性好动，指凡心之妄念不止，妄动不停，而神气交合则心静意定，一念不生，内功称之为锁心猿、拴意马。心猿被拴锁，则妄动之心被制，妄念不生，返归大道之清静无为。

泉清水静：入静是内丹功法基础的基础，《太极拳谱》指明："心贵静"，因为心神的静定，能减少元气的消耗，精微物质得以蓄养。元气的耗损，在于妄心妄意妄动的消耗，更在于色情贪欲的损伤。老子曰："不见可欲，使心不乱"，一心静定，元气、元精等生命的基本能源得以保养，为修炼入道提供充足的物质基础。通过静功的修炼，心神炼到像泉水一样的清明纯净，如明镜一样透空，不染纤尘。如此则尘心死、道心活，识神退、元神灵，此所谓心死神活。

翻江播海：其注释为元气流动。太极拳对元气流动的要求是："气遍身躯不稍滞"，"要遍体气流行，一定继续不能停"。指明元气的流行一定要通畅，不能停止，不能有稍许的阻滞，正是乾阳正气健运不息之性。人体周身的奇经八脉、十二脉络，以及遍体之虚空间隙，三焦气街，都是元气流通行走之道路。内功太极拳之修炼，行松散通空之功法，目的在于通畅元气流行的通道，使之能畅行无滞。其中有一主干为任督二脉，组成一循环通道，称之为河车路，通真路，内气运行于任督二脉称之为周天运行，河车转动。内丹功法指明，任督一通，奇经八脉皆通。庄子曰："缘督以为经"，所以打通任督二脉的通道，修好这条河车大道，是修炼者的第一要务。

任督二脉最下端之交会处，称为会阴穴，又称之为海底，桃康，是元气发动之所，生命发祥之地。而在人身腹部任脉的关元穴，常称之为下丹田的气穴，又名之为曲江，为敛气凝神之要地。所谓播海，内气由海底发动而逆上，沿督脉通过后三关，直上昆仑顶，过百会穴后沿任脉而下，经过上、中二丹田到达下丹田曲江。翻江者，由曲江向下流行返回海底，完成元气的一个周天运转，此又称之小周天。张三丰先生有词曰："临炉际，景现前，采取全凭渡法船。匠手高强牢把舵，一任洪波海底翻。过三关，透泥丸，早把通身九窍穿"。描绘了元气循河车路运行的景象，海底，曲江均在九窍之中。

尽性立命：尽性谓尽量发挥自己天赋的本性，人物之性都包含着天理，这性也就是元神。其注释为神定气足，以神气注性命，合乎丹道理论。王重阳先生说："性者元神，命者元气，名曰性命"。李道纯先生曰："夫性者，先天至神，一灵之谓也；命者，先天至精，一气之谓也"，命蒂元气，性根元神，潜神于心，聚气于身，其中有道。内丹功经书上大致都这样说。

现代学者则以现代科学解说，钱惕明先生认为："所谓性，是指精神的生命，即心理的健康成长；所谓命，是指肉体的生命，即生理健康"。王米渠先生则说："先天真一气的核心，也叫真灵之气，通常称为性命。即以心理活动为特点的性，与以生理功能为动力的命，处于相互辅助，混为一体的性命合一状态"。是在说心理活动为性，生理功能为命，心理活动属于精神，称之为神、为性；生理功能依赖精气为动力，称之为元精、元气，为命，说法在此也能统一。

王米渠先生说性与命处于相互辅助、混为一体的合一状态。《性命圭旨》说："有性便有命，有命便有性，性命原不可分。性无命不立，命无性不存"。心理与生理同属一身，维持人之生命活动，不可分离。故有比喻为：命为灯中之油，性为灯发之光，有油才有灯之光，有光才能称之为发放光明之灯，才能点燃生命的火花。

丹经云：存心以尽性，修身之立命。故尽性养性在于心理精神的修炼，明心则见性。立命在于身体的修炼，身体健康则命基永固。性命原不可分，修炼亦要阴阳相济，道家称之为性命双修，不可偏废，心理健康，生理健康都要得到锻炼。虽说双修，但仍是有先后主次之分，太极拳修炼之原则是："先在心，后在身"，心意为君，骨肉为臣。张三丰先生说："未炼还丹先炼性，未修大药先修心，修心自然丹信至，性清自然药材生"，又说："初功在寂灭情缘，扫除杂念，除杂念是第一筑基炼己功也"。寂灭情缘，扫除杂念是求心神之清净，是炼性的功夫，大道以清净虚无为本，故应放在第一优先的地位。心神的健康能主导全身的健康，生理的健康也能影响到心理，所以不能偏执，性命必要双修。

《授秘歌》陈撄宁先生有过解释，每句只三个字。马长勋先生赞曰："非常简练也非常准确"。合乎大道至简之主旨，兹录载以为参证："无形无象又无心，全体透空静又松；应物自然随机变，西山悬磬触即鸣。虎吼猿鸣心肾交，泉清水静甘露生；翻江倒海流行气，尽性立命太极功。

五、橐籥守中

天地不仁，以万物为刍狗；圣人不仁，以百姓为刍狗。天地之间其犹橐籥乎？虚而不屈，动而愈出。多言数穷，不如守中。

刍狗，是用草扎的一个象形的狗，作为祭品，祭典完成之后，就视同废物，抛弃不顾了。天地并没有主观立定一个仁爱的心而生万物，万物只是自然而生，自然而有，自然而归还于寂灭。如同对待刍狗，并不重视他，也不是轻视它，平等齐观，无有分别，无有偏爱。

橐龠就是旧式鼓风用的风箱，外面的箱体，周罩于外，叫橐；内里往来活动的管片，鼓扇于内，叫龠。天地之间正像风箱一样，橐象太虚，包括周遍之体；龠象元气，氤氲流行其间，虽是虚空，却不穷竭，愈鼓动风量愈大。天地间的一切活动，只是元气的变化，动而用之便有，无穷无尽；静而藏之，就好像停留在止息的状态。动静是相对的，所谓静止，只是偶无动态的感觉，是天地万物永不止息循环旋转中的一个过渡，一来一往之间，一开一合之间，一呼一吸之间，有那样的一种转换过渡。

人是一小天地，同样像风箱一样，形体身躯为周罩于外之橐，河车循环如鼓扇于内之龠。内气遍体流行，正如太空大气之浑浩，腔子里愈虚空，内气愈源源不绝；升降开合地鼓荡，元气活泼充盈，一升上达于天，一降下沉入地，一开则大而无外，一合则小而无内。元气内外通透的往来流行，将人身与天地合而为一，达到无内无外，无我无物，浑然如一的境界，天地之间，其犹橐龠乎！

太极拳通过松散通空的修炼，形成虚空散的大气球，这个大气球，就像天地间一大风箱，虚而不屈，动而愈出。内气的升降开合，旋转流动，使得大气球有无穷的变化，这是杨式汪传太极拳所独具的特色功夫。由神意气化合而成的内气，充盈于球中，从中心向四周立体舒散。它发于中，形于外，达于四周，无边无沿，看不见，摸不着，正合乎大道之虚空无为、无形无象。这个大气球，静为无极，动为太极，神意主导，万法由心。用于应对，也就是神意气之应对，气球之开合鼓荡、粘走旋转，不过体现内心想法而已。心意怎么想就怎么变化，是道心真意，非妄心妄意，太极拳之擎引松放，敷盖对吞，都是在真意运行的气球中完成。

南怀瑾先生说："只有心中虚灵常住，不落在有无、虚实的任何一面，自然可以不致屈曲一边，了了常明，洞然烛照，这便是多言数穷，不如守中的关键"。

守中，是内功太极拳的根本要领。《性命圭旨》中载："昔文始先生问于老子曰：修身至妙至要，载于何章？老子曰：在于深根固蒂，守中抱一而已"。又问："何谓守中？曰：勤守中，莫放逸，外不入，内不出，还本原，万事毕"。说明养生的根本在于守中，而守中就是还归于大道的本原，道是大中至正的。

张三丰先生说："大道从中字入门"，守中是入道的门径。不偏不倚，不增不减，不垢不净，不有不无，不落在任何一边，所谓从容中道。这是修道必由之路，不二法门，稍有偏倚就不是道。

如何守中？张三丰先生说："所谓中者，一在身中，一不在身中，功夫须两层做。第一，寻身中之中；第二，求不在身中之中"。说明守中的功夫有两层，在身中是指在形体上寻找中，是形而下者生理上的中，属于命功；不在身中是不在有形有象处，是形而上者，属于性功，守中也是性命双修的功夫。

求身中之中：太极拳有"立身中正安舒，支撑八方"，"尾闾中正神贯顶"，"中土不离位"等要诀，说的是身体的中正。即身体中轴线的不偏不倚、不俯不仰，此中轴线通过身体的中心。经书说：天地相去八万四千里，在天地之中，适当四万二千里处，为人所在之处。人身为一小天地，心与脐按同身寸度量，相距八寸四分，适当四寸二分之中位，为黄中、真土之窍位，是我人身之中心。五行土居中央之位，故名之为中土，真土，因土为黄色，又名之为黄中。《性命圭旨》说该窍位：“是人一身天地之中，乃藏元始祖气之窍也”，精气神三元在此相会，坎离在此相交。又说：“常将真我安止其中，如如不动，寂寂惺惺，内外两忘，浑然无事，则神恋气而凝，命恋性而住，不归一而一自归，不守中而中自守。中心之心既实，五行之心自虚，此老子抱一守中，虚心实腹之本旨也”。

太极拳有诀，名为《守中土》，太极拳又名为十三势，最重要的一势为中定，并言有中定才有十三势，说明中定、守中土为太极拳法之核心。《太极平准腰顶解》一诀，对此有详解：“腰即平之根株也，立如平准，所谓轻重沉浮，分厘丝毫则偏，显然矣。有准，头顶悬。腰之根株，即下尾闾至囟门为一垂线。歌曰：上下一条线，全凭两手转，变换取分毫，尺寸自己辩，车轮两命门，大纛摇又转，…”。平是指的天平秤，中心意思是立身要像天平秤一样，中正平稳，不偏不倚。天平秤之主轴，于人身而言，即是下尾闾至囟门的垂直线，即诀中歌曰的上下一条线，这由上到下的中轴线，必定要通过中土，成为过中土中心的一垂直竖立的中轴线。立身中正的几项要诀，都与通过中土中心的这一中轴线有关。这个中轴有理无形，故称之为虚中，太极拳之守中用中，所守所用就在此一虚中。这是在人身中理想的中轴线，因其虚无，正合乎大道至虚之本性。求道须无中生有，借假修真，修炼者一定要将此虚中炼真，与中脉相合而成为真中。

若以太极拳之大气球而论，中土中心为气球之球心，虚中之轴则为气球之直径，此二者都在身中，但都虚而无形，虽是无形，但确实有用。球心为气球之主，相对稳定，因其位在中土，中土不离位，称为中定。气球之球皮与虚中之直径，随用而生，能千变万化，以应无穷之变。

太极拳经云：“伸屈开合之未发为中，寂然不动为定”。太极一动阴阳生，生阳生阴，必有所偏倚，失其本然之中正，必须即时调整，达到新的中正。

在动态中平衡，在变动中求中正，无论身形如何千变万化，俯仰倾斜至何种程度，都要能在变动中即时调整，保证自身永立于中正安舒之位。这在变动中保持之中定，为变中之定，称为时中，能时中就能守中。调整之法：通过返观内视，保证中土不离位，虚领顶劲，尾闾松沉，腰胯调动，求得上下一线铅垂直竖。

求不在身中之中：不在身中，究在何处？曰在道心真意，在先天元神之真觉真知。“中正者，天下之至道也”，“无极者，真中也”。必定在无为无形，无思无念处讨得消息。道家说：“念头未起处为中”；佛家说：“不思善，不思恶为中”；儒家说：“喜怒哀乐之未发，谓之中”。三家所言，中心一致，此中正为心意之未动。念头一起，即有偏倚，其念向非是即非，非善即恶，有失大道之中正。求不在身中之中，就是求心意之一念不生，心如明镜止水，不著一物，不存一事，还归大道虚静无为之大中至正。

由于世上万物的引诱，情浮意动而生贪求之妄心，妄心生妄想而杂念不止，远离正道。道经云：“大道教人先止念，念头不住亦徒然”，求不在身中之中，就在于止念，能止住妄想杂念，则妄心灭而道心归。如何止念？经书曰：“不怕念起，只怕觉迟，念起是病，不续是药”。妄念如演戏，一幕幕推进，当前幕已落，应不续其景，不要回味，不生留恋之情，让其过去；下一幕尚未上演，不要引迎，不预猜剧情。当前念已过，后念未生之间，有一空白，守中是要守住这中间的一空，让心意定在这中空之间，所谓悟空，愈久愈妙。守住这一无念之念，所谓一念万年，万年一念，天长地久，大道之无去无来，无古无今。这个中就看你能否守得住，定得住。

求不在身中之中，是求大中至正的天理，求虚静无为的天道，求心神合于天理天道。一当稍有偏倚，稍萌一念，即应适时调整，调整则有赖冲和之气。老子曰：“冲气以为和”，冲者，中也，冲气乃是中和之气，在天地之间，在阴阳二气之间起调和的作用，促进其相互协调，适时变通，以免出现乖离。《中庸》曰：“中也者，天下之大本也；和也者，天下之达道也”，有此中和之气的调节，动静不失其时，无过不及，无所不宜，各得其所，还本原而万事毕。中是大道，是天下的根本，通过中和的作用，守住这个根本，守中则可达道。

中是无极、是道，说是天下之大本，即是本体；一为中之用，是道的作用表现，通过作用而能知本体。如德为道之用，知德则可知道。关于体用，拳谱有《太极体用解》，阐述太极拳的体与用。该解曰："理为精气神之体，精气神为身之体。身为心之用，劲为身之用。身心有一定之主宰者，理也。精气神有一定之主宰者，意诚也。理者天道；意诚者人道，皆不外意念须臾之间。要知天人同体之理，自得日月流行之气。其意气之流行，精神自隐微乎理矣"。这段话所阐明的，应是要诀"意气君来骨肉臣"之主旨。

解中说，理者天道。理是准则与规律，道是宇宙的总准则、总规律，而理为各事物的特殊规律，所谓万物各异理，万物各异理而道尽，故说理即是道。关于精气神，元神即无极而太极也，是太虚中的一点灵光。无极而太极，即元神生元气，所以说，元气之至灵处，即元神也。至于元精，即元神元气酝酿流行之精华，元精寓于神气之中，通常称神气，元精自隐微其中。又因气即心中之灵，为心之辅，心为太极，元气之外无太极，心与气与太极通而为一，心气一也。故精气神三元本一，心神为其本体，炼精、炼气，终归化神还虚，返本归元，归于道之本。

根据这一引述，该解可概括为：道为心神之体，心神为身之体。身为心神之用，而精气神化合之内劲，为身形之作用。身与心神有总的主宰，那就是道；而心神主导身形，内涵有诚信之德，在运筹驱使之间，意气之流行运度，道自然主宰于其中。

与《太极体用解》相应，有《太极文武解》，论文武之体用。曰"文者内理也，武者外数也"。拳谱又有"文修于内，武修于外。文体，内也；武事，外也"之论。在此，文、内、理，指的是心神、内气；武、外、数，指的是身形、拳法、太极十三势。该文武解曰："文者体也；武者用也。文功在武用于精气神也，为之文体；武功得文体于心身也，为之武事。夫文武犹有火候之谓：文武使于对待之际，在舒卷得其中时，文体之本也；在蓄发当其可者，武事之本也”。心神、内气是本体、是主宰；身形、拳法为作用、受调度。以心神、内气主导对待之武事，称为文体。对待之间身形得心神、内气之运使，称为武用。无论内理、外数，或说内气、外形，在应对之间都不离大道之本，守中用中，抱元归一。内气之舒卷流通，自然冲和，氤氲鼓荡，畅行无滞，为文体之本；外形之屈伸开合，中正不偏，顺随粘依，恰到好处，为武事之本。

上面两解，阐明了太极拳以内理为本，外数为从，即拳理所论之以内用外，内主外从之理。虽主从之位分明，而内气外形统一于一体，拳理要求内外相合，神形合一，相互依存。《太极文武解》还说：“有外数无内理，必为血气之勇，失于本来面目也；欺敌必败。内有文理而无外数，徒思安静之学，未知用，差微则亡耳”。拳学是整体如一之学，有内必有外，也就是阴阳相济，偏阴偏阳均有悖大中至正之道。有外无内，失内理之主导，必为血气之勇；有内无外，何所依载，徒思安静之学，均非一阴一阳之道。

六、谷神玄牝

谷神不死，是谓玄牝。玄牝之门，是谓天地根。绵绵若存，用之不勤。

深山幽谷，中空无物，有感应无方的妙用。有如空谷传音，问之若答，应焉如响，以其空灵，如有神在，故称之为谷神。内丹经书中说："谷神至虚至灵，其妙在生生不已"，故曰谷神不死，不死即惺惺不昧，灵明常在。不死之谷神就是道，道无始无终，无生无灭，永恒长存。修炼内功，要效法山谷之空灵，所谓虚怀若谷，唯道集虚，虚无是先天元始祖气的根本，愈虚则愈灵，愈灵则愈有，先天一气因之而生。

此惺惺不昧之谷神，永不寂灭，深邃幽远，玄之又玄，其生生不已之妙，就叫作玄牝。丹经曰："玄即天也，牝即地也，天地合而玄牝出，玄牝出而阖辟成"。阖为门扇之严密闭合，辟为门扇之开启。《易经系辞》曰："是故阖户谓之坤，辟户谓之乾，一阖一辟谓之变，往来不穷谓之通"，又曰："乾坤，其易之门邪"。乾为天，坤为地，易即道，玄牝之门就是乾坤、天地之门，一开一合，一往一来，元气出入流行其间，往来无穷。此门为通往道的关口，丹经曰"乃阴阳往来之路，天地造化之乡，人物发生之地"，故称之为天地之根。

玄牝又称之为玄关一窍，是内丹功法的秘窍之一。《性命圭旨》中说："要得谷神长不死，须凭玄牝立根基"，这是说要通达无生无灭的常道，根本就在此玄牝之门。这个玄关一窍，为神气之舍，空灵之谷，无体而有用，玄之又玄，神秘无比。如此之神秘，是否能寻得门径，找到通路，在内丹功法中，隐约指出些端倪。

吕纯阳先生说："玄牝玄牝真玄牝，不在心兮不在肾，穷取生身受气初，莫怪天机都泄尽"。不在心，不在肾，是指不在具体身形上；生身受气初，则是指寻求的时机，这个时机是关键。何为生身受气初，吕先生并未明示，这个天机，他欲言又止，似泄仍藏，这是丹家的一贯风格。

王沐先生在《内丹养生功法指要》一书中说："这开门开窍，常与一阳生，活子时，同时而动"。点明了一阳初动，活子时的到来，即为生身受气之初，就是开门开窍之机。李虚庵先生证实说："一阳初动即玄关，不必生疑不必难"。两位先生都提到一阳初动，活子时，这就是玄关一窍。何谓一阳初动，活子时？这是练功过程中出现的一种景象。当修炼火候到位之时，不知不觉，忽然丹田融暖，周身苏绵，入于恍惚，顿忘天地人我，此即一阳初动，先天潜藏的生命能出现。此生命能将推动元气在任督二脉中流通，其起始点，发祥之地在海底会阴。

元气在任督二脉中流通，称为周天运行，小周天。丹经以一日之十二时辰为喻，子时为会阴穴，午时为泥丸宫。《参同契》指明："子南午北，互为纲纪"；邵康节先生云："冬至子时半，天心无改移，一阳初起处，万物未生时"。子时在半夜零点前后，地球经过了最黑暗的亥时，到子时阴极阳生，阳气始通，透出一点生机。按易理卦象，亥时全阴为坤卦，子时为复卦，复卦下面的一阳爻，为一阳初生，因有复卦之象，又称之为一阳来复，是一天的正子时。当修炼火候在海底会阴有气机发动，是生命潜能的活力开始萌动，人身的大药将发挥功能，喻之为一阳初动，如复卦之象，正处在子时之位。但内功的修炼，阳气萌生不一定正在半夜子时，可能在其他任何时候，只要元阳萌动，任何时辰都能在会阴海底发生一阳来复，这个阴极阳生的子时是灵活的，故称之为活子时。

明白了一阳初动、活子时的道理，便把握了玄牝之门开启之机，也就找到了通往大道的门径，学道者知晓当如何修炼。

一阳初动，活子时与打通任督二脉的周天功法相关，修炼太极拳必须要修好河车路，让元气如周天日月常转。元气无滞阻的畅通流行，太极拳有诀云：“行气如九曲珠，无微不到，所谓气遍周身不少滞也”。太极拳以松散通空之功法，修建好畅通的气行通道，如叫作河车路、通真路的，疏通了全身隐藏的滞阻障碍，拳谱云：“乱环法术在于通”。如此元气在全身自然不息的流行，时至可以触发先天潜能的萌动，活子时出现。练功者只专注于抱元守一，静心专侯一阳生，玄牝之门的开启。

修炼太极拳必定要打通大小周天，使元气畅通流行。元气在体内之畅行，其周身又必如空谷一样虚灵，虚空乃元气蓄藏之舍，也是元气流通之道。周身由松散而通透，由通透而虚空，全体透空，即全体为元气所化，化为一团浑沦之气。庄子曰：“通天下一气耳”，全体同归于化。再进一阶，气又化神，神化虚，谭峭曰：“虚明而万物所以通也”。虚明如空谷，通透如空谷，神灵亦如空谷，空谷即是灵明不死之谷神，谷神即是道。由此虚无空静之修，寻得玄牝之门，通往虚静无为之道。一路寻找，唯虚静是求，唯道集虚，这是不二法门。

太极拳以虚静修身，亦以虚静为对待之用，空谷问之若答，应焉如响的灵明，为太极拳听劲懂劲之修提供了法式。听劲之分厘丝毫能辨，必如空谷之虚灵，唯虚则灵，灵则明，明则神，神则无所不知，无所不辨。听劲能如此神明，在对待中能精准察知一切，能探听清楚对方的一切行动规律，行之于表的能知，隐迹于里的也能知，能不见不闻而明察秋毫。此虚静空灵之修，也正是回复人生固有良知良能的必由之路。

知觉运动，乃人身先天本然之固有，其良知良能，是人类远祖在生存竞争中所积累，久之形成智慧技能之基因，代代遗传。当偶遭紧急危难之际，能不见不闻，不思不运，自然发挥其潜藏的功能。人生进入后天生活，性近习远，而逐渐迷失先天之固有，修炼太极拳之虚无空灵，就在于回复人身先天潜藏之固有。《太极拳谱》之《固有分明法》曰：“要想还我固有，非乃武无以寻运动之根由，非乃文无以得知觉之本原，是乃运动而知觉也”。知觉运动，是指听劲懂劲，知人的能力与对应的技能，为先天之固有，应于修炼中以乃武寻回根由，以乃文得知本原。

关于乃文乃武，拳谱有《太极文武解》曰:“文者内理也，武者外数也”，上一章已经提到。道之虚静、恬淡、寂寞、无为，自然而然为其内理；阴阳、五行、八卦、太极十三势则为其外数。内理、外数统一于无极而太极。《太极文武解》还曰：“文者体也，武者用也。文功在武用于精气神也，为之文体；武功得文体于心身也，为之武事。夫文武犹有火候之谓：文武使于对待之际，在舒卷得其中时，文体之本也；在蓄发当其可者，武事之本也”。文者内理是其本体，武者外数为其作用，内在之精气神中正平和，抱一处静，为文体之本，形而上心神之修；外形之动静开合，恰到好处，行之不得不行，止之不得不止，为武用之本，形而下身体之修。乃文乃武，相辅相成，总不离阴阳相济之理，性命双修，内外兼功，拳功并炼，不可有一面之偏。

拳谱《固有分明法》曰:“运极则为动,觉盛则为知。动知者易,运觉者难”。说明了运动觉知间的关系，知之始为觉，动之始为运，说明觉为知的先导，运为动的前奏。太极拳以气运身，有气之运才有身之动，当运不明显之际，感觉也就模糊，模糊的感觉不能提供清晰的讯息，也就不能真知，没有准确的听劲。知有身知、有心知、有神知的差别，身知依靠身体的触觉，与触觉灵敏度有关；心知当然有赖于触觉的传达，但也有心灵的感知，心的灵明较触觉更精准；神知则更精微，所谓时至神知，神以知来，智以藏往，神知达懂劲之神明阶段，由步步精进复还固有而得。

可见觉要灵要真，灵则不丢失任何讯息，真则所得之讯息准确真实，这叫作灵觉。在虚静无为之际，清清静静、无心无意，机会相触，偶尔忽觉，谓之真觉，此觉如空谷之灵，感而遂通。有真觉，灵觉，即有真知，灵知，黄元吉先生曰：“太极之体，彼感此应，一动即觉，所谓时至神知，即先天之真知。…要知此时惺惺不昧，天然一念现前，能为万变主宰，此即古人所谓心中之灵知”。以此真觉真知，灵觉灵知，复还先天之固有，先求自己知觉运动得之于身，知己而后自能知人，由懂劲而阶及神明，皆由此而及也。

黄元吉曰:“能以真觉为用，道不远矣”，真觉真知之得，先天固有之复归，根本唯在于虚静无为之修，效法山谷之空灵。若稍有意想妄念，夹杂后天之尘心，则离道远矣，岂能得空谷之神。

七、外身无私

天长地久。天地所以能长且久者，以其不自生，故能长生。是以圣人后其身而身先，外其身而身存。非以其无私邪？故能成其私。

天地效法道，道无生无灭，从不为自己作打算，没有自私之心，更无自生之情，天若有情天亦老，故能长久存在。道德高尚的人，把自己放在众人后面，为大众谋福利，因此能受到人们的尊重。中华历史上有众多的英杰贤达，毕生为国家民族奋斗，是民族的光荣、成为人们的榜样，其德行永远流传，精神不死。老子在此提出了为人的道德标准，后其身而身先，外其身而身存。太极拳根据这一原则，制定了应对的根本大法，舍己从人。执守这一原则，能与所有的人和谐相处，把自己放在人后，让人在先，尊重别人，别人也会尊重自己。

舍己，符合外其身的原则，将自身置之度外，无得失荣辱之虑，达到忘己、无己的道德高度。应知连自己身体都能舍掉，还有什么不能舍弃。丢掉了身形的负累，更忘记了自我私心，精神轻轻松松、干干净净，可以毫无偏颇顾虑应对世上无穷尽的变化。因其能舍己，不自见，不自是，不自作主张，能自然而然的与客观环境相融合。当人脑融入宇宙空灵的大脑，天人交融，自然感应，智慧则无穷无尽，能智周万物，神通天地。

从人，符合后其身的原则，具有坤阴柔顺之德，顺从人意，随人而动。拳谚云“饶他为主我为宾”，客随主便，人要我与，与之合理，人施我取，取得合法。刚柔，缓急，屈伸，进退，一任顺从跟随之，毫无顶抗违逆，在不失中正的前提下，让人感到称心如意。太极拳有上下相随、粘黏连随之要诀，其主旨就是顺随从人。随者，彼走此应之谓也，拳论云，动急则急应，动缓则缓随，不即不离，不丢不顶，动静皆以人为主。有极高尚的包容胸怀，宽宏海量的礼让，才能顺随从人，这就是玄德。

《太极拳谱》说："须要从人，不要由己，从人则活，由己则滞"，又说："彼不动，己不动；彼微动，己先知"。说明舍己从人是不主动占先，因能从人则活；更不主动抢先攻击别人，因为由己则滞。所以拳谚云："进攻者，死之机；防守者，生之机"。金庸先生说："自己立于不败之地，比击败对手重要得多"。柔弱顺从，能使自己保持清醒，从容不迫，泰然应对。彼忙我静待，静待则能审时度势，获取先机。先机为良能，先知为良知，有此良知良能，因而能全面掌控局面，洞察不测之变。

舍己从人之用，在于顺随，拳谚有言："拳有万法皆是假，唯有顺随一法真"，拳谱还说："总以随势为用最妙，不乖其势，不逆其气"。乖是违背之意，要顺随对方之拳势，相机而行，不可违逆对方拳势而强行，亦不可违背自身的气势而妄动。逆是不顺之意，凡动静开合，屈伸进退，总要形顺气畅，不生阻滞憋屈之弊。

顺从之法，从阴，从柔，与人趋同于一个方向，不乖不逆，顺人之势。因顺势而能占位、能借力，能形成我顺人背之势。拳经要求"先练顺"，"要姿势顺遂"，就是"周身一家无散形"，周身如一，所有筋骨皮肉都能趋于同一个方向，均衡匀称。顺从之法，对人是与之合拍，相随相从；于己是周身同一，周身通顺。

随是跟着，从其后而顺行，随曲就伸，随进随退走。跟随着人动，必须不先不后，不快不慢，不丢不顶，无过不及。要把握好时机，若跟得过快，抢在人先，过于早，人觉而势变；若跟得太慢，落后太多，失于迟，为不及，人势已成，都陷己于不利。随要掌握好火候，要得机得势，切中要害，不先不后，恰到好处。

顺随要粘依得体，拳谱云："粘依须跟得灵，方见落空之妙"。粘依要轻灵柔顺，不即不离，人起我起，人落我落，使人丢不掉，甩不脱，有如影随形之妙。

“舍己欲而从道求”，从道之虚静无为，无欲则刚，不贪恋得失则能舍；从道之无形无象，忘其有己，忘我忘身则能舍。这是心意上的功夫，头脑中的学问。李亦畲先生说：“欲要舍己从人，先要得机得势；欲要得机得势，先要周身一家，周身无缺陷”。连续有一系列之要求，如能依法修炼上身，则能知己知彼，引进落空。练好性命双修的功夫，内外兼修，至神明之化境，才能自如的运用舍己从人之功。拳谱云：“对待于人出自然，由此往复于地天。但求舍己无深病，上下进退永连绵”。从道之自然而然，能得大自由、大自在，全体气化，通畅顺遂，犹如大气往复于天地之间，无所不宜。

李亦畲先生又说：“先以心使身，从人不从己；后身能从心，由己仍是从人”。拳谱又说：“从人本是由己”。两说似相对立，实因所指之对象不同。李亦畲先生是在《五字诀》第二诀身灵中论此，所论在解析身灵，接下来的话可以为证：“由己则滞，从人则活。能从人，手上便有分寸，秤彼劲之大小，分厘不错；权彼来之长短，毫发无差。前进后退，处处恰合，功弥久而技弥精矣”。心神运使身体，一定要指挥身体随人而动，粘依须跟得灵，不得自作主张，不妄自屈伸，所谓从人不从己。但身体一定服从自己心神的命令，顺随从人的指令是由己心所发，这叫由己仍是从人。己心起主宰统领的作用，从人而动则不失分寸，以触觉权衡彼劲之大小长短，行顺随之法，进退合度。

而说从人本是由己，主要是针对心神而言，神为主帅，无论形式如何千变万化，主帅必然主导一切，舍己忘我之原则是不变的，指导舍己忘我之心神是常在的。人对我主动进攻，力求速胜，我绝不能相从而以攻对攻，以快对快，自己乱了方寸。一定坚持太极拳以柔克刚，以慢制快的原则，这就是由己。拳谱有言：“彼忙我静待，知拍任君走”，我坚定虚静无为之道心，以灵觉真知而洞察对方的节拍，任他千变万化，我有一定之规，自能应无穷之变化。

王宗岳《太极拳论》云：“本是舍己从人，多误舍近求远。所谓差之毫厘，谬以千里，学者不可不详辩焉”。舍己从人，不可有舍近求远之误，一阴一阳之谓道，一阴一阳之谓拳，太极拳理即大道之理，不可有远离常道之误，近太极拳理即近道。凡违背太极拳理，妄用浊力，强使招势，不以顺随为法，远离了常道，即是舍近求远。杨澄甫先生曰：“出手慌忙，上下寻机击人为远，以静待动，机到即发为近”。又有言曰：“以粘连密切而应对，不差毫厘之偏，稍离则远，失其机矣”。以上远近之论，可以认为，能舍己从人即为近，不能舍己从人，自作主张，妄自屈伸则是远。以人我双方而言，我为近，人为远，我之心神为我近中之近，是中心中枢，于任何时、任何事，必定起主导作用，舍己从人的命令是我心神所发。舍近求远是对舍己从人进一层的诠释，凡有方法，凡执着于形式力量，都是片面局部，非常道之真谛。道，虚静、恬淡、寂寞、无为，道不远人，亲道近道，则渐几于道。

八、上善若水

上善若水。水善利万物而不争，处众人之所恶，故几于道。居善地，心善渊，与善仁，言善信，正善治，事善能，动善时，夫唯不争，故无尤。

最完美的善像水一样，水给万物以利，却不与万物争利，安处在众人所不愿去的地方，甘心于卑下的地位，所以水最接近于道。老子认为水有七善：居善地，安于卑下；心善渊，存心深沉；与善仁，助长成就万物；言善信，真诚恳切；正善治，中正不倚；事善能，能方能圆；动善时，适时而动。太极拳以水之善性为法式，效水之七善，故有称太极拳为水性之拳。

居善地：太极拳要求安定守在中土，不离中土之位，谓之中定，这是太极拳之善地。六合之内，土居中央，养育万物，维持着万物之生命，人类从土地那里获取了营养能源，才能生生不息，世代相传，所以要安居于此善地。人之性命，神气主宰，土有戊己之分，戊土为元气，己土为元神，守中土，所守者气也，守之者神也，占定中土，以神抱气。戊己合，或称为坎离交，水火交，是以有知之神合无知之气。内功修炼之核心，凝神敛气，敛气凝神，就发生在中土这个善地，以真意为之，故中土又称之为真意。

太极拳称之为十三势，为八门五步之综合。八门按八卦之理，定坎掤、离捋、震挤、兑按、乾采、坤挒、艮肘、巽靠八法，定以四正四隅方位之属性；五步即依五行之义，定前进、后退、左顾、右盼、中定以方位之属性，核心为中央属土之中定。《太极拳谱》云："有中定乃有十三势"，中土不立，其他一切皆非。定者，安而止也，镇静也，中定是安守在中央，不离其位，所谓中土不离位，为精神与形体上的中心。拳谱要求之立身中正安舒，支撑八方，镇定八方，运转八方，皆以中定为主导。凡一动无论手足必由中而出，神意必合在中土，而后才有进退顾盼之分，才有挪捋挤按之用，此拳法守中用中之真义。以过中土中心上下延伸之虚中为轴，为全身动变旋转之中心，保证了全身之静态平衡与动变平衡，所谓枢得其环中，以应无穷之变，环中就是这个善地。

心善渊：渊为深潭，古潭之静水，深沉而静默，渊清玉絜，谓之渊默。心善渊者，心要像古潭那样深沉而静默，清纯而洁净，这是太极拳心贵静之主旨。太极拳全凭心意用功夫，应效法水善渊之品格，渊源有自。一善潭水之静默，一心清静，毫无游丝杂尘，凡有杂尘即被沉潜于渊底，翻不起波浪。二善潭水之深沉，其心诚实而深远，渊谋远略，思虑深远而精详，不为外物干扰。三善潭水之深邃，渊渟泽汇，汇集渊博之学识，吸纳天地之精华。太极拳集中华传统文化之精髓，如潭水之渊积，广博精微，义深渊海，渊渊其渊，浩浩其天。

与善仁：与为给，为助，与人为善，与人方便。太极拳之舍己从人，即法水性之与善仁。待人以上，自处于下，谦卑容让，一如坤卦柔顺随和，包容厚重，人善我敬之以善，人不善我亦回之以善，坚信善有善报。仁者，亲爱，以至爱之心与人，“己欲立而立人，己欲达而达人”，己欲通达，也助人通达。谭嗣同先生说：“仁以通为第一义”，并认为仁为天地万物之源。如果把这个源视为元始祖气、元气之畅通流行，是太极拳最根本的妙要。养生爱生，是最完善的仁，就像水能容纳一切，无生命的，有生命的，一概容纳，都能在水中寻得自己的善地而安居。

言善信：信非他，一诚而已，诚敬为信义之本，言必信，诚也，信就是真诚。太极拳为至诚之学，诚者自成，以诚信助修炼者完成自身道德品格的修养，诚心诚意地信奉一阴一阳之拳道。没有坚定的信念，心不专一，绝无成功之理，《中庸》曰：“诚者，天之道也”。

太极拳用意不用力，意气君来骨肉臣，练太极拳要真心诚意相信心意的主导作用，太极拳全凭心意用功夫，所有拳理拳法，大都唯心所造。如拳诀之立身中正安舒，这个中正体现于形体，但根本在心意，用心意制造一虚中之轴，想像从百会到会阴直线铅垂，这上下中正竖直的一线，实无具体之存在，纯由心意打造，故称之为虚中。虽虚空无形，却是太极拳最基本的要素，守中用中都与这一虚中有关，所以要诚心诚意相信它的存在。再如虚领顶劲，空中游泳，大气球等等无不是唯心所造。由于真诚相信，真心诚意的以假炼真，求得无中生有的效果，这是精神的力量，精义入神。若无至诚之信心，这些功法，虚枉而已，绝对炼不成太极拳的功夫。

正善治：道，大中至正，太极拳以中正为立拳之本，不偏不斜，纯正一贯，中正为其操守，方正为其品格。《易经坤卦》曰："黄中通理，正位居体，美在其中，而畅于四支，发于事业，美之至也"。以正道居正位，美德存于内心，表现于行为，发挥于事业，极尽真善美之德；发挥于拳学，阶及神明化境，此正善治，中正完美善治拳学。

头容正直，神气贯于顶端，领起一身正阳之气，有此顶上之虚灵，一身相应虚灵，如绳悬吊于空中，与大气应合如一。

立身中正，王宗岳拳论要求立于平准，全身姿势要像天平秤一样，平平正正，无丝毫偏倚歪斜，有感即应，丝毫分厘不差。

尾闾中正，尾闾为阴阳变化之乡，任督交接之处，向上神气直贯头顶，向下神气连接地心。由此上连于天，下通于地，天地人三才合一，故称之为天人合发之机。

正气浩然，一身正气，浩浩荡荡，充塞于天地之间。有此正气主宰，邪气不入，诸恶避退，为人堂堂正正，治事正大光明。

事善能：太极拳守中抱一，以无为为为，以无事为事，无欲无求，以一片虚空纯净之心对待一切。无欲则不生事，无争则不多事，一旦事变强加于己，仍从容淡定，以不对待为对待。先天自然之良知良能善而应之，于不变而应万变，以无法而生万法，完全不加后天识神之操作营运。神以知来、智以藏往，骤然对待之时，仓促间不容设定何势何法，事过之后亦不知使用了何势何法。如此先天自然之良能，能成就最精彩、最完美的结局，王宗岳先生说："是皆先天自然之能"。

动善时：时动则动，动之不得不动；时止则止，止之不得不止。太极拳之动静行止，一任天然自然，但把握住了最合理、最恰当的动静之机。其动属乾，刚健中正，动与天随，天行健君子以自强不息；其静属坤，如地沉静，潜形于九地之下，人莫知其踪影。动在九天之上，动极而静，物极必反，因其大动无形，视之如静；静在九地之下，渊深潜默，静极而动生，因不动之动，是生生不已之动，视静犹动。一动一静，即一阴一阳之道，阴阳相济，动静相因，创造了天下之万事万物。

太极拳是“一动无有不动，一静无有不静，静中触动动犹静”。《内功经·神运经》曰：“知静之为静，动亦静也；知动之为动，静亦动也”。形体有坤阴之德，以沉静为主，周身外形自然顺从依随，肢体所显现之动态，是被驱使而动，外形之本体是不动的。内气具乾阳之象，健运不息，因其无形迹可觅，看不到它的行动，但它是一身运动的根源。这就是《神运经》所言动静之理，拳道者，一外形，一内气，外形阴静，内气阳动，一阴一阳之谓拳也。

内气发于中，形于外，达于四围。太极拳之以气运身，身为躯使的原则，说明了动之源在内气，由内气驱使身形而动。外形柔顺，顺随依从是其本性，在外接受内气传达的指令，一由内气驱使而动。拳论曰“由内向外者为动，由外向内者为静”，内气发于中，向外而驱动身形，身形在外，向内接受指令，被内气驱使，此即内外动静之理。

形体沉静稳重，自己不能主动，任何姿态的改变，皆为被驱使的。拳论云：“心之用动则身动，身虽动，而身之本体不动”。拳道之处中以治外，是以内用外，内主外从，内动外静，是神意指导内气而驱动身形，时至神知，这是太极拳的主纲，背离了这个主纲，就不是太极拳。

九、盈满而倾

持而盈之，不如其已。揣而锐之，不可常保。金玉满堂，莫之能守。富贵而娇，自遗其咎。功成身退，天之道。

过于盈满，必然倾泻；锋芒太盛，难保久常；收敛太多，终受其累；骄狂自大，自寻灾祸。其咎在于太过，有失中和之道，修炼太极拳者，应深以为戒。老子提出的不自见、不自是、不自伐、不自矜，是克服骄傲自满、锋芒毕露的良方。在太极拳则为舍己，舍弃自己，无争名争利之心，不争故无尤，没有过失灾祸。老子还提出少则得，多则惑，修炼拳学贵在少而精，而有些学者以多为功夫，杂学旁收，背上几百套拳的包袱，终受其害，此金玉满堂，莫之能守之谓也。

盈满而倾，因其不够宽广，要有海纳百川而不盈满的气度；锋利而折，因其不够柔韧，百炼钢成绕指柔，岂能折断；财富难守，因其不善经营，要学陶朱公三聚三散的艺术，流通起来，愈积愈富；骄奢取咎，因其贪求享乐，不善养生，不明四大皆空之理。宽广、柔韧、流通、虚空，为太极拳之主旨，修炼松、散、通、空的功夫，致中和而达道，功成名遂而身退，这是道的规律，能常保平安。

大道中正平和，不偏不倚，无过不及，不增不减，不垢不净，以虚静、恬淡、寂寞、无为为本。太极拳守此中和之道，以柔弱自处，礼让谦卑，恬淡安逸，自然虚静，欲达此境界，贵在修炼一松字诀。

郑曼青先生说:“松之一字,最为难能,如能真松静,余皆末事尔”。要松净,郑先生说:杨澄甫大师每日必重言十余次,可知对松之重视。杨澄甫大师说:“要全身松开,不可有丝毫紧张。所谓柔腰百折若无骨,若无骨,只有筋耳,筋能松开,其余尚有不松之理乎”。此言指明了松功的核心所在,要松开筋,筋指肌腱、骨上的韧带,肌腱韧带能松开,骨节自然就松活了,所以说要练筋长一分。

太极拳以松、静、自然为最根本、最基础的功夫。尤其是松字诀,是太极拳一切功法、心法的根基。能松则能轻灵,能松则能圆活,能松则能柔软,能松则能舒展,能松则能从心所欲,无滞阻障碍。炼到周身无处不松净,其余都可迎刃而解。李亦畬先生说:“松开我劲勿使屈”,憋屈在身是后天劳力积习所致,习惯性使用拙力,导致筋骨僵硬,肌肉紧张,气血滞阻。如此内气不能畅通流行,运动不能便利从心,既失于应对之能,更有违养生之道,可见憋屈为身心之大患。

勿使屈,则当舒展、松散。拳谱有神益舒,体安舒之要求,指明精神与形体均应松散舒展。之所以造成憋屈之病,根源在于使用拙力,修炼太极拳首先要改变后天用力使劲的习惯。太极拳的体用原则是“用意不用力”,更明确的说是要学会以意用力。此意是心意、是心的念向,太极拳全凭心意用功夫,以心行气,意到气亦到;以气运身,意动身即动。这个气是内气、也叫内劲,然而拳谱说意就是气、意就是劲,还说:意即力也。这个力不是拙力,是内劲,是神意气化合的太极劲。其特征是松散、舒展,绵软,柔韧。凡一动意在先,练拳先用意感觉大气的流动,运行身姿与大气相应合;应对先称量来劲的分量大小,指挥身姿以恰当的方式于以对待。总不离意气为君的原则,不致因使用拙力而生憋屈之病。

凡已形成习惯性之憋屈,必须松散舒活之,常称之为舒筋活络,伸筋拔骨。舒展开筋骨,拉开骨节间的缝隙,关节活动自然就灵敏活泼。因缝隙的拉开,即生虚空,先天一气从虚空中来,在虚空处聚,虚空愈大,积聚之元气愈多。

元气在体内有诸多妙用，仅就运动来说，元气在筋膜骨节之间，能起到空气轴承的润滑作用，使周身之运动圆润如意，便利从心。《太极拳使用法》中所说的加油，或许有这一层之意思在。

伸筋拔骨，又说为拉伸对拔，修太极拳桩功用吊字诀，想象头顶有无形绳索挂在云端宝树。王芗斋先生说："顶上力空灵，身如绳吊系"，用空灵之劲，无形之绳，虚虚提领，由头顶将身体吊起。全身悬吊在大气之中，被一节一节向上提领；足底下临无底深渊，全身又被地心引力一节一节向下吸引。这向上提领，向下坠引之力，相反互争加之于身，每一骨节，每条筋脉，每块皮肤，都感受到上下互争对拔的劲力作用。骨节被拉开了，筋脉被拔长了，皮肤被展延了，全身大松大软、大舒大展。这里是全凭心意用功夫，借假修真，心神收视返听，用静观玄览的功夫，以身观身，"慧眼默察细胞系，遍体轻松力如泥"，王芗斋先生如此形容。经过松散对拔的修炼，身体中的空间愈来愈大，聚集元气愈来愈泓浓，以至与天地间大气浑而为一，一身内外只觉大气之磅礴悠荡，不知有形体之存在，假借无穷意，天人合而为一。

松沉对拔用吊字诀，周身舒展则用散字诀。散是太极拳杨氏汪传的特色基础功法，是上下、左右、前后四面八方浑圆地舒散，散成立体的大气球。散有如空谷钟声，声波一阵阵向四面八方传播；又如石投水中，水波一圈圈向外扩展。汪永泉先生说："散是进一步的松，是有目的的松"。

就周身一家而言，散的中心点，即我形体的中心，黄中真土，内气由中心球形舒散开，气圈由小到大，向四周空间舒展散开，以至无边无沿。散是意气舒散，不能带力，意念太重则滞，散不出去，要轻轻松松，淡淡悠悠，似有若无的散。汪永泉先生说："不会散，意气憋，要出毛病"。但凡感觉身上有憋屈之处，即以该处为中心，向四周舒散，将滞留的浊气散出体外，将憋屈的病气散出去。有比喻为高楼敞开所有门窗，让室内滞留的浊气散出去，让新鲜的空气流进来，吐故纳新，内外交流。意气通畅了、松圆了，就能养生，就能增长内功。

散仍然是全凭心意用功夫，只是意念动，以意行气，以气运身，想象内气带着全身的细胞舒散，内气与细胞浑而若一，全身都均匀同一。内气之运动，有散即有聚，一开一合，一往一来，一呼一吸，在体内流行无间。汪永泉先生说："要始终保持内气的舒畅、自然、开合自如"。先生还指出：内气要有收有放，内气散出去与外气交流，要循环往复的相互交换，这是吐故纳新，吸进天地间的能量。大气球之吞吐开合起到了内外元气交流的作用，大气球是开中寓合，合中寓开，散中有聚，即散即聚，活活泼泼，生机勃勃。

修炼松散的功夫，消除了体内的憋屈滞障，有如修好了城市的环形大道，元气流行可以畅通无阻。拳谱云："乱环法术在于通"，乱环法术是指太极圆球的莫测变化，能因敌应变示神奇，而此神妙莫测的变化在于通。通畅无滞是首要的条件，不通则运行滞阻，变换不灵，不能圆活应对，所谓"意气须换得灵，乃有圆活之趣"，是以畅通为保障。太极拳一气之流行而已，故拳论要求："气遍周身勿稍滞"，"遍体流行不留停"，勿稍滞，不留停，都是说的畅通。拳法讲"神到意到，意到气到，气到力到"，畅通则能到，不通则不到。"心在何处力随往，上下一线是金梭"，上下流行能如金梭之灵快，说明路线畅通。汪永泉先生说："周身合适，万法通。周身合适，万法之宗"。

空是指松、散、通之后，感觉身体里像是什么都没有了似的，当炼成周身一大气球，气球内充的全是气，有形有质的细胞已然气化，气无形迹可觅，所谓虚空即气，这就是《授秘歌》所说：无形无象，全体透空的空。所谓肌肉若一，一是元气，元气充盈于全身肌肉细胞称为气化，是元气化形为虚的空。南怀瑾先生说："凝结神气，充塞通身，斯为拳"。

空更为重要的是心神的空，心神打扫得干干净净，无半点游思杂念，如万里晴空无片云，所谓明镜止水，所谓明心见性。如此心为清清净净的先天道心，神为先天灵灵炯炯之元神，一切回归于先天之固有，达到无为而无不为的境界。到此身心不养而自养，拳术不练而自练，以不应对为应对，以不化解为化解，这是神明化境之良。到此视金玉为粪土，视富贵如浮云，悟透本根而渐入真道。

十、专气致柔

载营魄抱一，能无离乎？专气致柔，能婴儿乎？涤除玄览，能无疵乎？爱民治国，能无知乎？天门开阖，能为雌乎？明白四达，能无为乎？生之、畜之；生而不有；为而不恃；长而不宰。是谓玄德。

本章有六问，此六问可认为是指导太极拳修炼的六步功法，修炼好此六步功法，则拳理通达，拳艺精妙，明白四达，逐步阶及神明化境。达如此之深奥玄妙，叫作玄德。

载营魄抱一：按河上公章句解，营魄即魂魄，人载魂魄之上得以生，当爱养之。喜怒亡魂，猝惊伤魄，魂静魄安则得寿延年，魂魄相离则亡。《楚辞·远游》篇有："载营魄而登霞兮，掩浮云而上征"之句，言载灵魂乘霞光，上征云霄。广义而言，魂为精神，魄为形体，抱一无离，即精神与形体相抱为一，不可分离。如此神形相抱相依为一，内丹功法称为守一，中华传统武学以神形合一为最高境界。人有生命，神与形则不可分离，神离形而无所依附，成为游魂；形无神则失去主宰，形同枯木。灵魂与体魄合一，即神形合一，是构成生命之本。

《太极拳谱》中，对神形之论述颇为精详，拳论之神为主帅，身为驱使，意气君来骨肉臣，神舒体静之论述，对神与形之相互依存，相互融合的关系，作了最明确透彻的说明。从根本上讲：心神贵在清静，而又必须舒畅，所以说心贵静，神宜舒；身形则贵在舒松，而又不可妄动，说虽动犹静，是说身形是被驱使才动，本身是不能动的。清净舒松对神、对形都是至为重要的大本，抱定不离这项原则，才能恰当妥善地行使各自的使命。

《太极拳谱》曰："神为主帅，身为驱使"，明确了两者不可分离的关系，心神主导，身形服从，根据这一原则，以完成太极拳之各项使命，且作了具体的规范。先在心，后在身，以心行气，务令沉着，乃能收敛入骨；以气运身，务令顺遂，乃能便利从心。心之令，必通达于身形骨肉，令乃得行；身之应，必及时精准，保证令行禁止，不差毫厘。心令身动虽有主次先后，究竟是不离不弃的完整一体。

专气致柔：专心一志，抱守着精气，凝聚着精气。修炼精气，心神必须专一，用志不分，心分则气乱，心乱则气散。前节说到，以心行气，务令沉着，也就是沉静专一，心气合一，心息相依谓之专精守气。郑曼青先生说："专气致柔，即气沉丹田与心相守之法"。郑先生还说：气能沉于丹田，即水火既济，坎离相交。离为心火，性炎上；坎为肾水，性润下，背道而驰，各逞刚强，与柔弱相反。今行阴阳颠倒之法，虚心则心火下降，实腹而肾水上升，水在上，火处下，以火温水，以水济火，得温养运化之功，坎离既济，则专气致柔之功成。气沉丹田，也就是心与气相守于丹田，其要在专心一志相守，守而勿失，气与心相守方可致柔。

心息相依是内丹功修气的功法，内心专注于气息的出入，其呼吸吐纳，要匀细深缓，柔和自然。心意或伴随着出气记数，或跟随着入气记数，相随不离，不失不忘，如此心与息相依相随，专一于气息的修炼，愈细匀缓慢则愈柔和舒畅。随着修气的精进，呼吸逐渐由鼻孔呼吸过渡到毛孔呼吸，全身所有毛孔都参与气息的交换，行气则更见细匀柔和，浑然人在气中，气在人中，人气合一，心气合一。当呼吸修炼精进到极细极匀，深缓入微的阶段，几乎察觉不到鼻孔有气出入，进入到胎息状态，即回归到婴儿在母体中的呼吸状态，这种呼吸若有若无，似无实有，柔和到极致，精微到极致，正是太极拳与内丹功所努力追求的太极状态。

元气在人身维持着生命活动，须要遍体流行，表里精粗无所不到，将生命的能源、生命的营养输送到全身，供应给每一个细胞。拳谱要求元气通过遍体流行的畅通无阻，以保障能量、营养的供应，因此必须有气流畅行的通道。太极拳松散通空柔和之修，就在于建立遍布周身的畅行通道，由松散而畅通，能畅通则无滞病。

气以直养而无害，汪永泉先生说："不能憋气，意气憋，要出毛病"，憋气就是害气，凡妄意操弄、强力搬运，憋阻不通，违背气息之自然流通，都是在害气，害气即伤身害己。所谓直养，是以正道，直道保养之，松静柔和，安舒顺畅，恬淡无为，呼吸吐纳一任自然而然，勿助勿长，莫失莫忘，为直养之正道。

气以曲蓄而有余，拳谱是说劲以曲蓄而有余，因为气就是劲，内气就是内劲，曲蓄当以气言。元气从虚无中来，在虚空中聚，先哲云："虚空即气"，前已言及。当全身修炼至松、散、通、空的境界，全体已然透空，已然虚空若谷，为元气安排妥善曲蓄之舍，愈虚空则蓄气愈泓浓。配合已经建立好之畅行通道，能源源不断，滔滔不绝对全身进行补充供给。同时大自然虚空之元气，也源源不断向体内之虚空进行补充，保证体内之元气富裕有余，这一切都在自自然然中运行，勿须安排，不劳费心。

专心一志修气，以神抱气，以气抱神，致中和而性柔软，一如婴儿之天真。初生之婴儿，先天纯朴之本性未经尘俗污染，保存了原本固有之良知良能，凡一动作为天机自动，凡一哭笑为天籁自鸣。心无游思，意无杂虑，纯净光明，全体透明如镜，清澈如水，柔软如云，轻灵如风。如太极之初分阴阳，具众妙而犹存先天，人能回复婴儿状态，则离道不远。前贤有诗曰："专气致柔神久留，往来真息自悠悠。绵绵迤逦归元气，不汲灵泉常自流"。

涤除玄览：将未纯之心洗涤干净，清除掉尘欲杂念，使心神纯洁，谓之洗心、心斋。《庄子》一书中提出有坐忘、心斋的方法，用以修心，达到心无其心、形无其形、物无其物，心、形、物全部透空虚无的境界。

《河上公章句》解释玄览为返观内照，用已经清净纯洁之心，高瞻远瞩，洞察微芒，内观其心，外观其形，远观其物。当体悟到道本虚空，心空，形空，万物皆空，所观照玄览者虚空而已。当空无所空，连虚空都粉碎了，还有什么瑕疵，还生什么欲念。《清静经》曰："欲既不生，即是真静"，观之者静，所观者真，真常应物，常归清净。

爱民治国：黄元吉先生在《道德经讲义》中说："民比精也，国喻气也。治身之道，以精定为民安，以气足为国富。炼己则精定，直养则气足"。炼己之功为筑基，接着是炼精化气，炼气化神，为的是达到精满、气足。此种命功的修炼，无论站桩、静坐、单操、行拳，或动或静，均以松静自然为根本，于恍兮惚兮之中，自然而然，不忘不助，无知无为。切不可自作聪明，妄意操弄，否则咎由自取。

天门开阖：河上公认为，天门谓北极紫薇宫，天门指紫薇宫中左枢、右枢两星，似门开闭之象，故名，泛指大自然一阴一阳的变化。南怀瑾先生则认为：人体头顶百会穴之处，道家叫作天门，修道者当修炼至纯阳无杂的程度，所谓无雌，天门就会自然开阖。到此程度，自然智周万物，神通天地，明达古今，超凡入圣，这属于内丹功修炼的理念。太极拳也称百会穴为天门，同时称会阴穴为地门、地户，为元气流行出入的门户，通过元气的交流，将天地人三者合而为一，所谓通天下一气耳，与天地精神往来耳。

明白四达：太极拳之修，首贵修心，心灵虚静，则无所不容，无所不知，无所不明，无所不能。太极拳为哲理之拳，虽不离动静虚实之有为，而更在于拳拳服膺，牢牢铭记于心，用心明白拳理，通晓拳艺，以虚静为体，无为为宗。汪永泉先生说："要追求一种无的境界"，还说："学拳就是行道，道是一刻都不能离开的，如果能离开的，那就不是道"。这是首先要明白的。

要明白经典拳理、拳论，它是先辈们心血的结晶，传承至张三丰、王宗岳，经过他们的创树，太极拳理已达到与道合真的境地。修习者如不明拳理，犹如盲人瞎马，迷失方向，虽勤奋努力，终难大成。欲明拳理，必寻明师点化，求得正解，以免野狐禅之误。

要明白自身，拳谱说："先要知己"，《四性归原歌》曰："世人不知己之性，何能得知人之性，物性亦如人之性，至如天地亦此性。我赖天地以存身，天地赖我以致局。若能先求知我性，天地授我偏独灵"。先要明白知晓自身个性，知己而后能知人、知物、知天地，此天人一贯之理，一通百通。太极内功之返观内视，静观玄览，用心观察自己而明白自己，对自己的神、意、气、劲、形、中，有了全面深透的了解，才能掌握己性、修炼己性，回复天道之本性。

太极拳之精妙，在于懂劲，由懂劲而能阶及神明，神明者，明白四达，知己、知彼、知天地，无所不知。郭福厚先生说："懂劲是太极拳技法达到理性认知阶段的标志"。王宗岳先生说："懂劲后，愈练愈精，默识揣摩，渐至从心所欲"。因为能懂劲，太极拳由无所不知，达到无所不能，王宗岳先生说："是皆先天自然之能"。我身固有天然知觉运动之良知良能，通过太极拳内功之修炼，还归我天然之固有。此仍有差之毫厘，谬之千里之误，学者必明白四达，避免误入歧途。

十一、无之为用

三十辐共一毂，当其无，有车之用。埏埴以为器，当其无，有器之用。凿户牖以为室，当其无，有室之用。故有之以为利，无之以为用。

《河上公章句》曰：无谓空虚。毂中空虚，车得转动；器中空虚，物得盛受；室中空虚，人得居住。有形物体的功能，是依靠空无起作用，有虚空才能容纳盛受。河上公曰："道者，空也"。

形而上者谓之道，道之本体无形无象、虚空无为；形而下谓之器，器为实体，有形有象。虚而无形者，先天元始祖气；实而有质者，天下万类万物。非器无以见道，非道无以成器。先天元始祖气是生成万物的基本，在具体的实物中，都可体现元始祖气的存在，气者体之充也，叫一气、真气、元气都一样，所以道在万物之中，见器即见道。

普天下之万事万物，虚空无为是其根本，先天一气由虚无而来，道生万物，一气是关键。无中生有，脱有入无，变化在于气，气凝结聚集而为万物之基，气升华化虚而为万物之灵。顺之而行，神化气，气化形，形生万物。逆反而行，形化气，气化神，虚明以通。通过一气而同归于化，如此循环往复、生生不已，化化无穷，起作用的就是虚而无形的气。

《授秘歌》之"无形无象，全体透空，忘物自然，西山悬磬"，说的就是虚无。拳术之修炼，必须把握住虚静无为这一主纲，认定了这虚无即道之理，方向就不会迷失。所谓"拳无拳，意无意，无意之中是真意"，说明虚无才能见真，无形无意，才能见得真形真意。何为真意？黄元吉先生曰："意之前无意，意之后无意，从此一知，一知之后不复见；从此一觉，一觉之前无何有，此为真意之意”。原来真意是于虚无之中，应感而生，无前无后，天机自动，时至神知。太极拳之应对全凭此真意，应前无预兆，应后无余迹，是“变化形无形，周旋意无意”，拳谚称之为无招无式，法无定法，随用而生。王芗斋先生说：“更要任何方法不许有，若是有了人造的方法参与其间，可就把万变无穷的潜能妙用完全丢失了”，是丢掉了真知真意，丢掉良知良能，丢掉了虚静无为之道。

太极拳杨式汪脉所传授的气球功夫，正体现了虚无的妙用，“自身意气散成空、虚、散的气球，无边无沿，摸不着，看不见”。通过松散圆的功法，形成空、虚、散的大气球，人在气球之中，全部气化，无形而透空，所以摸不着，看不见。当其无，有球之用，气球之中，空而无有，唯心意中的球心若隐若藏，汪永泉先生说：“球心越小越好，小到像似没有最好”。本来就是心意所生,心想有多小就多小,当其无,有气球空灵之用。意气的动静开合，形成气球的变化，意气从中心向四周舒散，气球膨胀，可大至不可围，大而无外；意气内收回归中心，气球收缩，小到不可量度，小而无内。意有所向，气球亦随之而往，本来就是以意行气，以气运球，必从心所欲，唯心是从，因为气球之动，就是心意之动。

有了这个大气球，一切应对之事，全由气球完成，无所谓招法，气球的圆转变化就是招法。球是圆的，一碰就能得中；球有弹性，一碰人就弹出；球能旋转，一转人就旋走；球能膨胀，一胀大，能发人丈外；一收缩，能引进落空，顺应人之来势，如何方便如何转。当气球炼至神化境界，球内元气盈满，气势场强劲，人一挨即如钱投鼓，自行弹出，我不闻不问，全无应对之心，只守我自然之虚静，固养我之灵根，无为无作，守我虚灵。

太极拳以大气球之运用为最上功法，人在大气球中不直接接触人，全凭心意驱使气球应对。汪永泉先生说：“以神意气发人，以想法发人，对对方的身形、手势全不顾，不在接触点上争。我放松成气球，罩在对方身上。用整个气球崩人”。杨式汪脉的太极内功，是大气球的运用，意气从中心舒散，气球向四围膨胀，能有各种变化的旋转，称为乱环法术。就是旋转球皮，起气圈，用扩散的气圈碰人，对方能触碰到的只是气球外皮，只感到球皮一动即被放出。这是神意气的功能，心意能设想出千变万化的招数，使气球发挥出奇妙的作用。但必须要真心真意，也要内气充盈，心意不真不效，内气不泓浓不效。

武禹襄先生的不传秘诀：敷、盖、对、吞四字。是武式太极拳心、神、意、气之运用，其功法全以神气言，诀后注曰："此四字无形无声，非懂劲后，练到极精地位者，不能全知，是以气言，能直养其气而无害，始能施于四体；四体不言而喻矣"。以神御气，以气运身，须一任气息自然而然的流行，无拘无扰，不增不减。注释言明，气能直养无害则能施运四字秘诀。

敷：运气于己身，敷布于彼劲之上，使不得动也。敷为铺布，有全体布敷之意，彼来，我用内气将彼全体敷布，如网网住，又如将对方全体包裹起来，以神意将对方虚笼收入，使其不能动，不敢动。若以气球言，即将彼笼罩在气球里。李启轩先生曰："敷者，包括周匝，人不知我，我独知人；气虽尚在自己骨里，而意恰在彼皮里膜外之间，所谓气未到而意已吞也。妙绝、妙绝"。包括周匝，即是全体、全过程将其敷布，将其吞入气球里。凡此皆为神意气之运用，心想事成，气未到而意已吞，妙绝在无形无象。

盖：盖即封，以气盖彼来处，由上向下覆盖，将彼封闭。把对方的来劲封闭住，如闷在锅盖下面，不让其有发劲之机。在此要有真觉灵知之懂劲能力，彼欲发劲，必有屈伸开合之意以运气运身，在彼心意萌动之初，我即将其盖住，使彼之意气不得生发。或者在彼劲由屈变伸的瞬间，将其闷盖住，使其曲而不得伸，这也是打闷劲。我运气如盖，将彼闷在盖下，用气球形容则是罩在球内，使彼憋屈在球内，动弹不得。

对：对是朝着、向着，以气对着彼来处，认定准头而去也。人劲已向我打来，我以内气对准人之来劲，用意将其包裹住，对准彼之劲源而去。或者我用意如针尖，刺彼来劲劲端之侧，直透彼之中心。用以静待动之法，让彼自己送上门，我早已备好，听准了彼之劲头，直对彼之中心，借彼之来力而打之。若用气球，则是对着来劲膨胀气球，将彼弹出，如钱投鼓，彼所投来之力愈大，则被弹得愈远。

吞：吞没，整个咽下去，以气全吞而入化也。气未到而意已吞，我心意将对方整个的吞进去，将对方全部吞进我气球之中，让对方的劲力全落进我气球中而化解。吞有吸引之势，在人发力前冲之际，我顺势而吸，将人劲抽吸过来，使其根自断，而无后续之力，谓吞而化之。

在四字秘诀之后，有高明者加了一个吐字，吞入之来劲，我不收留，随即吐出，还归原主。在彼已被抽吸一空之际，吐还之劲彼也无法接住，成了回击自身之反力。

拳谱将人攻我之劲分解为闷劲，来劲，回劲，在彼意将动之际用盖字诀对待，为打闷劲；在彼劲已来用对字诀而对待之，为打来劲；吞吐是当人劲已落空，将欲退还时对待之，为打回劲。全以意气施为，《太极拳谱》要求用意不用力，有意气为君之原则，已然明确了太极拳以神气为主导。神气者，无形无象，至虚至无，虚无即是道。虚无生一气，无之以为用，在太极拳也就是元气之为用，以心行气，以气运身则为其基本法则。

有之以为利，无之以为用：再以气球而言，无中生有，有了这个圆气球，有了这个圆气球的边，确定了气势场的范围，为太极拳之用提供了便利，提供了操作的对象。而真正起决定性作用的，不是形象，而是产生这些形象的心意、元气。心意、元气是看不见，摸不着的，是虚无的，它们才是真正的主宰。

十二、返观内照

五色令人目盲；五音令人耳聋；五味令人口爽；驰骋畋猎令人心发狂；难得之货令人行妨。是以圣人为腹不为目。故去彼取此。

五色为红黄蓝白黑；五音为宫商角徵羽；五味为酸甘苦辣咸。天生万物，各具形色，气象万千。人生天地间与万物共生共荣，相互利惠，如草木吐出氧气以养人，人呼出二氧化碳以养草木。色彩在于识别，声音在于交流，气味在于辨认，个性各别，以利大自然之万类交融，人为万物之灵，利用万物以养生。人利用万物，皆有尺度，可乎可，不可乎不可，超过了适可而止的范围，不知止，过则生咎。五色可以迷眼，五音可以乱心，五味可以伤身，一旦沉溺其间，心生贪求，欲壑难填。正如《清净经》所言："既生贪求，即是烦恼，烦恼妄想，忧苦身心"，身心皆为物欲拖累，以至于伤身败行。

耳得之而为声，目遇之而成色，耳濡目染，自招而来。尘俗之声色能惑乱心志，老子要求不为目，目迷五色而乱心，目不妄视，则可杜绝五色诱惑，即是老子所言："不见可欲，使民心不乱"。养生内功提出：闭目塞兑，兑即耳门，闭塞眼耳这两个连通外物的门窗，教人不要去看那些足以惑乱心神的花花世界，不要去听那些动摇情志的靡靡之音。外界可欲之物，通过眼耳鼻舌身传达而扰乱心神，称之为五贼。五贼以目为首，物欲则以色为先，眼目外观五色而内乱心神，滋生种种颠倒妄想，以为祸害。拳谱《坐功与太极拳之关系》一文中说："凡入手者，心之镇静也，使丹田稳固，体不宜仰，心不宜乱，目不宜侧视，耳不宜乱听"。目不侧视，耳不乱听，是心镇定不乱的保障。闭目塞兑，是不为目也；使丹田稳固，即是为腹也。

道家内功心法，不为目，有收视返听，静观玄览之功法。收视是将向外观看的目光收回来，向内看，将外观五色改为内照形躯，用心意调动目光向内观照自身。认真仔细观察，从皮肉筋骨到五脏六腑，静观玄览，入微至每个细胞。如此精微细致的观察，非静心专一而不能，故精细入微的内视，又促使心神的清静专一，忘却身外的尘欲杂扰，入于虚静无为乡，此为静心之修。

内视全身所有的骨骼筋膜、经络血脉、五脏六腑，全面认识这个精巧复杂的生理结构。仔细地观察清楚，深入地弄明白自己，发现那些隐含于内的生命奥秘。同时收凝耳韵，细听体内生命活动的声音，寻找机体和谐的韵律。在这和谐微妙的、大自然至高智慧的结晶中漫游，可以享受到生命无穷尽的快乐，美妙、神奇、玄奥、幽隐，让人如醉如痴，如幻如梦。只觉得骨弱筋柔，肌肉若一，天真重现，浑如婴儿之未孩，此为静观之修。

静观体内元气之遍体流行，一刻也不停留的运转，它沿着任督二脉以至奇经八脉循环不已，为世人留下了无穷无尽的奇思妙想。通过静心地观察，可以逐渐发现，元气透过肌理，遍体无微不到，无所不至，渗透入每一个细胞。元气为细胞供给能源，输送营养，细胞得元气滋养，生命力活泼旺盛；元气为细胞容纳，曲蓄充盈余裕。久之细胞与元气浑而为一，同归于化，细胞化为元气，元气与细胞融合为一体。细胞为人生理最基本因素，周身无所不在，全身所有的细胞与元气融合，即是全身为元气所化，此为气化之修。

拳谱云："命意源头在腰隙"，"刻刻留意在腰间"，腰隙、腰间指肋下、胯上之间的部位，在外称之为腰，曰"主宰于腰"；在内称之为腹，曰"腹内松净气腾然"。为太极拳中枢所在，凡拳法一动，必由腰带领，驱使上下四肢运动，故曰"腰为驱使"，"原动腰脊"。太极拳之动，遵循磨转心不转的原则，说腰为磨心、为轴，是以腰脊中柱为实轴，而以穿过腰内中土之铅垂线为虚轴，如军中主帅大旗，是中定不动的，曰腰如纛。中柱以外之身躯四肢为轮、为磨盘，绕中轴而旋动，演化为各种招法姿式。

依易理而言，坤为腹，坤之德柔顺，厚载而镇静。腹为真精、元气聚积之海，必具坤阴柔顺之德，腹内柔和松净，内气才能腾然无滞，才能顺畅地流行周身，以阴柔之德滋润全身。腹内之丹田为气穴，《内功经》曰：“龟尾升气，丹田练神，气下于海，光聚天心”。指明精气神三元相会于腹内，元气由尾闾升起，小腹正中为气海，是凝神敛气所在，修炼有成则慧光聚于头顶。

内功心法有凝神入气穴，凝神照气穴之先后阶段。凝神入气穴为初阶，通过返观内视，将心气纳入丹田气海之中，聚精而烹炼之，为炼精化气之功。心神入气穴，心清气静，形虚气运，似有似无，抱守在丹田，所谓：“养气忘言守，降心为不为”。无为而为，不炼自炼，总以虚静为法，以专守为功，如鸡孵卵，静候一阳初动。当真气充足，有升腾之象，所谓龟尾升气，时至进入督任周天循环。凝神照气穴为中阶，返观内视，凝聚元神，从百会处若光柱下照丹田，眼神内视下丹田，激发内气之灵性，炼气以化神，即丹田炼神之功。内功修炼，在腹内安设运化之炉，完成炼精、炼气、化神的功夫。

气沉丹田德润身，腹内松净气腾然。于丹田炼精化气，元气遍体流行，滋润周身，营养身体又护卫身体。一当有应对之事，心在何处，内气即在何处，意到气即到，动静从心所欲。当心神回归先天之真心元神，本就虚静无为，神气本来虚无一体，后天有所分离，回归先天，即回复固有之一体。在虚极静笃之际见道，即见神气合一的本来，其用则神妙莫测，应化无方，可见修炼虚静无为才是究竟真功。

不为目、不见可欲，杜绝外界尘欲干扰，存神返观，一心清净，一念不生。为腹，以腹为炼化之炉，聚精气神三元于黄庭，内照形驱行性命双修之功。由此而步入化境，寻求本来真面目。

十三、离形去知

宠辱若惊,贵大患若身。何谓宠辱若惊?宠为下,得之若惊,失之若惊,是谓宠辱若惊。何谓贵大患若身?吾所以有大患者,为吾有身,及吾无身,吾有何患?故贵以身为天下,若可寄天下;爱以身为天下,若可托天下。

得到荣誉,惊喜若狂;失掉荣誉,以为羞辱,惊恐若丧。得到了也惊,失去了也惊,患得患失,只为私心过重。私心缘于有身之累,贪身之享乐,恋身之安逸,畏身之肌寒,恶身之劳苦,喜爱忧愁之乱心,其根源在于有身,此身为人生之大患。老子在本章指明:“吾所以有大患者,为吾有身,及吾无身,吾有何患”?如果能忘掉自身的享乐,忘掉自身的安危,无七情六欲之扰,清心而寡欲,还有什么值得惊心呢。《道德真经注》曰:“名位之尊,人以为荣,反观之则辱也,故知道者不爱,而爱者之于此而惊也,谓不能忘之,而以之动心也”。修道者不为名位而动心,道家提出了忘身、舍己的理念,忘其有己是虚静无为境界的延伸。唯道集虚,一切有形有象之物,终归于化为虚空,包括了名誉地位,至空无所空,忘无所忘,也就不存在身形之患了。

修道,有庄子提出的坐忘功夫:“堕肢体,黜聪明,离形去知,同于大通,此谓坐忘”。离弃了肢体身形,抛开了视听认知,不受形骸智巧的束缚,由此而摆脱了因生理而引起的欲望冲动,这样就与大道融通为一,这是坐忘的功夫。把这个理念用于站桩功夫,则称之为站忘;同理依照这一理念,修炼单操、套路,也在动中忘,这就是太极拳所追求的无的境界。庄子曰:“同则无好也,化则无常也”,没有了身形之累,与天地同一就没有偏好;参赞天地之化育，与天地同心同德，就没有私欲，如此则无得失之患。坐忘是太极拳内功的基本修心功法，忘却身形的存在，无形无象；忘掉视听触觉，无欲无求。通过坐忘、站忘的修炼而净化心灵，根除贪欲。

“及吾无身，吾为何患”？忘掉了身形，没有了拖累，干干净净，一心清静。福祸无门，唯人自招，及吾无身，从根本上没有了招引的因素，祸患也就找不上门了。根据老子无身的理念，太极拳以舍己为根本大法，舍己则能忘掉爱身的忧患，不忧心身体会受到伤害，也不追求身体安乐，无私而无畏，能从容应对一切变局。舍己则能淡化自我意识，不妄作主张，不主观臆断，有坤阴柔顺随从之德，一应顺从人意。人动则随之而动，彼不动我亦不动；人静我本就虚静以待，我是更纯净渊默的静，在虚空静寂中真觉灵知常在，彼欲动我已先知。

就应对而言，舍己则能从人，从人则能知人，能有人不知我，我独知人的妙用，听劲懂劲的功能因之而阶及神明之境。就养生而言，忘身无身，一切情欲贪念不生，远离了颠倒是非，祸患何能加之于身，忘身而能保身，是对身体之大爱。据有无相生之理，无身而能有身，真正舍弃了凡尘的俗身，而虚静无为之真身真我得以回归，道家养生贵生之理，玄妙若此，真空能生妙有，太极拳舍己从人之理亦玄妙如此。

谭峭先生的《化书》说：“道之用也，形化气，气化神，神化虚，虚明而万物所以通也。是以古圣人穷通塞之端，得造化之源，忘形以养气，忘气以养神，忘神以养虚，虚实相通，是谓大同”。无身为忘形，继之而忘气，忘神，在忘忘之中，神气均得以善养，由有形之实达于忘神之虚，虚实一理相通而达于虚无之道。大同者，与太虚同一也，与大中同一也，太极而无极也。

忘形以养气，《太极拳谱》云：气以直养而无害，如何直养而不害气，在此又有了解答，在于忘，忘却了形体、忘却了内气、更忘却了气的呼吸流行。如南怀瑾先生所示：“大作身体上气脉的功夫，正被有身之患所累呢”。《悟真篇》也说：“何苦抛身又入身”。修身证道，修的是身形意气同归于化，以无形无象，全体透空为追求，是抛身无身。然而有的却在身上大作气脉的文章，搞搬运、弄呼吸，动妄念而妄为，弄得神气不得安宁，这正是在害气。忘形、忘气，全体透空，什么都没有，什么方法都不要，一任气自然而然，就是直养无害。一切人为的方法都不应有，人为制造的方法，是对自然纯朴的悖逆，凡有方法即偏离了虚静无为的大道，所以忘从根本上要忘却掉多动的妄心。

抛身无身不在形式，而在心意，凡有生命活动，身形实体不可能不存在，只能是心意中的不存在，那就是忘却。欲忘身可以用坚定的毅力去忘，但能否自然而不勉强，恐非一日之功，既然勉强，则非真忘。欲能真忘，身形不触扰心神之清静，心神不因身形而动念，两不干扰或可真忘。身形炼至无形无象，全体透空，炼得肌肉若一，全身气化，凡动静开合，圆融匀净、舒松柔润，不影响心神之安静。内气则自然有序地流行，顺畅亨通，无丝毫滞阻障碍，不劳心神之牵挂。一身内外无触发心神动念之机兆，如此心神专一致虚守静，此外一切皆忘。

庄子坐忘的理论，是道家内功修炼的基本功法，说到忘，庄子在《在宥篇》还有心养的论述："心养，汝徒处无为，而物自化，堕尔形体，黜尔聪明，伦与物忘，大同乎涬溟，解心释神，莫然无魂"。心养之论与坐忘主旨相同，要顺应自然之无为，万物就同归于化。忘掉形体，抛开聪明视听，与物相忘，与大自然元气混同如一，让心神归还虚无，没有什么值得计较，这是对心对气最善的养护。关于忘，庄子还说："忘乎物，忘乎天，其名为忘己，忘己之人，是谓入于天"。忘己无身，则与天地融和为一，天地物我一切皆忘，归于大道之本原，为修道所寻求之究竟。

无身忘己，功法有坐忘、站忘，至于如何能忘，正是修炼者所必须关心的问题。坐忘，心养中都说到，堕肢体、黜聪明，离形去知，这应是重点。忘却形体，在于心忘，心中没有了形体；抛开了聪明，在于心抛，不用心去看，不用心去听，心不用在外面的视听，不去求尘俗的知，所以关键在于修心。语曰：得意则忘形。得意为得真意，忘形为忘外形，何为真意？前面已然述及。游丝杂念，非真意也，真意实从一觉之后，只一心无二念。然而意由心生，有真心才有真意。

黄元吉先生曰："心者，万事之枢纽，必须忘之而后觅之。忘者，忘其妄心也；觅者，觅其真心也。真心之见，必从忘后而乃见"。要见真心，必先去妄心，妄心为后天游丝杂念散乱之心，受困于七情六欲，沉迷于爱恨情仇，离先天愈来愈远。妄心不去，真心难见，内功修炼，以修心为主，锁住乱动之妄心，去妄而存真。锁心猿拴意马，有九层炼心之功法，以求回复先天之道心，即真心现。

九层炼心：初层炼未纯之心，止住妄想，法在止观。二层炼入定之心，法在心息相依，炼心合气。三层炼来复之心，法在一阳来复，炼心进气。四层炼退藏之心，法在河车运转，炼心得气。五层炼筑基之心，法在取坎填离，炼心积气。六层炼了性之心，法在玉液还丹，炼心明性。七层炼已明之心，法在以铅制汞，炼心存神。八层炼已伏之心，法在炼气化神，炼心成神。九层炼已灵之心，法在练神返虚，炼虚合道。炼心至此已与道合真，心回复为先天之真心，形无其形，万有皆化，天地物我同于大通，是我非我，是空不空，见得本来面目，虚无自在，何来灾害祸患。

十四、无状之状

视之不见，名曰夷，听之不闻，名曰希，抟之不得，名曰微。此三者，不可致诘，故混而为一。其上不皦，其下不昧，绳绳不可名，复归于无物。是谓无状之状，无物之象，是谓惚恍。迎之不见其首，随之不见其后。执古之道以御今之有，能知古始，是谓道纪。

无色曰夷，不可视见；无声曰希，不可听闻；无形曰微，不可触摸，这三者无法进一步探究，因其是一个东西，混沌一体。它上面不显光明，它下面也不阴暗，迎着它看不到它的头，跟着它看不到它的背，渺茫得难以形容。什么都没有，没有形象的形象，没有状态的状态，这叫作惚恍，根据这些能认识远古以来的始末，这是道的规律。

道无形无象，不可名状，难以形容，混混沌沌，惚惚恍恍，就是虚空无有，曰混而为一。在那原始渺茫的虚无之中，最初产生了元始的祖气，故曰，先天一气从虚无中来，它开始了宇宙之元，称之为元气。无极生太极，虚无之道又称为无极，元始一气为太极。太极拳之修，守中抱一，守无极之大中，抱太极之一气。也可以这样的说，太极拳之修，守无极之虚静，抱一气之氤氲。

修炼太极拳，要追求无的境界，要什么都没有，即不可见，不可闻，不可触，必须化有形为无物，化实为虚，将有形之身躯化为无形的元气。分阶而进，有炼精化气，炼气化神，练神化虚的化功。如此一化字，是太极拳内功修炼的主纲，元气在其中起了关键性的作用。谭峭曰："道之用也，形化气，气化神，神化虚，虚明而万物所以通也”。太极拳之体用在于通，先天一气充盈一身，功在遍体流行，无阻无滞，必须道路畅通。通过松散基本功法的修炼，达于通空之境，虚空则无阻，无阻则气路畅通，能满足“气遍身躯不稍滞”的要求。《化书》曰：“穷通塞之端，得造化之源。虚实相通，是谓大同”。庄子曰：“通天下一气耳”，一气流行，畅通天下，一通而无有不通，一空而无有不空。须知万法由心，畅通流行首先在于心通，《化书》曰：“心相通而后神相通，神相通而后气相通，气相通而后形相通”，通畅之功最后须落实到身形。气者形体之所充，而形体又为气所化，所谓形在气中，气在形中，无内无外，穷通塞之端，一气之畅通流行，绝无滞阻障碍。然而形体气化之诀要在于心神，心神虚静灵明，神能领气，气能运身，心神意气一齐相通，同归于化，则大同一，大圆融。

《化书》还说：“神可以分，气可以泮，形可以散，散而为万，不谓之有余；聚而为一，不谓之不足”。泮也就是分散、融解之意，万物皆可以分，因万物皆由最基本元素组成。元气就是组成万物的基本元素，凝而成形，散则为气，一杯水可蒸发为漫天之雾气，可为证。人之形体通过返观内视、内照形躯，用心修炼化实为虚之功，通过元气的遍体流行，渗透于细胞之中，散细胞为气，谓之气化。当功行圆满、细胞即是元气，元气就是细胞，混而为一，同归为一气。全身化为一大气球，大而无外，小而无内，可大可小，无内无外，一气之流行而已，这就是太极，用于对待则为太极拳。

至于修炼法要，《太极拳谱》云：“但凝神聚气，必有秘方；锻炼筋骸，必有妙诀。神非镇静不能清，气非聚结不能刚。凡入手者，心之镇静也，使丹田稳固。体不宜仰，心不宜乱，目不侧视，耳不乱听”。秘方要诀，神秘莫测，使人迷惘，若直指核心，也非常明确，就在于心。诀云凡入手者，心之镇静也，心不宜乱，目不侧视，耳不乱听，是要致虚守静，一其心志。心专如一，纯净透明，专功于收视返听，行炼形化气之功，使元气通畅而流行周身。心静则专，专则诚，诚则金石为开，何愁筋骨不清虚脱换，全体化为元气。

如此先天真一元气之流行，看不见，听不到，摸不着，什么都没有，复归于无物。然而依道之规律，有无相生，真空之中存在妙有，这个妙有也就是真气，元气，道本虚空，虚空即气，这是道家的基本信念，气无形，而气有质，是妙有。在天曰命，在人曰性，在物曰理，在拳曰内劲，内劲即是内气、元气，名异而实同。内气在心神的统帅下，其妙用无穷，大则弥六合，小则退藏于密，用于应对，出不见其首，入不见其尾，不觉其端倪，不感其征兆，使人进入恍惚渺冥之乡。

太极拳依据此“迎之不见其首，随之不见其后”的法则，发展了应对中的顺随之法与接手技术。

道无形无象，虚空无朕，“迎之不见其首”，看不到他的开始，不知头在哪里。凡一应对，手为先锋，太极拳之接手，有接手半边空的原则，与人相接的这一半身躯是虚空的，所谓形用半。因其虚空，出手不见我之手，人不知我，如堕五里烟云，深陷虚空之境，只一接人就落空了。太极拳形容手上的虚灵为一羽不能加，蚊虫不能落，因其虚空，轻如羽毛都不可加载，一加必落；小如蚊虫都不可停留，因虚灵之手绝不承担丝毫微厘之重。如此神妙正如拳谱所言：“浑然无迹，妙手空空，若有鬼神，助我虚灵”。汪永泉先生对接手有精妙的论述：“接手要松散通空，自己是个空虚的大气球，身上什么都没有”，“要虚接，似接非接，虚呼呼的接手”。

“随之不见其后”，顺随之法，从人而动，我跟从其后而顺应随从之。因我虚空，人不见其形，不觉其动，根本察觉不到后面有跟随者。在这里说的后，非单指背后之后，更是指行动的先后。随之定义，《太极拳谱》说：“彼走此应之谓也”，彼先走，我后应，我应之以无形无象，无声无息，虚无得像一影子，所谓如影随形。随人之动能不先不后，不即不离，不丢不顶，不沾不脱，处处密合，恰到好处，一应顺人之意，让人感到无所不适，不觉有对手的存在。彼若心善，见好就收，能保有其得意之快感，有益于身心健康；若存歹意，不察其后有跟随者，将自取其咎。

庄子曰：“气也者，虚而待物者也。唯道集虚。虚者，心斋也”，道虚静、恬淡、寂寞、无为。而先天一气从虚无中来，为道所生，禀性虚无，可以融通万物，化合万物，化形体为一团元气。而气化形体，其根本在于心神的虚无，空明纯朴、清静虚无的心神，能虚化万物。心中不生一念，不存主见，不做主张，是太极拳以虚无应对一切的原则。自身心神、意气、形体之一应皆虚无，成为无状之状、无物之象。给对方以空空荡荡，一片茫然的感觉，对此虚空，进无可进，退无可退，上天无路，入地无门，因为所面对的是虚无，是什么都没有。

十五、微妙玄通

古之善为士者，微妙玄通，深不可识。夫唯不可识，故强为之容：豫焉，若冬涉川，犹兮，若畏四邻，俨兮，其若客，涣兮，若冰之将释，敦兮，其若朴，旷兮，其若谷，浑兮，其若浊。孰能浊以止？静之徐清。孰能安以久？动之徐生。保此道者不欲盈，夫唯不盈，故能蔽不新成。

古代有道之士，学问智慧精微深奥，到妙不可言的境界，他随心所欲，万化由心，圆融无碍，无不通达，无所不知，无所不明。如深渊不可测度，如虚空不可识别。因为深不可识，只有勉强用各种状态形容描述。

有道的人，做人做事绝不草率，凡事都先要慎重思量，所谓“凡事豫立而不劳”。从容不迫，像冬天涉水过河般小心谨慎。他思虑周详，精心谋划，观察事物巨细不遗，能知天下事态之变化。对人处事恭敬随和，雍容庄重，如接待贵客。而风度洒脱自在，怡然自得，如春风和煦，春冰将融。他诚恳厚道，朴质无华，像一块未经雕琢的素材。他旷达悠远，清明空虚，如同深山幽谷，虚空通灵，如响斯应。有包容一切的雅量，如长江大河，泥沙俱下，混混浊浊，难以分辨，然浊者自浊，清者自清。有道的人，难以用语言文字去描述，只好以山谷、朴玉、释冰、江河等等来象征他的境界。

修炼太极拳，先贤指明，应视招法技巧为末事，首重者，道德精神之修养，修成高雅之气度、坚贞的风骨，达到微妙玄通、深不可识的境界。老子从豫、犹、俨、涣、敦、旷、混七个方面描述了有道者的品格，这也是深层次的内修。修道者以静观玄览的功夫，深入的内修自省，反思行为有否不当、学问有否荒疏、道德有否亏欠。古人每日以忠、信、学三德三次自我反省，自督自导，自励自勉，道德学问日益精进，日日新，又日新。

高尚道德学问的建树，贵在好学，读圣贤之书，语曰：“未有神仙不读书”，知书而能达理，达理则能从心所欲而不逾矩。传统的文化、深奥的哲理，通过书籍记载而传播，不读则不知，不知则心智不开，奥妙难通。有自怨自艾者，抱怨未遇名师、抱怨为师保守，怨天尤人，其实责在自己。师者传道，授业，解惑，学者不自深入钻研，发现不了问题，老师何从解惑答疑。用心多读圣贤之书，对照自身修为，必然问题产生，疑难出现，虚心求教之，潜心体悟之，学问由此而精进，修为由此而通达。道德学问之修，是修炼太极拳的首要，唯两拳是修，拳拳服膺之谓也。

修炼太极拳艺，微妙玄通、深不可识亦为应达之境界。经过松散通空的修炼，已得内清虚外脱换的成就，心意上与形体上的阻滞障碍已然清除，元气可畅通无阻的遍体流行，这种流行是自然而然、是圆融通化。说其玄妙，在于元气或称内气之流行，可由心，也可不由心。不由心是无须用心，行之不得不行，止之不得不止，当去自然而去，当留自然而留。如周身之河车转动，周天运行，流行于经络、肌理之间，一任生理之自然，不能用妄意干扰，操弄搬运则错，这是内气的直养无害。可由心是在应对之际，内气顺从心意的调运，以心行气，心在何处应对，气即通往何处，心意一到，内气即到，随心所欲，完成吞吐开合之使命。到达神明的阶段，以心行气有不期然而然，莫知至而至之玄妙，因其所用之心，已为真心、道心，能不思而得，无为而成，故曰微妙玄通。

太极拳之动，是以心行气，以气运身，心之行，气之运在内不在外，为以内用外。拳谱曰：内动勿令人知。其效果是人不知我，所以给人的感觉是深不可识。内劲是无形无象的，动静皆无声无息，无行迹显露。其动刚健，如动在九天之上，高渺不知其踪。其静深沉，如潜隐于九地之下，幽默难寻其迹，这是内气虚无之本性。其实我并未隐藏，依然以真我对人，安处我之本位，只因我与天地同归于化，什么都没有了。有如藏天下于天下，归于自然本位，就在虚空中，不藏而藏，在虚空里能寻到什么，寻到的是深不可识。

孰能浊以止？静之徐清。停止浑浊，使之澄清，如何才能做到？庄子曰：“水之性，不杂则清，莫动则平；郁闭而不流，亦不能平，天德之象也”。水之浑浊，因杂有泥沙，泥沙在水中随浪翻滚，让水平静下来，泥沙就慢慢沉淀，不去扰动它，水自能清。庄子接着说：“纯粹而不杂，静一而不变，淡而无为，动与天行，此养神之道也”。太极拳之修，首在静心养神，后天之尘心识神，受七情六欲之污染，游思浮想，杂乱浑浊，如水浊而不清。不杂则清，莫动则平，静心如静水，寡欲清心，清除贪欲杂念，如过滤泥沙；一其心志，止息杂念，如止水使平。修养心神纯粹而不杂，静一而不变，回归于先天之道心元神，得到大自在、大清明。

孰能安以久？动之徐生。在浑浊中起修，由静而清，由清而安。曾子曰：“知止而后有定，定而后能静，静而后能安”。安以久，久久安静则静极生动，生命的种子慢慢地萌芽抽枝，静悄悄地有徐徐生长之动，接着是生生不息。南怀瑾先生说：“什么是动之徐生的修道功夫？从容便是”。从容，舒缓不急迫，以松稳慢匀的功夫修炼太极拳，即是从容的功夫，在舒缓匀净的操练中，太极拳之功夫徐徐增长，一步一个台阶。急功近利修不好太极拳，欲速则不达，十年太极拳不出门，必须经过日积月累的修炼，生理心理逐步变化，徐徐的变化，才能有内清虚外脱换的成就。

十六、致虚守静

致虚极，守静笃。万物并作，吾以观复。夫物芸芸，各复归其根。归根曰静，是曰复命，复命曰常，知常曰明。不知常，妄作，凶。知常容，容乃公，公乃王，王乃天，天乃道，道乃久，没身不殆。

致虚极，守静笃。南怀瑾先生称之为六字真言："这六字，已经把所有修道做功夫的方法，与修炼的境界、层次，都说完了。世界上各宗各派、各式各样的修炼方式，都是为了达到这个目的"。"这是道家修炼的原则和方法，离开此原则都不对"。虚静是道的本然，也就是求道的根本法则，庄子曰："夫虚静、恬淡、寂寞、无为者，万物之本也"。管子曰："虚而无形谓之道"，"静因之道"，"上虚下静而道得其正"。道家经典论证虚静即是道，修炼虚静功夫，是修道的不二法门，所有道家的养生修炼，包括内丹功法、太极拳法，都是围绕着此六字真言展开深入的。

致虚者，力求达到宇宙初开之先，无形无象的原始状态，什么都没有，一片虚无空净到了极点，不可思议，不可形容。静笃者，忠实诚笃地守在无声无息、无形无象的清静渊默之中，无视亦无听。太易太初之始，连元气都尚未凝结，变化尚未开始，这时是无动无静，也可说是虚静之至极。再往后，太初有无，元气开始萌生，极静而动生，有了生生之动。守静是守在无动无静的那种状态，是原始先天的虚静。过此以往，离开了那种状态，气动气化，生生不已，进入后天之循环运动，愈行而愈远，非所求之道。

庄子曰："太初有无，无有无名；一之所起，有一而未行。物得以生，谓之德；

为形者有分，且然无间，谓之命；留动而生物，物成生理，谓之形；形体保神，各有仪则，谓之性。性修反德，德至同于初。同乃虚，虚乃大。是谓玄德，同乎大顺”。道家的基本学理，乃阴阳动静的往复循环，当静极复归于原始根本时，徐生之动又表现为道的另一形式——德。太初之先，什么都不存在，然后才产生了一，但没有形体，万物由此而生，称为德。虽没有形体，却有阴阳之分，阴阳一流通，为万物准备了先天性的生存条件，称为命。阴阳一动则物生，物各具其生理，称为形。形体保有精神，使之各有其行为的轨则，称为性。性命双修可使修炼者的个性回复到先天元始本真，称之为明心见性，见到原始的虚静本真，为同乃虚，虚乃大。如此道德之修养达到极致，就和天地开始之先太初的太初同一了，进入到虚空无为的境界，即无极之真，为至大无涯的道。

修炼太极拳，所修者即为此虚静无为的境界，要虚空到极点，要什么都没有，神、意、气、劲、形、中，全体透空，同乃虚，虚乃大。或问有形之体如何致虚极，如何化为空？道家说，这是本原上的功夫，头脑中的学问，就是说全凭心意用功夫，唯心所造。有形、有意、有劲、有气，为有；虚空纯净，无形无象，全体透空为无。太极拳所修者，由有入无，化实为虚，至于如何入，如何化，太极拳所运用者有借法。修炼中以天地自然之大形大象，为其借鉴，仿效其功能，学习其智慧，在无中求有，借假以修真。在应对时有借力、借劲、借形、借气之法则，所谓力从人借。人力、天地自然之力一并借用，如此至诚之借用，《阴符经》称之为盗，也就是相互补益、相互支助之义。人生天地之间，必借助大自然之能力，以生存发展。老子说：这种用人之力，符合天道，是远古传留的准则，当然也包括了借用天地自然之力。

脱有入无，化实为虚，也要遵循这一准则，那就是借假修真，修假成真，或说是把想象变成现实，把精神转化为物质。修炼中我用心意诚恳的设想这个形体已不存在，已然全部化为元气，与太空之气浑而为一。只觉气的舒散与聚合，一气流行无间，不复有肢体之屈伸开合。久久修炼，假作真时真亦假，有化为无无即有，有无相生，化有为无，全凭心意想象着化。

修炼脱有入无，化实为虚，有三种方法可用，即散、化、忘。散是太极拳修炼的基本功法，从身形的中心、中土为核心，球形立体的向四面八方舒散。想象将全身骨肉筋膜的所有细胞、全部有形象之物，都舒散出去，散得干干净净，不留一丝残迹，达到真正的全体透空的境界，成为一虚空散的透明气球。有比拟为，将室内物件从四壁门窗抛出去，室内空空，则有室之用。化是周身气化，想象元气遍体流行，渗透进入每个细胞，将每个细胞都气化了，如此全身也就只有元气充盈，气本虚空，全身也就同一虚空。忘是忘掉了有形体的存在，庄子提出的坐忘，是遗忘了自己肢体，离弃了身形，在认知中完全没有身体的存在，这样和大道融通为一。这三种方法，无论由那一种入手，将功夫练到极至，由有为达于无为，能得虚空无为之境界。

虚无为大道之本具，清静则是大道之真常。若以时空而论，大道虚空，无大无小，穷无际涯，比所有的想象都要大，也比所有的想象都要小，所谓大而无外，小而无内，是名虚空。将虚空粉碎了，是什么都没有，也可以是什么都能有。宇宙大爆炸时，一微而极微的微粒，在短而更短的短时内，一爆而形成一个宇宙，要以亿万光年言其大小，也只能算是大道虚空的多少分之一吧！那个微粒小而无内，爆炸之后，生成之物向八荒抛射，微粒散开了，留下的是虚空，让后人遥想追忆，这就是道。抛射生成之物，道视之为微尘，人视之为繁星。这些星云、星团、星系，匆匆如过客，向四维扩散，称之为宇宙的膨胀，过后留下的是茫茫虚空。众星系膨胀的前沿，不停止地推进，所奔往的还是虚空，飞奔没有止期，虚空没有尽头，大而无外，这就是道。星团与星团之间，以千万光年难度其间距，其间也只有虚空。小而言之，恒星系之间、行星系之间，也只有虚空。相对虚空而言，星球、星系不过空室中飘扬的微尘而已。虚空无处不在，不知什么时候，又有一微粒大爆炸。

大道清静无为，寂然不动，无声无臭，万象空空，一切都是平静的，没有时间的流动。庄子称静为留动，动的停留为静，而大道无极，一应虚无，动因还未萌生，时间还未开始。动是太极之后的事，太极一动阴阳生，尔后运动不止，生生不已，再想把动停留住，不让它动，确是一件非常困难的事情，除非它走回到原点，归根曰静。修道反回先天之虚静无为，最重要的就是制止后天之妄心妄动，人进入后天生活，七情六欲之纷扰，尘俗之心无时无刻不在躁动，妄念丛生，心花意乱。《清静经》曰："妄念才兴神即迁，神迁六贼乱心田"，尘心在妄动、乱动。守静其根本在于制止妄意妄动，将这散乱之妄动停止住，丹经说：大道教人先止念，是要止住念头之乱动，要做到一念不生。

念起是病，去病如抽丝，须循序而渐进，让妄念由乱动、大动渐平到小动，由小动到微动，最后将动留住，也就静定下来了。止住妄念，有以一念代万念之法，是以单一的念向替代纷乱的妄想，以单纯的小动替代杂乱的妄动。修炼止观法门，收视返听，以眼内视、耳内听之微动，替代还存一念之小动。进一步炼心如止水，意似寒灰，以不动之心意替代微动之耳目。当心意达到止水无波之境界，无游思杂念之浮现，回归到先天之真心真意，回复于大道之虚静无为。

万物并作，吾以观复。万物都在和时间赛跑，时间如流水，一去不回头，万物生长发展，兴冲冲地奔向各自的归宿，都顺着这条路不回头地向前走。道家珍惜生命的可贵又难得，提出了"反者，道之动"的观念，寻找复回来时的路，复归生命本初的状态，修道是返回根本之修，归根曰静，回到一阳来复之初。时光不回头，但能否慢些走，修道者能参赞天地之化育，能再造乾坤，有洞中方七日，世上已千年之传说；也有静坐修定罢，人间已数月的奇闻，皆因对生命的珍爱而有此美好的遐想。老子说长生久视，佛家说无量无边，南怀瑾先生说："永远有无限的能量存在那里，用而不用，不会消耗殆尽。这种无比伟大的生命价值，姑名之为不生，在老子叫复"。

万物都处在阴阳动静的往复循环之中，庄子说方生方死，方死方生，生命走到了尽头，自然死亡，这是大自然的规律。虽然有的短暂，有的长久，灵龟虽寿，也有尽时，庄子说是不亡以待时尽。当在太极那里得到了生命的能量，一阳初动，就离开了那个根。当把能量消耗殆尽，又复归到根那里，以补给能量。恰如一辆机车，油烧光了，跑不动了，赶快去加油。回归到提供生命能量的地方，太极未动，阴阳待分，是寂然虚静，是万物的本根。在这里再次得到生命的能量，重又得到了生命，是曰复命。离根又归根，失去又得到，即生即死，即死即生，如此芸芸众生，林林总总，是大自然正常的规律，所谓复命曰常，知常曰明。这个规律叫轮回，像车轮一样往复转动，明白了这是正常的规律，顺从地随着规律而运动，能保一生平安。君不见花开花落，花落花又开。

生命的能量，如果能随时补充，永远有无限的能量存在那里，取之不尽，用之不绝，那就能脱离轮回，得到永生。有如机车装上太阳能，随时都有光能补充，随用随有，根本不须加油。这是修道而得道，得道者有辟谷之功，说是能从大自然那里得到能量，元精元气是生命的元始能量，而先天一气，也就是元气，从虚无中来。自身要完全虚空到极点，所谓致虚极；要清静到极点，所谓守静笃，本来就在虚空之中。从虚无中来，是自己身心意念能虚空到什么程度，先天一气就补充到什么程度，愈虚空则愈充实，就能生出妙有，可知虚无即是生命之本根。

人的根在虚空，在头顶上，修炼太极拳内功，要求虚领顶劲，以虚静无为之功，打开头顶百会处之天门。人初生之时，头顶囟门里面是洞开的，与天根相接，所谓天根月窟常来往。进入后天生活，此处封闭了，通过修炼，重新开启天门，接纳先天元气，使之源源不断地进入体内，以补充生命的能量。

致虚守静是归根的根本功法，经书曰："心中无物为虚，念头不起为静"，强调的是本原上的功夫。心神能够虚静到极点，才能找到生命的本原，回到生命的根本，这个根就是虚空，就在头顶之上，打开天门就可能接通。

十七、至诚至信

太上，下知有之，其次亲而誉之，其次畏之，其次侮之。信不足焉，有不信焉！悠兮，其贵言，功成事遂，百姓皆谓我自然。

为人信守承诺，诚实不欺，会得到人们的信任。人们相信他的真诚，诚信自能得到诚信的回报，相互以真诚对待。修炼太极拳内功亦本此理，真心实意地相信太极拳，能助我修道得道，认真的学，认真的炼，不欺人也不自欺。不明拳理，不解拳义，盲修瞎炼为自欺；不知言知，不解言解，不懂装懂为欺人。欺者无信，也得不到人们的信任，信不足焉，有不信焉。

何以知太极拳能助我悟道，一者修炼能收强身健体，延年长寿之益，悟长生久视之道。再者能回复先天固有之良知良能，能应对变故，自保平安，悟不争善胜之道。太极拳大师有吴图南先生这样的百岁长者，有杨露蝉先生这样的神拳无敌，有众多先贤的事迹为证，故明太极拳之有益。

明则诚，诚则信，能诚能信则能敬。内家拳有“敬、紧、径、劲、切”五字诀，有前辈先贤曰：“学内家拳术须知此五字，此虽非拳术，然学者离此五字则不为功”。在此且专说一敬字，马国兴先生说：“敬者心静，心静则专心致志，才能体察拳术攻防之道的微妙通玄之内涵，才知道传统拳术的练用乃是体现天地自然法则的一门学问，才能舍已欲而唯道适从，之所以敬，乃习拳者第一心守之法也”。诚心敬重，对拳、对师、对友皆应如是，唯诚敬才能体悟拳学之精微奥妙，不敬则不诚不信，漫不经心，敷衍应付，视圭宝为敝履，入宝山而空回，良可叹惜。

敬拳：太极拳是中华民族传统文化中之圭宝，融合了道家、儒家以至佛家学说的精华。修炼太极拳即是修道，拳道即一阴一阳之道，阴阳、虚实、动静、开合即为拳经。拳法之虚实变化必阴阳相济，屈伸往来为阴阳交变，中正安舒是阴阳平秘，顺随沾走乃阴阳互参，《太极拳谱》云："明此阴阳颠倒之理，则可与言道"。道是中华传统文化的精髓，包括了阴阳五行学说，修身养性的学说等，敬拳也就是对道文化的敬重。"道者通也，以如此因，得如此果"，故明道可以贯通天下，贯通古今，明道则明白天下万事万物，明白人生的真谛。太极拳因道而生，拳道即大道，故敬拳即敬道。拳经云："岂知我心，只守一敬"。

敬师：师者，传道、受业、解惑也。欲得真传，必寻真师，既得真师，必恭敬向学。凡中华文化之真实学问，必有师承，所谓薪火相传。业师之口传心授，答疑解惑、纠偏扶正，是学生增长学问之正道。尊师重道是中华的传统美德，若仅视为尊敬某个人，那也太狭小了，应是尊重数千年来的文化传统，尊重祖先所创造积累的学术遗产。若轻慢师长，师心自用，自以为是，绝难得学术之奥秘。纵然有一定的天赋才智，有个人的勤奋，自以为有所得，也不过一野狐禅而已。真正的学问，在学中问，在问中学，古人有言，任你聪慧似颜闵，不遇真师莫乱猜。虽说奥秘仅一纸之隔，一纸未经点破，永远都隔在纸外。

敬友：求道修真，讲究法、财、侣、地四项条件具备。侣是修炼求学的伴侣，同门同学，志趣相投的挚友，在修炼过程中，相互帮助，设难释疑，共同进步。对待学友一定真诚相待，推心置腹、肝胆相照、相互敬重、心不藏私。对待一般的朋友，也应善意敬重，谦虚礼让。谚云，从师不如访友。虽然偏颇，但在朋友那里可以触类旁通，开阔视野，获得教益，多个朋友多条路。

修炼太极拳内功，要诚心诚意相信拳理拳法，不懂要用尽一切方法求其懂。绝不可心存疑虑，一有疑虑，则生犹移，必不能专心致志。王宗岳先生说："斯技旁门甚多"，一旦误入旁门，差之毫厘，谬之千里。多有数十年而不得门径者，皆因信之不真，疑而不诚，舍近而求远，自误平生，良可叹息。

太极拳要求松软不用力，不用拙力，这是第一个与世俗不同之处。凡人之一举动，即有力量显现，不用力物何以举起，何以搬动，此为惯常之理，生活中习以为常。正因为日久成习，弄得筋骨僵硬、肌肉憋屈，积劳成疾，以至于伤病缠身。太极拳之不用拙力，是要纠正不合理的用力方法，要合理的用力，不用多余的力。杨澄甫先生说："练太极拳，全身松开，不使有分毫拙力，以留滞于筋骨血脉之间，以自束缚。然后能轻灵变化，圆转自如"，先生说的拙力，大概是指多余的力，多余的就产生了滞留，造成了气血的堵塞。有如水池之出口一定，进口水多于出口，必在池内产生滞留，滞留过多还会溢泄，造成事故。进出水量平衡，水池则能正常运转，用力也是这个道理。

拳谱还指明："万不得有直劲，恐日久入于滑拳也，又恐入于硬拳也，决不可失其绵软"。直劲是直出直入的硬力，无圆活变化之拙力，这种僵硬的力用成了习惯，其拳是硬碰硬的对顶对抗，以力相争。或见力拼不过，则油滑躲避，全无沾走柔化之趣，所谓滑拳，硬拳是也。所以说决不可失绵软，绵软非硬直之力，乃刚柔相济，松散通空炼成之太极劲，极柔软而后极坚刚，能轻灵变化，圆转自如。

不用力如何应对，《太极拳谱》说是"用意不用力"，少林拳经说"在会意用力"，拳论讲意到气到力到，意就是气、就是力，拳论说：意即力也。然而意由心生，心为主帅，意为使者，用意其实就是用心，所以说万法由心。

虽说心想事成，但绝非想入非非，意想拔山盖世，凭一己之能，只是妄想。所以用心用意，不是妄心妄意，是合于常道的真心真意。道本虚无，合于虚无之道，无意之意是为真意，无心之心是为真心，无心之心即是道心，虚极静笃即是。

以真意应对，能不先不后，不多不少，无过不及，恰当正好。虚极静笃回归于根本，先天之固有得以复还，以真心真意用事，真觉灵知，真灵之知应感而生。所谓时至神知，能通微显化，觉知一切，毫厘不差；应对一切，无不合适。

要真心相信太极拳于虚无中能生妙有，愈是虚极静笃，愈能有应变无方的良知良能显现，一切奇妙的招数都能在不知不觉中应感而生，所谓一法不立，无法不容。虚无即法，在真诚的笃信中，虚无能生妙有，要有百倍的信心。如果不是真诚的信奉，信心不足而心存疑虑，心志不专，其结果就是妙有不生，坚固了你的疑虑，使你更加不信，信不足焉，有不信焉。

十八、大智大慧

大道废，有仁义。智慧出，有大伪。六亲不和，有孝慈。国家昏乱，有忠臣。

本章体现了老子的辩证思想，凡事物都有正反两面，也就是一阴一阳，有阴必有阳，不可能孤立存在。当大道被废弃，出现了不仁不义的歪风邪气，这就要伸张正义。国家出现了奸贼，弄得昏乱危殆，就有忠臣出来挽救危亡。同理家庭和睦，团结一心，上慈下孝，就没有谁孝谁不孝的区别了。有恶就有善、有奸就有忠，相对立而出现，这是老子的辩证法。

至于智慧，本章以虚伪相对，要弄聪明，用智巧掩饰奸伪恶行，是大奸大恶。不过天网恢恢，聪明反被聪明误，落得身败名裂、遗臭万年的报应，如秦桧、袁世凯之流，以阴智行大奸，有窃国大盗之名。聪明智慧行于正道，为忠诚正义，为圣贤师表，如诸葛亮、文天祥，成为智慧的化身，千古流芳。

智慧无善恶，用智慧的人有善恶，善人用智慧行善，利国利民；恶人用智慧作恶，祸国殃民。如太极拳本身，集中华传统之美德，但是大恶之人学会了太极拳，也能用来作坏事，咎在恶人，不在太极拳。不过为师者有择徒不慎之责，这就要在聪明幕后识得忠奸。拳谱载有十不传和八不传，五可授之规定，就是要辨别善恶，不让太极拳被坏人利用。

智慧即聪明，但不仅仅是聪明。聪明多由于天赋之资，具有良好的先天之素质，视听敏捷，头脑灵活，超越常人。而智慧有文化教养、个人勤勉不倦的努力，再加先天素质诸因素相互作用的结合，就是才学识三者兼优。对于太极拳不仅要内外兼修，性命双修，还要深研哲理，融会贯通经典拳论，有了丰富的学识，才能修好太极拳。经曰：未有神仙不读书。真正的大智大慧是道，道无所不知，无所不明，无所不通，无所不能。修炼太极拳即修道，要修得道的大智大慧，故称太极拳为哲理之拳，智慧之拳。善入名为慧，巧用名为智，庄子曰："泰至则多奇巧"，太极拳智慧之巧用，于泰至多奇巧中得到灵感。

马国兴先生说："此泰乃泰卦之泰"，《易经》下乾上坤为泰卦。乾为天，坤为地，彖辞曰：天地交而万物通也，泰者，通也。太极拳修炼所求者，即周身之畅通，能畅通则内气流行无滞。拳谱云：乱环法术在于通，乱环为应变无穷之法，关键在于内气之畅通。今以泰卦详明通达之理，开启智慧之门。

依据易理，乾为天，为君，在人为内气。泰卦乾在下，表明天之气清轻由下而上升；卦象在下为内，内主外，说明内气主导外形。坤为地，为民众，在人则为外形，泰卦坤在上，说明地气重浊由上沉下；卦象在上为外，外从内，即外形服从内气。泰卦卦象又表明，乾天之气由上而下，坤地之气由下而上，上者下来，下者上往，这一上下循环，往来交流，阴阳互参，卦辞说为天地交而万物通，上下交而其志同之象，曰天地交泰。内阳而外阴，内健而外顺，乾天为大，来居于内，内蓄阳刚之气；坤地为小，去往于外，外显阴柔之形，符合自然之法则，彖辞曰："小往大来，吉，亨"，亨为通顺之象。

泰卦正合乎太极拳意气君来骨肉臣的主旨，内气为君，形体为臣，君在内运筹帷幄，臣在外顺从执行。君主为大，阳刚健运，安守于内，主宰一切；臣属为小，阴弱柔顺，布形于外，服从驱使，此小往大来之意。君臣内外上下关系和谐，万事通顺，志向大同，能创造出惊天动地的奇迹，能有大智大慧大巧。

泰卦彖辞还说：内君子而外小人，君子道长，小人道消也。太极拳取君子之修，修炼内气、元气，修本原上的功夫，致虚守静；做头脑中的学问，用心意炼功夫。以心神为君主，居乾天之位，统领外形，驱使外形；外形安守坤阴之位，顺随服从。合乎易理通泰之义，合乎大道自然之理，能合乎道则无所不通，无所不泰，此君子之道长也。小人之修则舍近求远，舍本而求末，拙力末技之修，为太极拳所不取，所以小人之道消也。

泰卦象辞曰：无往不复，天地际也。正如乾坤天地之气，上下往复循环，是天地之法则，自然之规律。对于拳道而言，在内有内气之流行，周天循环，河车运转，有升有降，有往有来；在外有形体之运动，九曲回环，圆转如意，有开有合，有起有落，都是在循环往复中动之徐生。内气与外形，刚中而柔外，阳刚之内气健运不息，求的是流行畅通无稍滞。阴柔之外形顺从驱使，求的是运行灵动活泼。如此之无往不复，效法天地自然之理，所谓天地际也，言此理贯于天地之间。

知泰卦，则知拳学内外、大小、上下、往来之理。乾象内气，坤象外形，内气者在内为大，有升腾流通向上之性；外形者在外为小，有沉静潜隐向下之情。小往大来，在内者来主导，在外者去行使，拳学之以内用外，在内不在外，都明确了内气的主导作用，明确内气为主，外形为从，是符合天道的明智决策。内气外形，虽有主从之分，但内气不离外形，外形不离内气，阴不离阳，阳不离阴，阴阳相济而内外如一，神形合一。此即泰卦天地交而万物通，上下交而其志同之义，天地交泰之象。太极拳意气君来骨肉臣之体用原则，借助了泰卦所启迪的智慧，太极拳所以能称之为智慧之拳，哲理之拳，拳拳服膺之拳。

十九、见素抱朴

绝圣弃智，民利百倍；绝仁弃义，民复孝慈；绝巧弃利，盗贼无有。此三者以为文不足，故令有所属：见素抱朴，少私寡欲。

扬弃那种自我标榜的圣智，民众得以安宁；拒绝那些虚伪的假仁假义，慈孝的天性才能恢复；揭露贪财牟利的奸巧，坏人才会绝迹。不仅要有伸张正义、威慑坏人的法令条文，还要正面提倡社会公德。要宣扬纯洁朴素、无私奉献这种中华民族的美德。

素者，单纯、干净、洁白，不加任何修饰点缀。于精神言，是真诚、纯洁的本心，是未经尘俗污染的先天元始本真。

朴者，未经任何加工雕琢的原始素材，原质原样，保留着最初始的本性。老子用朴表示道，复归于朴，即复归于道的古朴。

朴素是中华民族的传统美德，质朴无华，真率淳厚，单纯洁净。具有如此之本性，绝不因物欲扰心，更不为名利害道。

太极本身就是单纯洁净的，素白无瑕，名之为一。一是数之始，表示万物之始，即将开始，纯之又纯，除了一点朕兆，别的什么都没有。太极之先是无极、是零；太极之后生有，生阴阳二气，是二。太极就在中间，将动而未动，似有还无，为动静之机。素者，纯一之太极，先天元始一气；朴者，虚静之无极，大中至正之道。可知见素抱朴即守中抱一，守无极真中，抱太极纯一。

《列子》一书，将阴阳之前分为五个阶段：太易未见气，太初气之始，太始形之始，太素质之始，浑沦气形质具而未相离。太易什么都没有，易变而为一，是生太极，说明易是无极是道。太初、太始、太素，已有了气形质的朕兆，渐具太极的状态。浑沦则介乎太极与阴阳之间，太极一动阴阳生，气形质一相离，分为阴阳二气。太初至太素有太极之象，元气之形质有了一个初始，为元气初凝之朕。《庄子天地篇》曰："夫明白太素，无为复朴，体性抱神，以游世俗之间者"。《庄子刻意篇》又说："纯素之道，唯神是守，守而勿失，与神为一；一之精通，合于天伦。……故素也者，谓其无所与杂也；纯也者，谓其不亏其神也"。文中论说，纯素则与神为一。素，无所与杂，指的是保持元始的素净；纯，古朴洁净，不亏其神，指抱守元神的中正不倚。纯素之道，即元始先天自然之朴质，见素抱朴，即体性抱神，唯神是守，守而勿失，也就是守中抱一。

修炼太极拳内功，讲的是守中抱一，坚守大道之虚静无为，抱定太极之纯素静一。天地之始，茫然无朕，一片太虚，名为中；万物之母，露出端倪，一点灵光，名为一。中为一之藏，一即中之用，无极生太极，太极返无极。修炼太极拳守中抱一，就是在虚空无朕中，寻求一阳初动的端倪，守候一点灵光的出现。因之太极拳以大中至正，真一不二为修，追求虚静无为之大道，以复回故原始之良知良能为目的。不尚浮华，不务虚荣，修炼中连自我都要忘弃，更何况那些身外之物；心神要纯净得一念不生，哪容得丝毫游思杂尘。正如汪永泉先生所说："要追求一种无的境界。要什么都没有，思想上不追求什么"。唯一追求的是虚静无为，也就是什么都不去追求，有了追求，也就不是什么都没有了，不虚也不静。所以从根本上绝弃了一切身外之物，名利富贵不足以乱其心，为少私寡欲。

所谓忘弃自我，庄子曰："忘乎物，忘乎天，其名为忘己，忘己之人，是之谓入于天"。能忘掉万物，忘掉天地所有一切，这样也就忘掉了自己；能够忘掉自己，就能与天地自然融合为一。太极拳坐功，讲求坐忘，堕肢体，黜聪明，离形去智，同于大通。忘己，忘掉了自己的形体与聪明，是庄子所提倡的虚静之修。庄子还说："堕尔形体，黜尔聪明，伦与物忘，大同乎涬溟，解心释神，莫然无魂"。忘掉了自己，与外物亦相忘。涬溟指自然之元气，与元气大同如一，这样能解除心机，释放精神，于一切均无所计较，这种境界庄子称之为心养。修炼太极拳忘己、忘物，而入于天，修养虚静无为之心境，一切皆忘，以至于忘忘，达到了天人合一的境界，也就是心养。

前章有言，太极拳之修，为君子之修，而拳经有诀云，意气为君，以修炼精神意气为主。有炼精化气、炼气化神、炼神还虚、炼虚合道之进阶，功虽分为四步，而总的原则是虚静无为。致虚极，守静笃，求得极度空灵纯朴的状态，虚明而万物相互融通，虚实相通则能穷造化之源。依庄子之坐忘、心养，忘形以养精，忘精以养气，忘气以养神，忘神以养虚，至于忘忘，归于虚无之道。神虚则气生，气虚则精生，先天一气从虚无中来，形体终为气所化。化书曰："气化而形生，形化而气生，生生化化，若循环然，始而终，终而复始，无穷无极者，皆道之委用也"。道为生化之原，太极拳之修，把握住这一核心，修虚静无为之道，无穷无极。

君子之修，着重于意气之虚静，形体顺从于意气，亦不离这虚静的总原则。由形体所展现的拳术套路，质朴、空灵、冲淡、松柔、和缓，无形无象，全体透空为拳术之魂。虽有招有势，然不执着于招势，拳谚云，无招胜有招。王芗斋先生说："拳本无法，有法也空，一法不立，无法不容"。还说："凡有方法便是局部，便是片面，非整体之学也。而且精神更不能统一，其神经已受其范围所限"。先生的论述非常精要，局部片面的招势方法，使神意受到限制，影响了精神的统一，是以末害本，是舍近求远。朱怀元先生也说："若在外形求下去，枉费功夫莫猜疑"，"若在招中求下去，难得术中化为空"。先辈们的忠恳告诫，要我们认识清楚，那些花拳绣腿，奇招异术，远离了拳道，非君子之修。应谨守质朴平淡的君子之修，王芗斋先生要求学者："守平庸，莫好奇，非常都是极平易"。大道至简，易道之三易，为平易、简易、不易。世上一切学问，都是由平易单纯入门，不尚浮华，不弄奇异，不舍近求远，终能获得高深的成就。"学者莫好奇，平易生天趣"。

太极拳之用，更不离见素抱朴之宗旨，经虚静无为君子之修，全体已养成一空虚散的大气球，我以松散圆的神意，守住这个大气球，守而不失。心神静之又静，无杂无染，必中必正，养我虚灵。内观其心，心无其心；外观其形，形无其形；远观其物，物无其无，在这虚无的境界中，体认大道之玄妙。于心意之中，根本不存在应对不应对之念想，一念不生者，既不生防人之心，更不生犯人之意，恬淡寂寞，泰然自若。如若偶有进犯者，必然进入我的气势场，触及我大气球之球面，由于良知良能的不期而然，觉知来劲的势头，自然而然的应对，或将来力散掉，使其失重；或将来力偏转，使其落空。来力和缓则更和缓的使其返回，来力猛烈则如球碰壁而还。我只不过是静守在气球之中，守而勿失，得其环中，自然能应无穷之变。

来者之所以会失重、落空，因其心不静，存有犯人之心，现有攻防之举。有攻防之举，必生偏倚俯仰，自己不安舒中正，必然自取其咎。不生犯人之心，自身的中正安舒不受干扰，身心自然平静，这才是最佳的养生之道。太极拳的哲学，自己立于不败之地，比击败对方重要得多，对手也不败，互利双赢，更符合天道重生之德，太极拳为君子之修，也就有君子之用。

金庸先生说："最高境界的太极拳，甚至不求发展头脑中的智，而是修养一种冲淡平和的人生境界。……根本不求克，头脑中时时存在着一个克制对手的念头，恐怕练不到太极拳的上乘境界，甚至于，存在一个练到上乘境界的念头，太极拳也就不能达到这境界罢"。的确是至理名言，正如修炼静功一样，头脑里老想着静，有一个欲静之念，也就不静了。见素抱朴，最根本的是要保持心神中的纯朴洁净，有一游思杂念就不是。能忘己无己，无须为己而受到外物的牵挂，无须为己而占有外物，自己的精神已从形骸的束缚中解脱出来，与外物平等同一。完全绝弃了尘欲物念，故能少私寡欲，即达到传统养生学寡欲清心的境界。

二十、绝学无忧

绝学无忧。唯之与阿，相去几何？善之与恶，相去若何？人之所畏，不可不畏。荒兮，其未央哉！众人熙熙，如享太牢，如春登台。我独泊兮，其未兆，如婴儿之未孩，累累兮，若无所归！众人皆有余，而我独若遗。我愚人之心也哉，沌沌兮！俗人昭昭，我独昏昏。俗人察察，我独闷闷。澹兮，其若海，飂兮，若无止。众人皆有以，而我独顽似鄙。我独异于人，而贵食母。

绝学无忧，任继愈先生释为："抛弃所谓的文化学问，才能免于忧患"。赵德政先生释为："终极绝顶绝妙的学问顺天成道，没有忧患"。两位的说法不同，精神是一致的，虚假伪装的学问是应当抛弃的，真实有用的学问是应当发扬的，去伪存真，是非分明才没有忧患。河上公也说："绝学不真、不合道文。除浮华无忧患"。虚假的邪学经过伪装，美化谬误，掩饰邪恶，必生忧患。然而道家认为，人之知能，自然具足，能够明察秋毫，隐微能辨，真伪一见便明。南怀瑾先生说："修道成功，到达最高境界，任何名相，任何疑难都解决了，看透了，绝学无忧，无忧无虑，没有什么牵挂"。有道德的人，有高尚的智慧，能通微显化，是非善恶，了然于心。这种人，不显山、不露水，与常人和光同尘，众人所敬畏的也同样敬畏，众人所相信的也同样相信，遵守公认的风俗约定，也正是最平凡的常人。

太极拳是顺应自然的一门绝学，有其独异的绝技，是先辈们留传下来养生利民的宝贵文化遗产。《太极拳谱》说："此拳也，不同流俗，不比凡工"。

的确有不同于一般的特点，它平淡、不争、舍己、不尚力。修炼太极拳这门绝学，能解除人生的烦忧，人忧生命之短促，太极拳有益寿延年，长生久视之功；人忧病痛折磨，太极拳有强身健体，免疫祛病之能；人忧受坏人欺凌，太极拳有柔弱为上，防身自保之技；人忧孤独寂寞，太极拳有陶冶情操，解心释怀之艺。修炼太极拳是修道证道的学问，在一心专修中精进，道德学问、身心体魄都得到增益，一真在抱，光明现前，何来忧郁愁闷之困扰。从下面几个方面，更可见其独异之处。

众人熙熙，如享太牢，如春登台：有的人学到一点拳术，沾沾自喜，自以为得到了秘传绝学，差不多是天下第一了，好像享受到了满汉全席，好像登上了珠峰绝顶，不可一世的气势，到无以复加的地步。

而修炼太极拳者，真正得到了明师真传，学业精进，却更加虚心谦卑，淡泊宁静。因其深知中华武学的博大精深，学问深奥，前路遥远，艰辛难攀。面对如此绝顶精妙的文化圭宝，自己就像还不会发出笑声的婴儿一样，是那样的幼稚，那样的素白。唯有不知疲倦地努力进取，或可在学海中见灯塔之光芒。

众人皆有余，而我独若遗：有的人很快就学到上百套的拳术，得了不少的奖项，有名有利，当上了名师，有了满门的弟子。心满意足的是那样的自得，是那样的自负。他富余得像一只百宝箱，要啥有啥，只要说得出拳名，他就能教授。

而我们炼了许多年的太极拳，好像什么也没有学到，都说十年太极不出门，两手空空，怎么能出门。越是这样，老师越是让我们求无，要越求越没有，说这是做减法，是为道日损，要减损到什么都没有。什么都没有，那用什么去应对不测之变呢？老师教导说，越是没有到极致，才能真有，真正的虚空了才能生妙有。我愚人之心也哉，一时就是难以明白，说无中生有，有无是两个极端，是如何转换的呢，其中定有奥秘深藏。经书上是这样说的，先天一气从虚无中来，道自虚无生一气。仔细想想，在太初的太初，是一片太虚，空无到了极点，就在此无极之中，太极一动阴阳生，万事万物都出现了，而且生生不已，世界就是如此形成的，从无到有，是无中生有，就是这样奇妙。老师说，能炼到什么都没有，就能什么都有，无为而无所不为，虽然一时不能全明白，但诚心诚意相信这是对的，因为道是虚静无为的。

俗人昭昭，我独昏昏：有的人总是那样的清楚明白，真是聪明智慧，什么都知道，能滔滔不绝、口若悬河般说出成篇的理论，玄之又玄。而我昏昏庸庸，似懂非懂，好像在拳谱中看到有类似的诀要与理论，但仔细一对照，说的与练的却又有些差异。我真的糊涂了，只怪自己孤陋寡闻，人之昭昭清明，更见我之昏昧愚笨。老师教导说：对于拳学理论，自己炼到什么程度，就理解到什么程度，功夫炼到了，就明白了。只有依照拳谱诀要理论习练，才能进步，否则难得明白。

修炼过程有迷茫不知其所以然的阶段，拳学之理论诀要，在自身尚未得到验证，一头雾水，混混沌沌。怀疑是理论有问题，还是自身有问题，后来才知道是自己未能心悟。庄子曰："至道之极，昏昏默默"。道深远幽暗，渊默沉潜，难以分辨，看不见、摸不着，我之昏昏闷闷，正是将要接近于道之前的迷惘。老师指导说：看似昏闷，其实这是修道养心的功夫，纯朴自然，浑然没有心机，泯然而与物相忘，说明修道已渐有所得。当炼至忘忘的境界，忘记了外物，忘记了天地，忘记了自己，与大自然融通为一，其外象昏昏默默，而清明的智慧却蓄藏于内，所谓大智若愚，大巧若拙。

俗人察察，我独闷闷：有的人非常精明，事事精打细算，这种人用来为国家理财，确是非常难得的人才。若只为个人打算，斤斤计较个人的名利得失，那就离道很远很远。

而修道者总是显得那么愚闷，有诗曰：闷闷独为愚。一人独自在那里寻找，痴呆得可笑，不知者说是死心眼，是钻牛角尖。修炼者却锲而不舍，追求着一个东西，希望找到答案。但前面却是辽阔无边的大海，又像无止境疾吹的长风，无穷无尽、无边无际，看不到尽头。愈是这样，愈感到深邃微妙，愈要一探究竟。这个愚人之心也哉，不知道什么叫知难而退，只认为成功与否并不重要，求索的过程是奇妙的，苦中有乐，享受这种快乐，也足释心怀。

众人皆有以，而我独顽似鄙：别人都有了一定成就，有了自己的专长，同时也得到了相应的名誉地位。受到应有的尊敬，实至名归，理所当然。

修道者坚持着自己的追求，显得那样顽固，那样鄙俗。道路是自己选择的，有天时地利的因素，但无须怨天尤人，执着地向着既定的目标，排除一切干扰，一步步向前迈进，因为修道者所求的是道，前路一定光明。

二一、惟道是从

孔德之容，惟道是从。道之为物，惟恍惟惚。惚兮恍兮，其中有象；恍兮惚兮，其中有物；窈兮冥兮，其中有精，其精甚真，其中有信。自古及今，其名不去，以阅众甫。吾何以知众甫之状哉？以此。

孔德是大德，盛德，孔是大。德代表真正有道者的行为，德是道的作用、道的体现。惟道是从，就是随时随地，起心动念，一言一行，都要合乎道的原则。

道之为物，物谓事物，有些解释物为这个东西。就是说道这个东西，惟恍惟惚，没有固定的形体，无形无象，浑浑沦沦，视之不见，听之不闻，搏之不得，恍兮似有，惚兮似无。黄元吉先生说："恍是光之密，惚是机之微"，道就是不可思议，光明而又神秘，自然自在这样的一个物。

惚兮恍兮，其中有象；恍兮惚兮，其中有物：象，境界之谓。在无边无际，活活泼泼的一片光明之中，有一个境界在。恍兮惚兮，其中有物，在光明的境界里，似乎的确有这么一个东西，恍惚中好像有这么一个东西，惚恍间又好像没有，捉摸不定，这就是道。道虚空无朕，宇宙天地之间，无非是空是道，非空非道，即空即道，空与道两不相离，无空即无道，无道即无空。在空空洞洞里面，中间有个妙有，有象，有物。这个物，南怀瑾先生说："既非唯心，亦非唯物，而是心物一元的那个东西"。

窈兮冥兮，其中有精，其精甚真，其中有信：窈形容其深远，冥形容其高大，在如此高大深远无穷无极的太空之中，涵藏着极其微妙的精气。这个精气是构成生命的基本物质，虽然恍惚神秘，但确然真实的存在，就是那个最基本的物。内丹功的基本功法，炼精化气，炼的就是这个精，是大药三宝之一。精气神三宝，来自虚空无为之道，道生万物，首先是精气神，万物皆由精气神衍化而生。神是宇宙最初所显现的光能，光能凝聚成一股力就是气，凝聚化气而生热就是精。道之委也，虚化神、神化气、气化精、精成形，此为顺理而行，生成万物。

修道者返本归原，炼精以化气，气化神，神还虚，原始返终，回归大道，是所有修道者的毕生追求，所以这个精是精神之精，而非凡俗之精。当修炼真正达到窈兮冥兮，空灵静寂的境界之时，凝神片晌，相当于熟睡通宵，精神旺盛了，这是其中有精。能积聚这个精，专精一志，由此才谈得上炼精化气的功夫。这个精确实存在，可以从身心的修炼中得到信证校验。佛家说："心精圆明，含裹十方"，精是一种能量，泐漫在整个宇宙间，当修炼有成，此精化为元气、元神，助修道者还归虚无之大道。

太极拳之修炼，惟道是从，通过虚静无为的静修，虚中求实，无中寻有，惚兮若无，恍兮若有，于恍兮惚兮之中，体验真空妙有的转换。例如将心境调理得一念不生，虚极静笃，一时间口内津生，手足温热，有一阳萌动，体内有内景发生，此即精气化生之信，无中生有之象。丹经曰："恍兮若有觉，惚兮若无知"，"其中阳物动焉"，于无知中生有觉，有阳气的自然发动，此为其中有精，其精甚真，其中有信的效验。

《太极拳谱》云：静中触动动犹静，视静犹动，视动犹静。此即惟恍惟惚之道，于虚极静笃之中，神机一动，机兆触发，无象而有象。太极一动阴阳二气分，因分而动生三，有万物成形之动，此静极而生之动，表现为二气氤氲之分合。于人体则为机发神知，应感而动，自然触发先天良知良能，绝非后天识神妄意之操弄。这个动极其柔和，极其协调，极其匀称，形虽动，而视之不觉其动，因其无棱角显露，内心本体仍静守大中至正之道，守而勿失。恍兮惚兮，其中有象，而大象无形，无形之象，动与天随，谁能觉天之动，天日行八万里。其中有物，此物是真空的妙有，不见不闻，但确实存在。太极拳之动，是如此恍恍惚惚之动，似动非动，似静非静，亦动亦静，静中动，动中静，阴中有阳，阳中有阴，道在此一动一静之间，拳在此一动一静之间。

窈兮冥兮，其中有精，前面提到，此精为精神之精，《太极拳谱》说的“内固精神”、“精神提得起”即言此。这个精神，认为是物质的最高产物，物质能转化为精神，精神也能转化为物质，它又被称为精气。《易传》曰：“精气为物，游魂为变”，“云精气为物者，谓阴的精灵之气，氤氲积聚为万物也”，这个精气下生五谷，上为列星，是构成宇宙万物的基本物质。并说“人之所生者精气也”，精气当然也是构成人体生命的基本物质，人得以生，聚集了天地间之灵秀精华，为天下之至精至灵者，更见人生命之难得与可贵。

太极拳有特异之奥妙，归根就在于有这微妙的精气，以及精气所产生的具体而切实的作用。其真实诚信，顺应天理，不违天时，适可而行，适可而止，与天地精神相往来，与天地融通为一。人与天地间之精神往来融通，其基本原则就在于真诚守信，天因其虚静空明，有运行四时之诚信；人修其虚静空无，守顺天尊道之诚信。诚者，不勉而中，不思而得，从容中道。应之于人则智慧通达，应之于拳则奥妙独具，根源就是其中有精，其精甚真，其中有信。

观察认识万物的开始，称为以阅众甫。太极一动阴阳生，天下万物甫生，就在于恍兮惚兮的那个物，窈兮冥兮的那个精气，从这里开始，去追寻万物的根源，去认识道。道自古及今，其名不去，永世长存，不生不灭，修道者真诚信任精气元神的妙用，原因就在此。

二二、曲全抱一

“曲则全，枉则直，洼则盈，敝则新，少则得，多则惑。”是以圣人抱一为天下式。不自见，故明；不自是，故彰；不自伐，故有功；不自矜，故长。夫唯不争，故天下莫能与之争。古之所谓“曲则全”者，岂虚言哉！诚全而归之。

曲者弯弧形也，圆的一部分。阴历初三的一弯新月，渐至十五月儿圆，圆满而全。天下事莫不如此，由弯曲而至圆满，如弯竹为筐，逐步弯曲而成圆形。处理人事，曲己而从众，则事事能得周全，所谓委曲能求全。《中庸》曰：“其次致曲，曲能有诚，诚则形，形则著，著则明，明则动，动则变，变则化，至诚为能化”。委曲体现诚意，体现成就事物的善心，以弯竹为筐而言，一小段、一小段的弯曲，使其逐渐变化，然后达到有明显的变化而定型。直竹化为圆筐，成于至诚求全之信心。说明天下事曲则能成全，能由细小的渐变化为形变，由量变到质变。同理，使枉曲者变直，也须逐渐矫正，操之过急则欲速不达。

曲则全，由弯曲而至圆满，由曲线而形成圆球，这是大自然的规律。宇宙中万事万物莫不因曲而成圆，大至天体日月繁星，小到粟米微粒，都是圆的。易传曰：“曲成万物而不遗”，宇宙间万事万物都是曲线圆周形的，没有例外；万物运动的轨迹也都是曲线圆周形的，也没有例外。或者认为城市有某段道路很直，实际上它只是地球表面的小小一段，整个地球都是圆的，视直而实曲。可见曲线是构成宇宙万物的基本形式，例如任何艺术作品，都是由无数美妙的曲线组成，绘画、雕刻等等，概莫能外。就连音乐，其旋律曲折柔宛则美妙动听。人体是天下最完美的艺术品，就因为是无数妙不可言的曲线组成。

太极是圆的，太极拳是圆形的运动，无论动静开合，均不离太极之圆，以松散圆的修炼，形成一空虚散的大气球，也就是包容周身的太极球。人在球中，修炼者融化在太极球之中，成为空虚散的一团元气，就在于修炼者有曲成万物，至诚而能化的信心。这个球一动，是气动，是心意在动，有曲成之妙，有圆活之趣，圆转而已，可作任何方式的旋转，只要心意想得到。拳谱云："动作俱作圈形，一圈之中，即含无数走粘"，无数走粘，即无数段各式各样的曲线，相连则为一整圆，统一于太极浑圆球之中。

大气球其旋转方向可顺、可逆，形式可竖、可平、可侧亦可斜，在统一的圆球上有无数道圆圈，粗分之有肩圈、胸圈、腰圈、胯圈、膝圈等等，若细分之则不可胜数。《太极拳谱》称之为乱环，拳谱有诀曰："内外圈子圈套圈，子午卯酉在里边。若然三关轮回转，十二重楼一线穿"。所有的环或曰圈，圈圈相套，围绕着球心旋转。拳谱有《太极圈》诀曰："能如水磨催缓急，云龙风虎像周全"，圆气球能像水磨一样周而复始的旋转，顺应来劲之疾徐，如水流推动磨盘，水流急则急应，水流缓则缓随；像风云一样隐显莫测，像龙虎一样威力无穷，外来者无论碰到那个圈上，都将受到合适的对待。

拳谱《乱环诀》云："乱环术法最难通，上下随合妙无穷；陷敌深入乱环内，四两千斤着法成"。环者，大气球上之圆圈，一环套一环，连环相套，纵横交织，错综复杂，组成大气球之球面，称之为乱环。上下随合妙无穷，是说气球上所有的圆环，相因相应，能各自独立旋转，又相互协调一致，既统一，又独立。遇有不测，能独自应付，也能协调配合，所妙者是横不见横，竖不见竖，有迹无迹，有象无象。若说有，气球无边无沿，无内无外，视之不见，搏之不得；若说无，一碰上不是被弹走，就被吸进。一股强大的气势，将人敷盖其中，只需四两运拨，可显力发千钧之功效。

拳谱曰："圈里自里裹打开，圈外自外裹入来"。裹者，卷裹，包围周匝之义。人在圈外，气球以其强大的气势，将其吞入球内，此为吞法；人在圈内，气球可让开当面之数环，如开门送客，将其吐出环外，此为吐法。或吞或吐，运用之妙尽在圆球之中，曲成万物而不遗。

大气球就是一团氤氲之元气，《拳谱》云："气如车轮"，又曰"活似车轮"。这个元气，也就是内气，运动规律是周而复始的流行，健运不息，在球内则如车轮一样不停地旋转，所谓"一定继续不能停"。这畅通无滞，灵动活泼的内气，使大气球发挥各种神奇妙用，其根本在于"通"。然而气无知，内气之灵运亦有所依托，有其主宰。其主宰者，先天之元神真心；其依托者，后天之形体中土中心。神为主帅，以心行气，无知之气必依有知之神主宰，这是大原则，前面已有论述。

在此且谈气球之球心，大气球发于中而达于四维，无边无沿，无穷无际而与天地合一，所以大气球之中心，即是天地之中心。此论不差，人在天地之中，占天地之中位；而黄中，真土，在人体之正中，占人身之中位，此中位之中位，正是大气球之球心。由此可知，大气球为何有神妙之作用，就在于它占住了天地人三才之正中中心，与宇宙天地同此一圆，混为一球。球中之内气，与天地虚空原同一气，这个大气球就是太极，一动即有阴阳虚实之用，一静则归于虚空无极，得大中至正之道的主宰。修道者，人人都可修成大气球，而运用之妙就看谁真正得中，真正占定中心。谁能更近于道，谁更虚空而能容纳更充盈的先天一气，谁就能真正得中占中，宇宙天地之真中只在玄妙一点，差微则非。

这就落实到内丹功法的根本，守中抱一。本章指出："抱一为天下式"。前面第五章提到，"多言数穷，不如守中"。中是无极大道，道生一，一是太极，无极而太极、太极归无极，只在机兆之有无，区分本就恍惚。黄元吉先生说："道一而已，一即虚而已"，南怀瑾先生也说："一者，道也"，丹经则说："有中则有一，有一便有中"。中为一之主宰，一为中之作用。虚静无为之道所生之元气，就是一气，就是一，气一动而化生万物，这就是一的作用，"得其一万事毕"。《性命圭旨》中说："常将真我安在其中，如如不动，寂寂惺惺，内外两忘，浑然无事，则神恋气而凝，命恋性而住，不归一而一自归，不守中而中自守，中心之心即实，五行之心自虚，此老子抱一守中，虚心实腹之本旨也”。守中抱一，归根在于虚静无为，得虚静、恬淡、寂寞、无为的境界，中自能得、一自能抱，这正是修炼者确然不拔，静心定守，守而勿失之根本。

天地人三才之中心，是黄中、真土，正是大气球之球心。通过此中心，一线贯穿，上通百会，下连会阴，为大气球之中轴直径，此为理想之中轴，无形有象，称之为虚中，为大气球旋转之轴心。拳术之守中用中，皆以此虚中之轴成法，拳法之立身中正安舒，是以此虚中之轴为核心，有车轴车轮之喻。气球根据应对的情况，有平旋、竖旋、侧旋、斜旋的不同变化，此中轴直径亦可绕球心作周天旋转，以主导气球灵活转动。拳谱云：“得其环中不支离”，有此球心，有此虚中，气球之旋转灵动而同一，绝无支离散乱之弊。

球心是根本，是气球能量之源，所谓发于中，形于外，达于四维，是从球心散发，能量从球心辐散。从理论上说，是无边无沿，可是个人的能量场范围为一寻大小，即两臂展开的尺度，称之为“一寻”。这是个人大气球的气势场，有的称之为气泡，内气在这气场中氤氲鼓荡，我守我疆，守的就是这一寻的气势场。大气球通过球心的辐散，气势穿越球皮与天地大气进行交流，即内气的吞吐开合，因此球内球外浑而如一。这是大气球的呼吸，人体皮肤的所有毛孔，都参与这一呼吸，称之为体呼吸。

枉则直：枉是弯曲不正直，不正直则要校正使之直，正曲使直为矫，有矫枉过正之说。太极拳对身形的要求是：立身中正安舒，尾闾中正，立如平准等规范原则。立身要求不偏不倚，以合道之大中至正，拳谚曰：前俯后仰、其身不正；左偏右斜，皆身之病。有病就要整治，就要矫枉，太极拳用返观内视之功法，进行自我检查。中正则安舒，凡有不安舒憋屈之处，即有失中正，当调整纠正之。检查贯串百会、中土、会阴之中轴是否正直，保持此中轴之正直，就能立如平准、中正安舒，则无枉曲之病。

少则得，多则惑：这是至理名言，修炼太极拳，在精不在多，少则能集中精力，精益求精。多则照顾不周，以至稀疏迷惑。少则简单明白，大道至简，最高深的学术，最为简易，易为简易，易则易知，简则易明。不过一般人都迷恋于复杂，钻进复杂的怪圈，越走不出来，越觉得高深；越疑惑难解，越自认为高人一等。王芗斋先生说："拳道之起初最简，而后始起繁杂，由简入繁，则似可也，由繁而违背生理之原理、原则则不可"。王先生说：形意拳当初只有三拳，且三拳为一动作。八卦掌亦如是，初只有单、双换掌。太极拳原为三拳，又名老三着，后改为十三式。证明拳学起于简明，正因为简而明，出现了李洛能、董海川、杨露禅诸位大师。他们所创的拳，传承至后来越来越复杂，而他们的传人没有一位能超越他们，此正为少则得、多则惑之佐证。

二三、希言自然

希言自然，故飘风不终朝，骤雨不终日。孰为此者？天地。天地尚不能久，而况人乎？故从事于道者：道者同于道，德者同于德，失者同于失。同于道者，道亦乐得之；同于德者，德亦乐得之；同于失者，失亦乐得之。信不足焉，有不信焉？

老子曰："听之不闻，名曰希"，"大音希声"。河上公曰："无声曰希"。希言即无言、忘言，无言希声所表达出最高深的哲理，有道者才能心悟，才有智慧去理解，得道者忘言。而道本身是没有什么恰当的语言能够描述的，老子在第一章就说："道，可道，非常道"，凡可用言语描述的，都不是恒常的道。

自然，是如此这样的天然，不假人力之造作，不加雕饰的浑成，无任何勉强，本来原就是这个样子。大道希言自然，拳道无为自然，王芗斋先生说："拳本无法，有法也空，一法不立，无法不容"，"凡有方法便是局部，便是片面，非自然整体之学也"，"那更要任何方法不许有，若是有了人造的方法掺杂其间，可就把万变无穷的潜能妙用完全丢失了"。这是至理名言，有了人为的方法，属于勉强雕琢，破坏了原本之自然天成，拳道之真意被妄意操弄所偷换。唯自然无为，无拳、无法，才是真意，才合乎大道希言自然之本旨。

太极拳无形无象，全体透空，希言自然，为自然天成之拳。以虚静、恬淡、自然无为，为其根本大法，偏离了虚静无为之本旨，则非太极拳。太极拳之修，有着熟，懂劲，神明三个阶段。着熟阶段，为太极拳之初阶，熟习套路招势，掌握基础要领，为有为之修，有招有势，有拳有法。当有为之修炼到达极致，基础招法要领已娴熟于心，由此逐渐进入自然无为的修炼，渐悟势无常势，法无定法之拳理。

懂劲之修，在于回复固有运动觉知之良知良能，这种良知良能的复归，必于虚极静笃中寻得真心真意，而真心真意生于自然之虚空纯净，光明通透。有真心真意则有真觉真知，神明之懂劲良能由此而得。懂劲功能是太极拳运用的根本，有了这种真觉真知的懂劲良能，对周围的机势了然于心，神以知来，智以藏往，能自然而然应对突发之变。完全是自然天成，不必计较用什么招势，更不必思虑用何种方法，因为真意之一动，即是最合理之招势，最有效的方法，先天自然之良能，随用而生，应变无穷。

故从事无道者：道者同于道。同于道者，道亦乐得之。修道者所苦心寻求的就是道，最希望得到的是道的真谛。如此真诚信奉道的人，道也愿意得到他，帮助他获得成功。关键在于诚信，诚信有诚信回报，这叫作福报。拳道通于大道，太极拳之修，即求道之修，《太极拳谱》曰:“人身为太极之体，不可不炼太极之拳。本固有之灵而重炼之，良有益也”。修炼所得之良益，即固有良能的回复，以太极之拳，重修太极之体，于无形无象、虚静无为的境界中，虚化人身为太极之体，复归于无极大道，这种理想境界的出现，就在于致虚守静。王芗斋先生说:“拳学这门学术都是由空洞中得求”。

《太极拳谱》有言:“凡入手者，心之镇静也，使丹田稳固”。心之镇静，即心中静定无杂，作最纯净空明之修。《太极拳谱》说：“要静，内固精神，外示安逸”,“一要心性与意静”,“一曰心静,心不静则不专”。如此反复论述，说明太极拳之修是以心静为第一要义，心静，无杂念干扰，才能一心一意专注而修。心为一身之主宰，心静则一身皆静，心空则一身皆空，心虚化则一身同一虚化。太极拳之修，在这里可以归结为静心之修，心为太极，心不动则太极之浑沦未分，心虚静即太极之返回无极。

一阴一阳之谓道，一阴一阳谓之拳，通过阴阳之颠倒变化，拳道归依大道，道者同于道，大道亦乐得拳道之趋同，拳与道因之而合一。阴阳者，动静虚实也，内气外形也。外形为阴，柔而静者，从坤地之厚重，自然而然的中正安舒，静守在中土，无俯仰偏斜之散乱，如天平秤之自然平正。正因其合道之中正，安定而平静，开展而舒坦，松柔而匀称，道乐得之为载道之具，元气乐得之为安身之所。

内气为阳，刚而动者，从乾天之健运，自然而然的刚健中正，天行健不停息的流动。阳刚之元气，进入太极修炼者之体则为内气，合乾天之性，在体内不停顿的遍体流行。元气从虚无中来，本性虚而无形，为道之子，与道同此一虚。元气本性同于道，道乐得之为其作用，以体现道之功能，道在何处见，在元气的作为中见。元气按自己的规律自然而然的流通，自然天成，原本就是如此，这就是道。凡人为有意在气上大做文章，妄意操弄，生出许多花样，也就造成不少流弊，这正是害气，害气则不道，失者同于失，心身都将受到危害。修炼太极拳一定要尊重道的虚静无为，绝不能妄意强迫搬运操弄内气，为者败之。

太极拳有诀云："尾闾中正神贯顶"，依照立身中正的原则，求得尾闾中正与松活，当中正到位时，自然头顶百会处有内气贯通的景象，这就是通督。太极拳又有诀云："虚领顶劲，气沉丹田"，依然是按照立身中正的原则，调整好全身的中正安舒，在头顶百会处自然虚灵的领起精神，提起一身正阳之气，当虚灵纯净到位时，海底下丹田处有内气流动的感觉，这就是任脉贯通。为何能有如此畅通之流行？因一身中正同于大道之中正，同于道者，道亦乐得之。

《内功经》曰："龟尾升气，丹田炼神。气下于海，光聚天心"，龟尾即尾闾，海是海底会阴，天心指百会穴，丹田在任脉有上，中，下三丹田，海底会阴也有称之为下丹田，这说的是任督二脉相通的周天运转，是内气运行的自然规律。任督一通，全身百脉皆通，奇经八脉，十二经脉任内气之畅通流行，这是太极拳所修炼的"通"字诀。

太极拳之应对，同样是自然而然，因其主旨为不争，无得失之争。心不因计较得失而负累，得之心不喜，失也心无忧，随缘而已。如此洒脱，如此放逸，因其目的在于修道。道希言自然，无得无失，无增无减，生而不有，长而不宰，谁能与道争。这就是太极拳之神明化境，先天固有之良知良能已然复归，遇有不测之变，能不期而然，莫知而至，于不见不闻之间，自然解决了问题。

二四、立如平准

企者不立；跨者不行；自见者不明；自是者不彰；自伐者无功；自矜者不长。其在道也，曰余食赘行，物或恶之，故有道者不处。

企是踮起脚尖，希望增高一些，但不能站稳久立；跨是迈开大步，希望走快一些，但不能持久。企者是好高，跨者是务远，勉强超越自身的极限，不合乎身体之自然规律，也就是不合于道，故不能有成。

太极拳之一切身法招式，都要适应自身之生理结构，不勉强做违反生理条件之事，无论动静都要中正安舒。保持立身中正安舒，则动也动得舒适，静也静得舒适，练也练得舒适，练后也满体舒适，如此能养生，能祛病。王宗岳先生为太极拳定立的规范是："立如平准，活似车轮"。身体要如同天平秤一样中正，上下正直，对称平衡，这样一动起来就能如车轮一样灵动活泼。与这一原则规范相应，拳谱有"立身中正安舒支撑八方"的要诀，要求脚掌均匀的接触地面，无前后左右之偏斜，更不可踮起脚尖或抬起脚尖。踮起脚尖，人重心前倾，有前栽之患；抬起脚尖，人重心后仰，有后倒之虞。唯有全脚掌均匀落地，重心在脚掌中心，则不俯不仰，不偏不倚，能稳定支撑八面，又能灵活转向八方。

天平秤平稳对称的竖立，有赖天平中轴之正直，《太极平准腰顶解》曰："腰之根株，即下尾闾至囟门为一垂线。歌曰：上下一条线，全凭两手转，变换取分毫，尺寸自己辨，车轮两命门，大纛摇又转"。以天平之性状比喻身形，极其恰当。从百会至会阴一线相垂之中轴，上下铅垂直竖，正如天平秤的株干，保证全体之中正平稳；两手如天平之两盘，似车轮沿中轴左右旋转。天平为极其精准灵敏的度量仪器，称量锱珠毫厘不差，其根本就在于中轴之正直，保证了左右对称平衡，加之毫厘即有精准的反应。由此可知，立如平准，不仅在于能如车轮之灵动，更在于听劲懂劲能精准分辨毫微。精准的听劲懂劲，能合理规范自己的动静开合，其动动得恰到好处，其静静得无所不宜，“变换取分毫，尺寸自己辨”意在如此。

太极拳有迈步如临渊，迈步如猫行之诀要。如临深渊，必小心翼翼，轻起轻落，稳妥平衡，转换灵敏；猫科动物的行走，腿脚非常松柔，无论急缓均轻灵稳健，能随时转换方向。太极拳之步法讲求轻灵稳定，变换灵活，步随身换，保持全体之中正安舒，不影响周身之整。太极十三势为八门五步，五步专论太极拳之步法，拳谱云：“以身分步，五行在意，支撑八面”。五步为前进、后退、左顾、右盼、中定，是太极拳基本步法，分属五行。进属火，退属水，顾为木，盼为金，中定为土。进退为水火之步，进步如火之燃，势不可挡；退步如水之流，宛转随形。顾盼为金木之步，柔韧而有弹性，左右之斜行偏闪，利于沾走柔化，避让锋芒。五步以中定为主。拳谱曰：“定之方中足有根，先明四正进退身”，中定又叫守中土，中土不离位，无论动静虚实，必须立身中正。守住中轴之稳定，才能灵活精准的转换调动，所谓步随身换，凡动步必由中而发，亦如车轮之依轴而转，所以有中土之稳定，才有进退顾盼之变化；进退顾盼之灵动，必以中轴为准心。

太极拳以不争为守则，绝不与人正面顶抗，有宁退一尺，不进一寸之说。进步属火，进攻必生火花，激烈争斗，太极拳所不取。退步属水，水性柔顺，能随方就圆，随曲就伸，顺势宛转，合坤柔顺随之道，若水之动善时。拳法用退让避人锋芒，粘而走之，引而化之，以柔克刚，在此即以水克火，以退为进。退步与左顾、右盼步法相生相济，左顾属木，右盼属金，金生水，水生木，以后退之步来配合左右斜行则相得益彰，相机配合能化解来攻于无形。当人正面直冲进攻，拳法以斜行偏闪化解之，拳谱云：“避冲飞斜势难挡，逃直非闪焉能防”，以斜行偏闪，让过人之锋芒，人必扑空，为落空之法。

拳谱云："敌人逼近来打我，闪开正中定横中"，偏闪斜行绝非逃避，包括上面的避冲逃直，也不应误以为是消极躲避，而是转变机势以求得我顺人背，寻得引进落空之机。在斜闪中随机得中，在正面我占中，到侧面我仍占中，始终占住中定，因我立身中正，守住中定，无论动静永不离中土正位。拳谱《五字经》曰："捨直取横过，得横便正中；去留随意走，变化何为穷"。又曰："闪进全在动中求"，在守中的大前提下闪进，步有动而中不失，这叫"动中定"，"变中定"。守定中土，土生金，金化水，水生木，水克火，五行步法之生克制化，偏闪，斜行，后退，中定，以及适时的进步，相机配合，构成精灵巧妙，灵动变化的步法，为太极拳之绝学无忧。

《太极拳谱·打手身法歌》曰："被打欲跌需雀跃，巧挤逃时要合身"。武式太极拳之操手法云："不得已而退时，须用己手掩护敌手，整身而退为安，所谓雀跃也"。当身处困境之时，主动撤退，拳谱要求整身而退，常说是全身而退，身不散乱，中正之体不失，有粘走引化的机势。整身而退，有多种方法，雀跃为其一，雀跃是碎步弹跳，在弹跳的瞬间调整虚实，以转背为顺，转危为安。巫家艺拳术有寒雀步法，即雀跃步，以其灵活微小的变化调整全身之虚实，两足始终是一虚一实，并带领全身一半虚一半实，符合"形用半"之拳理。其步法的微小变换，即转换了全身的虚实，能使被制受困的半身瞬间化实为虚，让人制我之劲失重落空。其转换就在脚尖与脚跟的起落之间，微妙而人难知觉。寒雀步之行动，前进必先进前足，后退必先退后足，向左则先摆左脚，向右则先迈右脚，在运行中绝无过步交叉的背势，不授人以任何可乘之隙，不存在跨者不行的忧患，保证中土不离位。所谓要合身，在避冲逃直之际，中正之形体不可偏失。

本章与再前一章都提到四不的道理，是人生奉行的守则。老子指明，不自见，故明，自见者不明；不自是，故彰，自是者不彰；不自伐，故有功，自伐者无功；不自矜，故长，自矜者不长。自见是固执自己的主观成见；自是即自以为是，自己一定都对；自伐是自我夸耀；自矜是自大傲慢。此四者为人生不当有的缺点，是过分看重自我。能忘我则四自皆不存在，忘掉了自我，一切都能舍弃，绝不留恋于名誉地位，其所见的是深远广博的宇宙，自我太渺小，不值得夸耀。修炼太极拳，舍己从人为不自见，顺随容让为不自是，柔弱谦卑为不自伐，处下不争为不自矜，其在道也。

二五、道法自然

有物混成，先天地生。寂兮寥兮！独立不改，周行而不殆。可以为天下母。吾不知其名，字之曰道，强为之名曰大。大曰逝，逝曰远，远曰反。故道大，天大，地大，人亦大。域中有四大，而人居其一焉。人法地，地法天，天法道，道法自然。

本章再一次论道，道究竟是什么，因道不可道，不能用言语述说清楚，只有用不同的方式进行描述，让人们能从不同的角度去体会道。本章曰“有物混成，先天地生”，关于物，前面有“道之为物”的解说，认为物是指一个东西，一件事物，可以是非物质的存在状况，如心理、精神、事情等等；也可以指有形有状有质的物体，如人物、大地、天空等等。这个物是道的同义语，其内涵包括了物质的与非物质的，是精神与物质的混合，曰有物混成。一阴一阳之谓道，前面已多次述及，阳为精神、元气、心意的代号；阴为形体、物质的代号。阴阳二气交而生三，混成为物，由此有了天下无穷无尽的万事万物，此万事万物即为道的体现。道为本体，万事万物为道的作用，有体即有用，有用必有体，本来就是一而二，二而一的，道就是这个样子，道在何处见，在具体事物中见。

道先天地而存在，在混沌未分之际，道的状态是“寂兮寥兮，独立不改，周行而不殆”，宇宙天地未生之先，混沌而虚无。寂是绝顶的清虚，清静到极点，毫无一点声色形象；寥是形容广大，无量无边。在那里视之不见，听之不闻，搏之不得，就是那个样子，超越一切万有之外，悄然独立，不增不减，如此未有任何改变的独立自在。道不生不灭，不无不有，无处不在无处在，永远无穷无尽，无止无休，周行遍布在一切有形无形之间，从来没有停止过，道就是如此这样。

道家依据道“独立不改，周行而不殆”的状态，发展为性命双修，动静双修的站功，坐功与行功。在寂兮寥兮中忘己，忘物，有庄子的坐忘理论，开内丹功法的先河，“堕肢体，黜聪明，离形去知，同于大通”。有形与无形，精神与身体，混然皆忘，一切无碍，和大道融通为一，依法而修，则能证道见道。《黄帝内经》也载有：“上古有真人者，提挈天地，把握阴阳，呼吸精气，独立守神，肌肉若一，故能寿敝天地，无有终时，此其道生”。这是上古先人养生长寿的方法，与天地混同如一，独立守神，肌肉若一，精神与形体双修，混成一物，以此而得道，长生久视，与天地同生，谓之道生。太极拳内功之修，一精神，一形体，练至神形俱妙，与天地混同合而为一，就接近虚静无为的道，同于大通，与道同生。

独立不改，独立守神，遗世而独立，依之而成的站桩功法，是太极拳内功的基础功夫。站桩功一旦安排好站立姿势，就坚持定守，一般不改变既定的方式。站桩功因其外形姿势的不同而有多种功法，如无极桩，浑元桩，两仪桩，三才桩等等。外形虽有区别，所练的功夫也不尽相同，但主导的原则是同一的，而且是最重要的。神形双修，主导者在神，在心意，形体是被指挥，被驱使的。在寂寥中忘我忘物，能忘者是心神，所忘者是形体。寂寥者，虚空清净也，在虚空清静的境界中守神修心，守而勿失。王芗斋先生描述为：“扫除万虑，默对长空，内念不外游，外缘不内侵，以神光朗照颠顶，虚灵独存”，心无游思杂念，纯净如水，透明如镜，专心一志作站忘之修。

站桩独立守神，不改初衷，矢志不移，静守虚无之元神，要达到肌肉若一的功效。肌肉若一是什么状态？已知一为太极，一是元气，肌肉是身体的基本组成，通过修炼，要炼化全部形体为一团元气，化肌肉筋骨为气，谓之气化。气化也就是复归根本，因为有形之体，概由先天一气化生。谭峭《化书》曰：“道之用也，形化气，气化神，神化虚，虚明而万物所以通也”，故知肌肉若一就是全体气化为一，为元气、先天一气。太极拳内功所修，为求得一气虚通，逆反运行使万物归根，有形化为一气。一气氤氲，全体透空，成一大气球，能应变无穷。修道为化化无穷之功，气化形，形化气，就在其中颠倒颠。太极之动，顺则生二生三，逆则归元还○，此皆一气之流行，有无相生，肌肉是被利用参与生化的原料，其本质是一气。

站桩功被认为是入道之基，各个门派都有一套完整的修炼功法。《太极拳谱》中所提出的："立如平准"，"立身中正安舒"，是最为重要的原则，与内丹功守中抱一的诀要是一致的。有身形的大中至正、不偏不倚，才有其他功法是实施，如"尾闾中正神贯顶"，有主轴之中正安舒，尾闾才能与百会神气贯通；又如"虚领顶劲，气沉丹田"，有主轴之上下一线贯通，顶门之神气才能依次由上、中、下三丹田沉入海底，所谓"十二重楼一线穿"，"气下入海，光聚天心"。可知立身中正，守中抱一是站桩功的根本法则，谨守这个法则，任督二脉周天自行贯通，内气自然遍体流行无滞无碍，此谓周行而不殆。

拳谱有站桩功之诀要，名为《对待用功法——守中土》："定之方中足有根，先明四正进退身。……运动知觉来相应，神是君位骨肉臣。分明火候七十二，天然乃武并乃文"。该诀指明站桩功为守中土的功夫，定守于天地四方之正中，曰中定，中土不离位。通过真土、真意与虚空天根相接，如此就有了根。有了这个总根，一身之动静虚实、屈伸开合就有了主宰，这是守中用中，守而不失，独立不改，先明四正进退身之意在此。诀中提到的运动知觉，乃文乃武等在其他的章节中有述说，神是君位骨肉臣更是太极拳的总纲，已有表述。在此且谈站桩功的火候。

分明火候七十二：火候一词，一般是指对练功进程的调节，如用功的强弱久暂，着意的轻重虚实等，把握住紧要时机，求其恰到好处，使修炼能顺利平稳进行。丹经说：火候是用神意来调节，全在念头上着力。又说火候是安神定息，曰"神息者，火候也"，"火候之要，尤当以真息求之"。何为真息，是自然而然之呼吸。呼吸有内外之别，口鼻之气往来，为外呼吸；乾坤之气阖辟，为内呼吸，有如日月之往来，斗柄之旋转，此内呼吸为真息，又名胎息。所谓“调息要调真息息”，“真人之息以踵”即是。有真息而可调得真火真候，经曰：“一念不离方寸是真空。此养胎之真火也。真火者，我之神也，而与天地之神，虚空之神同其神也。真候者，我之息也，而与天地之息，虚空之息同其息也”。站桩功要掌握好火候，安神定息，也就是致虚守静，站桩中用心神来守，全在念头上着力，是全凭心意用功夫，是静中动。而动的程度是七十二候。

拳谱中多次提到七十二，张三丰先生的拳论也提到“混七二之数”，“谓为七二之数”。何为七二之数？中国传统文化讲数象之学，九为最大的阳数，八是次大的阴数，此阴阳二数的乘积七十二则为天地最大之生成数。如天道运行，一年四季有二十四节，每节有三候，合为七十二候，为天地运转一周期之数。经曰：“一屈一伸，一往一来，真有日月之代明，寒暑之错行，其殆天运之自然，是亦吾身之一天地也”。人身为一小天地，外形体之结构，内气血之流行，遵自然之法则，亦多合七二之数。太极拳之修炼日积月累，历经三伏三九，寒暑苦修，十年不出门，“与日月而周回，同天河而轮转”，为混七二之数。前贤有诗曰：“周天息数微微数，玉漏寒声滴滴符”。把握好修炼的火候，不疾不徐，不忘不助长，功到自然成。经曰“孟子之所谓“勿忘勿助”，老氏之所谓“绵绵若存”，释氏之所谓“不得勤，不得怠”者，皆神息之自然火候之微旨也”。

关于虚领项劲，王芗斋先生说得好：“顶上力空灵，身如绳吊系”，“犹如云端宝树，上有绳吊系”，意在悬空间，顶心如有绳线系吊在空中，把全身悬吊了起来。独立守神，就是专心一志，虚灵独存地守住这个状态，心无旁骛，唯“吊”字诀是守。太极拳全凭心意用功夫，心静则专一，专精于虚中求实，借假修真，“假借无穷意，虚无求切实”。运用“吊”字诀，心想全身由顶心之绳提领起来，悬吊在云端宝树之上，双脚悬空，下临无底深渊。如此全身所有的骨节、筋肉、皮膜既感受到向上悬吊提升之力，又感觉到地心向下吸引之力，想象这一上一下提吊、坠引之力的互争对拔，骨节被拉开了，筋膜被拔长了，皮肤被展延了。用收视返听的功夫，仔细观察，用心感受，所谓“慧眼默察细胞系，遍体轻松力如泥”，观察细微明朗，感觉舒展放大，内气的流通愈来愈顺畅，以至有全身透空之感。

由于心神的虚静无为，先天之灵知灵觉复归，能觉照一切。灵觉有如明镜，照见五蕴皆空，身心全都照得清晰透明，凡心意中的一丝杂念，形体中的一点浊尘，能即时觉知，能觉知则能即时清除，清除干净尘杂，则身心皆纯洁无染。如此一静无有不静，一空无有不空，在肌肉若一，周身若一，神形若一的状态中独立守神，独立不改的站忘。

“人法地，地法天，天法道，道法自然”。南怀瑾先生说：“这是老子千古不易的密语，为老子思想的精华所在。懂了这番话的道理，也就差不多掌握了修道、行道的关键了”。法是仿效，师法之意。人要效法大地，大地则师法于天，天要师法于道，道则效法自然。为什么要如此仿效师法，因为道大、天大、地大，它们都具有博大而无所不容、无所不知、无所不能的特性，且具有各自贞美的品格。

地势坤，大地具有坤阴柔顺的品德，体宽厚能承载万物，面广大能包容万物，含万物而光化。地顺从于天道，承天而时行，昼夜四时从无违逆。至柔至静，有含蓄之德，曰含弘光化，含章可贞。是文章在内，含藏不露，行事方正。曰直其正也，方其义也，直乃存心中正，方乃品行端方。易象曰：“黄中通理，正位居体，美在其中，而畅于四支，发于事业，美之至也”。真善美的内心，通达事理，不偏不倚，正道居其位，四肢通畅，所发挥的作用，合乎至善至美之德，正是人所当效法的。

天为乾，大哉乾元，万物资始，乃统天。万物统属于天，故万物依赖之而有了开始。天行健，君子以自強不息，天行谓天道，天道刚健，运行从无止息，所以当以天为法，自强不息。乾天刚健中正，纯粹精也，天具阳刚之正气，纯粹无杂，精华所在，纯阳而至刚，中正而不倚。乾天为众善之首，众美之集合，大义之相和，百事之主干，故能知至至之，知终终之，行止皆合大道。知至至之，能预知其发展的方向，努力为之，知机不误，可见其几微；知终终之，能预知将有的结果，适可而止，可存其正义。天道刚健，也正是人所当效法的。

道是天地万物的本原、本体，是宇宙万物的生成者，生天、生地、生人、生万物。生之，畜之，生而不有，为而不恃，长而不宰，功成而弗居，是最深厚，最广大的德。道的美德，不可尽述，前面各章，每有描写，是人们更是修道者所追求的，是穷毕生精力所欲亲近的，更是必当效法的。

道法自然，并非道上面还有个自然，自是自在本身，然是当然如此，道本身自然如此。自然就是道，道自然而然，自己本身原来就是如此这般。它没有可以效法的，再也找不到一个东西可以为之师范，只有自己效法自己，以自己为师。

人是太极拳的载体，人修炼太极拳是为了见道，太极拳为见道证道之器。初始必以有为方式入门进阶，为形而下者；太极拳修至神明化境，有为之法已达极致，无形无象，无为无拳，已近形而上之道，说的是拳，实则是修炼的人。人法天，法地，法道，法自然，在修炼太极拳的过程中，要把天地自然的品德，融和在太极拳之中，用天地自然的美德来修炼。修炼者陶冶在真善美的盛德之中，潜移默化，解心释神，天地大道自然所具之美德，渐为修炼者所吸收，融合在修炼者精神气质之中。修炼者有了内清虚外脱换的造化，步步精进，化神返虚，同于大道。由此可知，太极拳之修，根本在于以天地自然之美德为师为法，由此而渐悟大道之真谛。

二六、静为躁君

重为轻根，静为躁君。是以圣人终日行不离辎重，虽有荣观，燕处超然。奈何万乘之主，而以身轻天下？轻则失根，躁则失君。

静为躁君，躁即是动，这是说静是动的主宰，在拳谱中说“以静用动”。拳一内气一外形，或说为一心意一身形，一动一静而已。但要明白，谁为动，谁为静，为何而动，为何而静。《神运经》中说：“须动身不动心，动心不动气。”一说不动心，又说动心，心究竟是动还是不动，一定要弄清楚。依拳道而言，心为一身之主，身为心所用。拳谱言“以心行气，以气运身”，暂去中间的气，则是心在运身，心行而身运，说明心如不动身何以能动。然而拳谱又说“身虽动，心贵静”。弄清心的动静，则要明白体用关系。体是本体、本源，内在的根本；用是体的外在表现，外形的行动即是用。如礼以敬为体，以和为用，礼之用和为贵。

任何事物都有内在的本质与外在的表现，心的本体是静，真心即道，虚静无为；而其作用是动，意念，思维都是心之动。而身的本体亦是静的，身形不能自动；其表现的动是受心意的驱使而为，为心所用，没有心意的调运，外形就是槁木。这就明白了，心体静为本，心体之用动，心之用动则身随之而动；身被用而动，而身的本体是不动的，故有静以动为用，动以静为本之理，这就是静为躁君。依拳理而言，心为主宰，身为顺从，有此主从关系的规定，身必顺从于心，心之用一动，身之用必顺从而动。心之动无形，是神意之动，无外在的迹象表现，故看起来是没有动，所谓视动犹静。而身形一动即有形有象，有运行轨迹，看得见，摸得着。故曰，心静身动，以静用动，身虽动，心贵静。

拳谱曰："知静之为静，动亦静也；知动之为动，静亦动也"。心的本体是静的，心之用动，心的作用动以体现心的主宰功能；身本体是静止不动的，但必顺从心意而动，即身的作用要动，以完成各种使命。心与身其本体皆静，但心有知，智慧明白，而身无知。故心之作用动，为传达命令；身之作用动，为执行命令。

关于动静，有个总的法则：归根曰静，根发曰动。心神为形体之根，心神之本体虚静，由心神发出指令，为其作用。身形为其指令的接受者，指令由根而发，身受之而动。而通过拳术表现为形式，拳法以下为根，故由下向上者为动，因是由根而发；由上向下者为静，因是归根。拳法又以内为根，同理由外向内者为静，是归根；由内向外者为动，是根发。依归根曰静之理，回归内收者为静，回归内收过程之动亦是静；向外发放者为动，外发时之静观、静待亦为动。因为反归有其过程，外发有其转折。这就是以静用动，主静从动，内静外动的法则。

拳术也有形静意动，外静内动之说，其说也自有其理。外形属坤，阴静顺从是其本性，自身是不动的，唯待命而动，心行则身运，形式表现为形静意动，外静内动。身虽动，身之本体不动，意动是心神之用动。有时，为了某种特殊的目的，指令外形静止不动，身未动是心令其不动，是不动之动，仍然是以静用动。

太极拳之修，以松静为其根本大法，唯静才能心志专一，才能诚于中而形于外，才能进入虚静、恬淡、寂寞、无为的境界，故有"致虚极，守静笃"的六字真言。在此境界中，灵知灵觉存于中，良知良能形于外，凡一动一静均合于道。归根曰静，让原始固有之本能回归到原点，认清它的本来面目。这个归根的过程，始终是虚静之修，或称之为明心见性，心何以明，清静纯洁则明；性何以见，于虚空无为中见，能明心见性，则能见虚静无为之道。

道家以静观玄览观察宇宙，见宇宙间万物莫不在动，故有天行健，自强不息之论，在宇宙中运动为其常态。向更深远处观察，追寻到无极太初，一切皆虚静无为，“无状之状，无物之象，是谓惚恍”。这种惚恍其中有物，其中有精，其中有信，不是绝对的真空，绝对的静止，是真空中还有个可以相信的妙有的物，寂静中还有惚恍出现的朕兆。在这个最原始的根源上，有回归，有复命，归根可视为动极而静，复命可视为静极而动，动静循环在这个根上进行交接。可知虚静不是绝对的静止，道家不认为有顽空与死寂的存在。依据这个观念，太极拳是静中触动动犹静，修炼太极拳是静中动，动中静，虚静之中一有机兆即触发灵知灵觉，开启潜能，因之而运而动。太极拳之动，绝非妄作，遵循松稳慢匀的原则，舒缓匀称，均衡平稳的运行，行拳走架止于这种状态，从相对的意义讲，这也是静。看似平静，其实在动，这就是视动犹静，视静犹动，主宰动静循环的心神始终是虚极静笃的，所以说静是动的主宰，静为躁君。

关于轻重，太极拳论指明，双重为病，在于滞而不灵，单轻则灵，故太极拳走轻而不走重。拳谱《太极轻重浮沉解》曰：“双重为病，干于填实。双轻不为病，天然轻灵”。重则滞，轻则灵，灵则应变无穷。在拳论中反复论述轻灵，如周身要轻灵，举步轻灵，虚灵在中，意气须换得灵等等。轻灵为拳术之魂，能轻灵则能顺随，能轻灵则能粘依，能轻灵则能走化，能轻灵才有四两拨千斤之妙用。关于轻灵，《太极拳谱》说：“轻以心意为主。如拳之微微一动，便作一举想。如无意识续示，即不再进，方谓之真轻。灵如手由低处举高处，做无数一举想，而才有随意变化之妙，方谓之真灵”。能有如此之真轻真灵，太极拳神明且玄妙矣。

终日行不离辎重：辎重为后勤，相对于兵车是静守不动的，河上公释辎为静。修道者终日行道，不离虚静与厚重。修炼太极拳以虚静为根本大法，必时刻不离虚静无为之道，道不可须臾离开，若有片刻偏离，守不住虚静之道，妄念杂起，物欲惑乱，则前功尽废。《太极拳谱》云：“心贵静”，“一要心性与意静，自然无处不轻灵”，心意虚静则自然轻灵。

二七、袭明要妙

善行，无辙迹；善言，无瑕谪；善数，不用筹策；善闭，无关楗而不可开；善结，无绳约而不可解。是以圣人常善救人，故无弃人；常善救物，故无弃物。是谓袭明。故善人者不善人之师，不善人者善人之资。不贵其师，不爱惜其资，虽智大迷。是谓要妙。

本章讲修道者的行为品格，善是良好、高尚、和美，这里说的善有长于、能干之意。善于行走的，不留痕迹，行止人不能知。善于言词的，应对合情合理，无可挑剔。善于计算的，精详周密，不依靠工具，只用心意。善于封闭，人不能解开。善于捆绑，无法解脱。善行，善言，善数，善闭，善结，皆为光明合理而完善的行为，因人而善应，因物而制宜，符合道德规范，河上公名本章为巧用。如此，天下的人，各得其所，各行其当行之善，无贵贱尊卑之分；天下的物，各尽其用，没有可抛弃的废料，这叫作袭明。将光明面展现出来，让天下都闪耀着至真至善至美的光辉，人与天地万物和谐共处，相得益彰。

大善者，是众人之师表，大家学习的榜样；而不善者，也是众人的借镜，提供了避免不善的教训，是行善的资源。老子认为，如果不尊重师道，不爱惜行善的资源，是最大的迷糊，好像聪明，其实糊涂。能明白这个道理，则知当如何行、如何止，行止不失其善，这是知晓微妙精要的道。

太极拳效法道之至善，言行举止均求合乎道德规范，以慈爱重生为其修炼之主旨。拳谱《十三势行功歌》表明："详推用意终何在，益寿延年不老春"，太极拳的终极目的，就是欲天下人们得太极之益，强身健体，长生久视。《十三势行功歌》相传为王宗岳先生所作，与《太极拳论》同为指导太极拳修炼的经典论著，为太极拳的发展提高，起了积极的推进作用。歌中提出了完整的太极拳练用要领，有体有用，的确不可轻视，在拳谱中有许多文论，都是围绕着这篇歌诀释义发挥的。兹录歌诀全文如后。

“十三总势莫轻视，命意源头在腰隙。变换虚实须留意，气遍身躯不稍滞。静中触动动犹静，因敌变化示神奇。势势存心揆用意，得来不觉费功夫。刻刻留意在腰间，腹内松净气腾然。尾闾中正神贯顶，满身轻利顶头悬。仔细留心向推求，屈伸开合听自由。入门引路须口授，功夫无息法自修。若言体用何为准，意气君来骨肉臣。详推用意终何在，益寿延年不老春。歌兮歌兮百四十，字字真切意无疑。若不向此推求去，枉费功夫遗叹息。”

十三总势莫轻视，命意源头在腰隙：太极拳又名十三势，拳法合八卦、五行为十三，八卦是天地间阴阳对立的现象，五行是阴阳的推衍，故曰五行一阴阳也，八卦一阴阳也，一阴一阳是为拳。八卦在拳为八劲，五行在拳为五步，合为太极十三势，是太极拳的总纲，是拳法的根本。莫轻视，歌诀第一句就提出其重要性。《太极拳谱》有主宰于腰，原动腰脊，腰如车轴，活泼于腰，腰为纛等等要领。因为腰为一身之枢纽，腰动则先天之气如车轮旋转，带领内气遍体流行，如此全身内外无处不随腰运动圆转。故曰主宰于腰，原动腰脊。

命意即生命，一般命指形体，形而下者；意属心神，形而上者。一形一神，神形合一，即生命的象征。腰隙，有的书为腰际，腰指肋下胯上之间部位，在身体的中部，背后叫腰，前面称为腹。人身之中心就在腰腹之中，曰真中、中土、真意，是太极拳内功修炼的中心，性命双修在此安设炼化之炉，取坎填离，水升火降，以此为基地。脾土、肾水皆在腰腹内，肾脏又名为腰子，为生精藏精之所，经筑基炼己之修，精清纯为真精，在此炼化为元气。元精元气是构成生命的基本物质，是生命的源泉，故曰命意源头在腰隙。

变换虚实须留意，气遍身躯不稍滞：拳者阴阳、虚实、动静、开合之变换，其转换必圆转如意。拳谱提出的要求是，勿使有断续处，勿使有缺陷处，勿使有凹凸处，运转过程要处处圆润，不生阻碍。拳论指明，凡动分静合，应无过不及，随屈就伸。太极拳之动松稳慢匀，虚中有实，实中有虚，所谓虚虚实实神会中；开中寓合，合中有开，所谓吞吐开合问刚柔。绝无开而又开，开放无边；合而再合，收合不止的偏倚之弊。易理孤阴不生，独阳不长。拳论云：粘即是走，走即是粘。阳不离阴，阴不离阳。阴阳相济，方为懂劲，能懂劲则能知虚实变换。拳谱有粘黏连随之诀要，凡一动应粘黏不离，留恋缱绻，连续不断，随方就圆。本歌诀后面有：屈伸开合听自由之句，论说的也是这个道理。

拳者一内一外，内意气，外形体。太极拳在内不在外，所重者内气之遍体流行，拳谱《周身大用论》曰："二要遍体气流行，一定继续不能停"。《十三势行功要解》曰："行气如九曲珠，无微不到"。都指明内气在体内流行应遍布周身，无微不到，勿稍停滞，即畅通流行之意。欲畅通无阻，必使周身无障碍寸隔，这就有太极拳松散通空的修炼。人身之所有经脉，络脉是内气流行的通道，打通全体经络，如同修筑高速公路，使之四通八达。任督二脉是主干道，称之为河车路、通真路，修炼太极拳必打通任督二脉，供元气循环流通，任督一通，周身百脉皆通。因任脉为诸阴之会，称为阴脉之诲；督脉为诸阳之会，称为阳脉之海。一身所有经络都与之相通，所以河车周天旋转无滞，内气遍体流行就没有障碍。内气遍体流通，无微不到，渗透到每一个细胞，为细胞提供营养能源，同时气化细胞，达到全身气化。一当有应对之事，全身遍布充盈之气，向有事之处汇集，发挥应对之作用，所谓气之落点聚于一处，气之来者不自一处，由于流行畅通，能源源不断供给。内气畅通的遍体流行，是太极拳养生与应对的必要条件。

静中触动动犹静，因敌变化示神奇：大道以虚静为本，老子曰"清静为天下正"，"静为躁君"，说明静是动的主宰，清静是天下共遵的准则。心神的本体是虚静的，其作用动，因其动而体现主宰的功能。身形的本体是静止不动的，其作用是受心神的驱使而动，有其动而实现心神之意图。心神的作用之动，是由于机兆触发，此触发由内气运至身形，身形因之而被触动，身形虽动，然身形之本体是静的。如拳谱云：“如拳之微微一动，便作一举想。如无意识续示，即不再进”。说明若无意气驱使，身不能动，有触发身才能动。当内功静修有成，于极静中勿然有了朕兆，时至神知，感触而动生，是静中触动，身内则有景象出现，如六根震动，一阳初动者是。身虽有动，而心神是守静不失的，拳谱云：“身虽动，心贵静”，道本体是虚静寂寞，拳道遵依大道致虚守静。

太极拳之修炼，入于化境，纯守心神之虚静，守而勿失。即使在演练套路时，心神亦不受身形动作之影响，任手之自动舞之、足之自动蹈之。这种自动因过往有千万次的重复，达到神理自现，一当触发，先天固有之潜能自然而然的应感而动。太极拳之应对，无心无意，有良知良能之应物自然，此先天之良，触发固有之潜能，潜能自然而然因应来者而动，动得合情合理，恰到好处，因敌变化示神奇。

刻刻留意在腰间，腹内松净气腾然：拳谱曰“主宰于腰”，“腰为第一之主宰”，说明腰为一身之关键枢纽，修炼太极拳必高度重视，刻刻留意。本歌诀开篇就提出“命意源头在腰隙”，说腰为生命之源头，前已述内修之理，此再明外形之用。拳谱云：“腰为车轴”，“原动腰脊”，上下肢体之联系带动，“紧要全在腰间变化”。腰为一身运动之原，带动上下四肢，曰“腰如干，肢似枝，腰微动，肢自动”。腰轻松灵活，一身皆轻灵。拳谱曰：“气如车轮，腰如车轴”，腰动则先天之元气如车轮旋转，气由腰间中心而发，贯通四肢，遍布周身。拳谱又曰：“腰为纛”，纛是军中大旗，有镇定三军的作用，是定守不动的。正如腰中真土真中，中定不动然，曰中土不离位，占住中定，守中不失。腰中轴是静定的，有磨转心不转之喻。所以，言腰之动，是车轮磨盘之动；言腰之静，是磨心车轴之定。外动内静，形动心静，所谓身虽动，心贵静，心在此也包含了中轴中心，故中土又名之曰真意。有中轴中心的静定，才有一身之中定，为十三势之主。腰以中定主宰周身之屈伸开合，必刻刻留心，守而勿失。

气腾然，是活泼流畅之义，太极拳之内气一定要遍体流行，不可以稍有滞阻。而内气活泼畅通的条件，是气路通顺无障碍阻隔，修炼松散通空的功夫，即为此。腰内腹腔，为内气聚集之海，元精于此炼化为气，元气由此而循环流行周身，所谓发于中，行于外，达于四围。所以腔子里必须松散通空，干干净净，才能保障气化、气行，内功修炼因之能顺利精进。

尾闾中正神贯顶，满身轻利顶头悬：尾闾有广义与狭义之分，狭义之尾闾是尾椎骨的最下端，有窍位名尾闾，拳家视之为钟锤，以检验形体是否正直，为铅垂一线之平衡端。广义之尾闾则是包括会阴在内的三角区，庄子曰："百川纳之，尾闾泄之"。丹家称之为海底极阴之地，为生命能发祥之所。尾闾中正，一为形体之铅垂正直，一为内理之中正无偏，修炼守此二则。当内气触发则缘督脉过三关，直达百会顶端，所谓缘督以为经，贯通督脉之义。于此可知，通督脉以尾闾中正为先决条件，是功到自然而通，非妄意搬运操弄所为，养气害气，差别在此。

顶头悬，拳谱又曰虚领顶劲，头顶虚灵的悬领起来，如有无影之绳悬挂空中，领吊起全身。这是太极拳修炼最重要的功法，提领起一身正阳之气，上与虚空相接，直通人生命之根源，与虚空精气相通，叫天人合一，天人相应。拳谱曰：虚领顶劲，气沉丹田。沿督脉上升之气，与通过百会天门进入的真气，在此会合，相融为一。真气充盈饱满，顺任脉而下行，所谓光聚天心，气下于海，回到会阴海底，完成任督循环，或叫周天运行。任督如此自然而通，有满身轻利通畅的景象。

仔细留心向推求，屈伸开合听自由：太极拳内涵深奥的哲理，练拳为入道之基，修太极拳必须详尽用心探求，目标明确，方向正确，于拳理拳法仔细体认，不可疏漏遗缺。一理不明，即一理晦盲否塞，难得大通之悟；一法不知，则一法之荒废缺失，非大成之器。否塞不通，缺失不全，如何能证道。

屈伸开合，动静虚实，拳法之谓也。拳论指明动分静合，随屈就伸，必自然而然，符合大道无为无不为之主旨。动之不得不动，自然而动；静之不得不静，自然而静。所谓时行则行，时止则止，动静不失其时，其道光明。自由自在，无丝毫之人力勉强，更无肆意妄为。太极拳以顺随为法，顺自然之理，随机势而动，自然天成，迎之不见其首，随之不见其后，无执无痕，无为无待，有应物自然之妙，迈向拳道之自由王国。

若言体用何为准，意气君来骨肉臣：体用即本体与作用，作用是本体性能的体现。太极拳体用的准则是，意气为主宰，身形受驱使。拳谱云：神为主帅，身为驱使，以心行气，以气运身，反复论述了这一体用原则。曰君，曰帅，曰臣，旧社会的用语，就是主导与从属之义，关于这一主从关系，前面章节已有述说。太极拳用意不用力，以内用外，内主外从都是这一原则的延伸。本句着重阐明，心神意气是太极拳之本体，身形骨肉为太极拳的作用。

歌诀有六次提到意，要用意，要留意，说明太极拳是以心意用功夫，练拳应仔细留心向推求。推求的过程，入门引路须明师的口传心授，这就要有尊师重道的品德，本章指明，“不贵其师，不惜其资，虽智大迷，是谓要妙”。学业精进的要妙，就在于诚敬求教，珍惜老师的道德学问，是成就事业的宝贵资源。

二八、知白守黑

知其雄，守其雌，为天下溪。为天下溪：常德不离，复归于婴儿。知其白，守其黑，为天下式。为天下式，常德不忒，复归于无极。知其荣，守其辱，为天下谷。为天下谷，常德乃足，复归于朴。朴散则为器，圣人用之，则为官长，故大制不割。

雄为阳刚，强健；雌为阴柔，宁静。太极拳修炼者，深知刚健强壮的英武豪迈，有震慑八方之威，却谨守柔弱宁静，绝不用硬力与人对抗。坚持柔软顺随的功夫，化解刚强的来力，以松散通空的技术让大力落空，是太极拳的操守。用听劲、懂劲觉知对方的劲力大小，劲路走向，以知其雄。舍己从人，顺随粘走，柔弱谦卑，为守其雌。

雄健者受到钦慕，阳刚坚强，英雄本色。天行健而自强不息，这是对发愤图强者的赞美。柔弱者也自有其生存之道，水滴石穿给弱者以启示，使世间有以弱胜强，以柔克刚之特技。太极拳把握住了这个要领，知其雄，守其雌，修炼以柔弱虚静为主，但也从未离开至大至刚、充塞天地的纯阳正气。

一阴一阳是为拳，阴阳相济方为懂劲，懂劲即是懂拳道，拳道合于大道。千斤是大力，四两是小力，大小都是力，都在阳刚的一面。然而相对而言，大者为阳雄，小者为阴柔，无小不成其为大，无大不见其小，即阴阳互参，无阴则无阳之理。以阴阳喻力大小，而分雄雌；以阴阳喻力之有无，可明虚实。通常以有力为实，无力为虚，然虚中有实，实中有虚，虚非全然无力，实非完全占煞，有知守之理在。练太极拳当明无力之有益，要求不用拙力，用意不用力，这符合虚静无为之道。然阴阳不可偏胜，应知阴阳中复有阴阳，阳中有阴、阴中有阳，孤阴不生，独阳不长，用力也合此理。《太极拳指明法》云："用力不对，不用力不对，绵而有刚对"。孤阴孤阳都不对，要用得自然合理，知而不用，守而不失，以柔弱为常，刚健适可而用，绵而有刚，即知其雄、守其雌。拳谱《太极下乘武事解》曰："太极之武事，外操柔软，内含坚刚。而求柔软之于外，久之自得内之坚刚。非有心坚刚，实有心之柔软"。有心于柔软，守其雌也，外操柔软，内含坚刚，柔中寓刚，为太极拳之特征。依此理，太极拳动静兼修，功拳并练，有阳动之套路、单操，也有阴静之静坐、站桩，刚柔相济，神形合一而为拳。

站桩是静功，独立守神、独立不改，专守虚静，心志要专一，无游思杂念干扰，为守其雌。站桩要用返观内视的功夫，眼神向身内观察，耳韵向身内探听，以开发自身潜能，心神灵明指挥运作，一任阳刚的内气不停地流动，为知其雄。说是静功，静中有动，静中触动，心神致虚守静，但灵灵烱烱，惺惺不昧，在头脑中做学问，指导着全身炼功夫。当气机发动，出现景象，有六根之震动，此为静极而生之动，阴阳动静从来就不是孤立的。知雄守雌，知动守静，安守大道之虚静恬淡，深知玄德之刚健正义。有如天下的溪沟，由高处往低处流，于高处汇流，在低处聚积。这高者流，低者聚，知高处之激荡澎湃，壮丽宏观，却安守低处之幽潜静默，这一动一静，是道的作用。于动静之间，提挈天地，把握阴阳、调和好阴阳，才可以回复初生婴儿的天真。

白喻昭然明白，如人体外形，显现如外，有形有象，有模有样，容易识别。黑喻幽隐内敛，如人之心神内气，潜藏于内，无形无象，不见不闻，神秘莫测。知人身形体的重要，是心神内气之舍，载道之器，是万物之灵的功能执行者。凡行走坐卧，包括拳法招势，皆由形体实现。形体健康完美，各种生理活动，拳术技巧，皆能高质量的顺利完成，故身体的可贵，不可不知，是知其白也。然则身形的运动，拳法之实现，均有赖心神的指挥，拳谱云："以心行气，以气运身"，"意气君来骨肉臣"，规定了在内的神气为君主，主宰身体内外一切。在外的形体为臣属，是命令的执行者，在心神的驱使下完成任务。较之形体，心神更为重要，故要专守心神之虚静，开发潜藏的灵明觉知，回归于虚静、淡泊、寂寞、无为的道体，此即守其黑也。

知其白，守其黑，心神与形体高度统一，形体无脱离主宰的散乱妄动，心神无偏离道体的妄意妄为。神形合一是中华传统武学的最高境界，追求这种境界，有为炼形，知其白；无为炼神，为守其黑。在知白守黑的修炼中，炼有为无，炼无还虚，即是形化气，气化神，神还虚的性命之修。最终复归于无极，回归到虚静无为的大道，这是太极拳的究竟。

荣为光显、崇高。辱为屈辱、卑下。修炼太极拳达到神明的化境，像杨露禅大师一样，形象高尚完美，受到太极拳爱好者的尊敬，何等荣耀。要知道如此难能的成就，是经过艰苦磨炼而得，在求学的过程中，要忍辱负重，屈己敬上，尊师重道。经过冬炼三九，夏炼三伏，吃尽一般人所不能经受的苦楚，承受一般人所不能忍受的艰辛，历尽千辛万苦，才能有所得。功夫不是天上掉下来的，是汗水与艰辛或许还加上泪水浇灌出来的。坚毅承受住攀爬中的屈辱，吃尽苦中苦，才能换来成功的光荣。

安于卑下的地位，勤奋向上，承受艰苦的磨炼，就像是甘作天下的低谷，接纳众水的流注，待到积水丰满则汇成江河，积为大海。道德学问须日积月累，逐渐充实丰满，学问到达最高深处，能洞悉宇宙间的一切，看透万事万物，自心归于平淡，回复到本来的纯朴，这就是天下谷这方善地的益处。

知其雄、守其雌，是生理上的修养；知其白，守其黑，是心理上的修养；知其荣，守其辱，是品行上的修养。南怀瑾先生说："老子已经把修道的秘诀传授给我们了，如果自己不懂得其中奥秘，那又怪谁呢"。知者不忘，守者不失，一知一守，不失不忘，不离不弃之深意在。雌雄、刚柔、动静、阴阳也；黑白、隐显、明暗、表里也；荣辱、尊卑、成败、祸福也，总归为一阴一阳。宇宙由对立双方构成，阴不离阳，阳不离阴，离则不是太极，不为道。矛盾对立有主有次，主导方起着决定性的作用，另一方则起协调辅助的作用，对立关系也会因条件而转换。太极拳讲柔静，以静用动，以内用外，以柔克刚，所守者虚静、内气、柔弱，为主导方。但绝不会舍弃另一方，所知者为辅助方，主次分明，两不相离，阴阳相济之理，即本章所论的知守之道。

修炼太极拳以虚无、清静、柔弱为根本，坚信以心神元气为主导就可复归于永恒的道，本章说为无极，为朴。无极就是道；朴，纯洁质朴，也指的是道。朴散则为器，形而上的道，散开了就成为了形而下的器，成为具体的器物，是道生养了的万物。道由无极而太极、而两仪而万物，道散则为神明，流为日月，分为五行，成为万事万物。质朴的太极拳，一分为阴阳二气，再分为五行、八卦、十三势，更散为武当、赵堡、杨、武、吴、孙各式，各具奥妙，各藏精华。道散为万端，万端皆不离道的本真，证道之方法虽有不同，返本归原的终极路径是趋同的，同归于虚静无为的大道。其散为万物，化化无穷，莫非朴之所散；其聚则为一，从有归无，由太极而复归浑朴，太极拳修炼之路，就是这样走的。返朴归真的路，有知有守，而朴本身完美无瑕，这叫作大制不割。

二九、自然无为

将欲取天下而为之，吾见其不得已。天下神器，不可为也。为者败之，执者失之。故，物或行或随，或歔或吹，或强或羸，或挫或隳。是以圣人去甚，去奢，去泰。

道是个玄妙不可思议的神器，天下为神器的匡廓，神器为天下的主宰，其本性虚静无为，纯任自然而然，不可以强行把持操弄，即不可为也。谁想强行违逆，就一定会失败；谁企图把持神器，就会丧失一切。天下神器，有自己的规律，不受外力影响，或阳往而行先，或阴来而随后，或行或随，有其必然。如大气之流行，有往有来，或轻行而歔，和风细雨；或急奔而吹，雨暴风狂，强弱各应时而行。宇宙间一切事物随时都在变化，皆天道之自然，非人力所可勉强，所以圣人必须去掉那些极端的、奢侈的、过分的行为。

修炼太极拳必须遵守自然无为的法则，无形无象，无拳无招。修炼无的境界，初学者是很难做到的。王宗岳先生将其划分为三个阶段：“由着熟而渐悟懂劲，由懂劲而阶及神明，然非用力之久，不能豁然贯通焉”。一开始要熟练招法，必须勉强努力，熟记招势，操练纯熟，所谓用力之久，就是要坚持不懈下苦功夫。努力完成自身炼己筑基的修炼，是有为，也是不得已，是深根固柢，打好基础的阶段。这一阶段较为长久，说十年太极不出门，大多数超过了十年，也出不了门。练招法要不为招法所困，若被招法束缚，就难以向上攀登。要知拳道是无招胜有招，手上有招，心中无招。手上的招经用力之久，豁然贯通而自然成形；心中无招是不着意在具体事物上，专作虚静无为之修，是动中求静，心贵静。当将招法练到极致，能忘掉有形有象具体之招法，这就具备了由有入无的进阶条件，自自然然向懂劲阶段过渡，初段的有为是进阶以后无为的基础。

懂劲阶段，按《太极拳谱》所示，是为了寻回先天之固有，人有天然运动觉知之良知良能，进入后天生活，因人性近习远而迷失固有。拳谱云："要想还我固有，非乃武无以寻运动之根由，非乃文无以得知觉之本原，是乃运动而知觉也"。经过有形有为之运动，将后天之积习炼化，达到形体之脱换，此为乃武，即着熟练已筑基阶段的功夫。而乃文则为无为之修，于虚极静笃中寻回先天的真觉真知，清除后天尘心的妄意妄为。当致虚守静达到一念不生，无心无意，浑然皆忘之际，真觉真知于虚静无为中复归，得知觉之本原，听劲懂劲之良能得之于身。拳谱曰："自己懂劲，接及神明，为之文成"，此文成纯属无为的功夫，不待穿凿，无须拟议，虚静无为则能成。若执着于有形，妄意操弄，将永不得真知真觉的回归，太极拳无听劲懂劲的觉知能力，则不可想象。将太极拳珍视为神器，其理是不可为也，为者败之，执者失之。

遵照《太极拳谱》诀要而修，自然而然，则无执无失。太极拳理寓于一动一静之间，前面已述及何为动，何为静，明动静之机；在此再次述明何者动，何者静，知动静之源，能知此则能免偏执妄为之患。拳谱云："神为主帅，身为驱使"，"以心行气，以气运身"，"先在心，后在身"，"始而意动，既而劲动"。上列诀要既明先后之序，又明动静之源，心神意气为主，身形为从，心神发号施令，身形顺随执行，"意气君来骨肉臣"，凡符合这一原则的，为自然合理之运行，不合者为偏执妄为。心神动，形体静，是就其主从先后而言。从体用本质上说，心之本体是静的，心之用动；身之本体也是不动的，身之用动。心之用动则身随之而动，心之用不动，身何以能动，由此明白体静用动之理，知动静之源。明此理则明内静外动，以静用动之意义为何。

从另一角度来说，心神属乾天，健运不息；身形属坤地，顺随沉静。乾为阳刚，坤为阴柔，故有阳动阴静之说。阳动者心神之用动，阴静者身形之本体静，身形本体虽静，必须随心之用而动，天健行在前，地随从其后，或行或随之义明矣。这种先行后随的关系，是天道之本然，不可违逆。违者为妄，妄行缘于妄心，心不清净，受尘世物欲惑乱，而失去本真，则有散乱妄为之举。必寡欲清心，回复其本来之虚静，妄心除而真心现，天理自然流行。

乾天正阳之气，至大至刚，健运不息，充塞于天地之间，流行于人体之内。太极拳之修，养气炼气，求其活泼充盈，于内则滋养全身，气化全身，化形、化神、化虚而合道。于外则可应无穷之变，凝聚为无坚不摧之内劲，内劲充盈于体内，为其强者。坤地阴柔之形体，经过气化脱换之修炼，成为柔弱无骨之体，正因其柔弱无骨，而能行顺随之法，心神所向，身即随往，形体表现于外，此其柔者。内寓阳刚强健，外示柔弱顺从，这就是太极拳。

内气之运行，或歔或吹，歔者，轻柔舒畅均匀流行于体内，无处不在，不所不宜。吹者，迅速灵捷，一当有事应对，快如闪电向所用之处汇集，意到气到劲到，所谓心有所向气即往，一哼一哈胜负立判。

老子曰："是以圣人去甚，去奢、去泰"。修炼太极拳必须去掉那些极端的东西，如用蛮力，用阴招，用妄意；去掉那些浮华奢侈的，如花哨的招势，未经时间验证的套路；更要将那些过分勉强而伤身的练法去掉，如僵滞的，偏斜的，强力的。旦求其纯朴自然，虚静无为，其初始也有为，为的是达到无为，终究归于无为。无为而无不为，由有入无，炼有归无，太极拳如此而修。《悟真篇》曰："始于有作无人见，及至无为众始知，但信无为为妙要，孰知有作是根基"。

三十、果而勿强

以道佐人主者，不以兵强天下，其事好还：师之所处，荆棘生焉，大军过后，必有凶年。善有果而已，不敢以取强。果而勿矜，果而勿伐，果而勿骄，果而不得已，果而勿强。物壮则老，是谓不道。不道早已。

河上公名本章为俭武，即约束武力，不使放纵之意。以武力逞强压制人，人必不心服，一待有机可乘，必然报复，有卧薪尝胆之鉴。老子曰：其事好还。善有善报，恶有恶报，是无往不复的因果报应，所谓报应不爽。每件事回转过来必有报应，例如经过战乱的地方，庄稼破坏，荆棘丛生；大战之后，必有凶年，瘟疫流行，饿殍遍野。老子曰：善有果而已，不敢以取强。

武与文相对应，我中华文明古国，礼乐之邦，偃武修文，以和为贵。以文明诚信待人，处事谦和礼让，因此有五十多个民族和睦团结相处。遇有外患侵略，为保家卫国，奋起抵抗，不得已而用武，善有果而已，赶走了侵略者就好，成功了也不逞强，叫作果而勿强。

太极拳以文为体，以武为用，重在文明之修。既为拳学，总不离攻防技击招数之操练，称为武事。武事文为，以明理求真，强身健体，祛病延年为功；武事武为，有防身保命，抑强扶弱，抵御强暴之能。文体指心神意气，虚静无为，纯朴自然为文体之本。武用指身体外形，刚柔虚实，动静开合为武用之本。“文者内理也，武者外数也”。

拳谱曰：“有外数无内理，必为血气之勇。失于本来面目也；欺敌必败。内有文理而无外数，徒思安静之学，未知用，差微则亡耳”。外数即外形招势，含五行八卦十三势等，说明拳术应内理外数兼备，有体有用。有体无用即有文理无外数，徒思安静之学，理论脱离实际，无应对之能。有用无体即有外数无内理，不明拳道本一之理，无为无不为之用，有失大道之本来面目。无内理之主导，为血气之勇，强硬必折，欺敌必败。无外数之应对，空谈理论，脱离实际，差微则亡。拳学必神形兼备，内外结合，有体有用，此阴不离阳，阳不离阴，阴阳相济之理，离此则非太极拳。

拳谱多次论及乃文乃武，曰："非乃武无以寻运动之根由，非乃文无以得知觉之本原"。以心行气，以气运身，神为主帅，身为驱使，由此可知运动之根由在心神意气。又知觉之本原亦在心神意气，丹经云，无心无意，偶尔有知，谓之真知，无心忽觉为真觉。无心无意即清清静静，纯洁透明之真心，有真心即有真觉真知，故可知真心元神为知觉之本原。乃文乃武所寻、所求者，心神意气也。心神意气之修炼，要在致虚守静，而无论内气外形，皆以虚静为体，运动为用。内理为本体，外数为作用，乃文乃武一内一外，内外兼修之意已明，在太极拳则为性命双修之学。

性命双修即精神与身体兼修，性为元神真心，命为精血身形，一内一外，一神一形，拳学之根本在此。丹经云："修炼之学，其道有二，能见精神而久生，能忘精神而超生。忘精神者，虚极静至，精自然化气，气自然化神，神自然还虚，此虚无大道之学也。见精神者，以元神为主导，行运化之功，炼精成气，炼气成神，炼神还虚，此以神驭气之学也"。忘精神为虚无大道之学，炼性而一步到位，非上等根器难为之，非一般人所能。见精神以神驭气之学，按部就班，专心一志，诚敬不怠可能成功，此即性命双修之学，先炼命而终炼性。

修炼之时，凝神调息，心如空器，片念不生，神光下照于气穴之中。以神抱气，以气抱神，时至自然精融气化，此即炼精化气。

呼吸合，神气交，凝聚丹田，宛转悠扬，有无数内景变化。惟凝神于中，注息于外，听其天然，自然静极而动，动极而静，此炼气化神。

静定久久，丹田交会之神气，自鼓自调，自温自煅。惟致虚守静，纯任自然，神入气中而不知，气周神外而不觉，如此神气交养，两两相生。斯时正宜撒手成空，不粘不脱，若有心，若无意，此炼神还虚之功。

以上三步功夫，有为修命，无为修性，其修炼之核心在于凝神守静，不离“致虚极，守静笃”的六字真言，所以《清静经》说：“人能真清静，天地悉皆归”。太极拳之修炼，逐步进入炼精，炼气，炼神三阶段，与拳法之著熟，懂劲，神明互相呼应。一文理，一武数，文理不离武数，武数不离文理，一阴一阳之拳道。功至炼神还虚，还归于虚静无为之大道，以元神为主宰，虚灵而神明，周身就是一虚空散的大气球。人在球中，形已化气，气已化神，就是一虚灵神明的太极球，无极球，能自然应对一切，自然化解一切。

当得到了如此的成就，应善加珍惜，要勿矜，勿伐，勿骄，勿强，不得已。有了成就更应谦卑处下，虚心容让。成就愈高，心境愈开阔，知天地之大，道妙之玄奥。自己所知不过沧海一粟，不值得夸耀，不应该自大骄傲，自我陶醉。修炼太极拳如登高山，越攀越难越险，而景色也愈奇愈秀，如没有坚韧卓绝的意志，就达不到巅顶，观赏不到奇秀的风光。一定不要停下来，更大的成就等你去创造。学无止境，艺无止境，果而不得已，有了成果不要停止不前，学不可以已。杨露禅大师认为太极拳如十三层宝塔，大师自认达到了第七层，上面尚有六层，大师无法探索了，这也是大师的不得已。后学者当接过大师的传承，继续向上攀登，一探究竟，后学者不可以已。

三一、恬淡为上

夫唯兵者不祥之器，物或恶之，故有道者不处。君子居则贵左，用兵则贵右。兵者不祥之器，非君子之器，不得已而用之，恬淡为上。胜而不美。而美之者，是乐杀人。夫乐杀人者，则不可以得志于天下矣。吉事尚左，凶事尚右。偏将军居左，上将军居右。言以丧礼处之。杀人之众，以哀悲泣之，战胜以丧礼处之。

穷兵黩武是不祥的事情，人们都厌恶它，有道德的人，以和为贵，心怀仁慈，绝不妄动杀机。《阴符经》曰："天发杀机，星辰隐伏；地发杀机，龙蛇起陆；人发杀机，天地反覆"。天发动了杀机，狂风暴雨；地发动了杀机，山崩地裂，都要造成伤害。而人要发动了杀机，比天地灾害更为可怕，一次大屠杀，是千万人的死亡。老子说：夫乐杀人者，则不可以得志于天下矣。战争狂人从来就没有好下场，最终会受到上天的惩罚。上一章提到，不应以武力来逞强，我们的祖先，以止戈为武。不得已用武在于制止干戈争战，保护生灵，保卫和平。

修炼太极拳，前一章提到乃文，乃武，《太极体用解》云："要知天人同体之理，自得日月流行之气。其意气之流行，精神自隐微乎理矣。夫后而言乃武，乃文，乃圣，乃神则得矣，若特以武事论之于心身，用之于劲力，仍归于道之本也，故不得独以末技云尔"。庄子曰："通天下一气耳"，道自虚无生一气，一气流行于天地之间，流行于人体之内，故曰天人同体，天人合一。气就是意，就是精神，意气流行，精神自然主导其中，这合于天理。

拳论云，神为主帅，以心行气，意到气到，以气运身。意气流行于形体之内，运身而外发为武术招数，概由心神主导，不离内在之文理。道心至善，用招也柔和慈祥，主导外用之武数，合于慈爱之天理。内气外形，文理武数，体用都根于大道之本原，曰慈，曰俭，曰不敢为天下先。心若离道，武用则不堪设想，兵者不祥之器，强梁者不其死。外数依从内理，末技归于道之本，用之者善，其技也善，故武技不可为心术不正者所据有。道心正义，集义生气，气行为良知，招发为良能，有此内理即有此外数，善有果而已。

太极拳为武学，有攻防技击之术，然其所宗者，虚静无为，善下不争，舍己从人，以之为内在之理。有此理而有慈善柔和之技，顺随走化，不用拙力，粘黏连随，不丢不顶即是。其理宗法于道，恬淡为上，其技依理亦恬淡平和。作为武学之保命安身，太极拳也有以柔克刚，以弱胜强，以小制大之术。然而克者、胜者、制者，终不离一争字，有违不争之本旨，非十分不得已，绝不轻易为之，修太极拳于此知而不用。金庸先生说："练太极拳……是修养一种冲淡平和的人生境界，不是以柔克刚，而是根本不求克"。不求克也就是不争，一切冲淡平和，泰然应对。老子曰："恬淡为上，胜而不美"。通过争夺而取胜，不能算是一件好事情，有胜者必有失败者，其事好还，败者可能乘机报复，埋下祸根。所以当出于不得已而必须应对时，要用心慈善，用招平和，以平息争端，化敌为友为宗旨。拳谱曰："接应变换，无仇为良"。古训有多个朋友多条路，少个冤家少堵墙之诫，修炼太极拳，只交朋友，不树敌人。

古来吉事尚左，不吉者尚右。左为阳，生气也，光明也。右为阴，幽暗也，肃杀也。修炼太极拳，无论盘架，站桩，之所以要求面向南方，是面向光明，接纳纯阳正气。当面向南，左为东，为太阳升起之位，东方甲乙木，欣欣向荣，生气勃发。故行拳走架多向东边运行，如搂膝拗步，云手等等。倒撵猴式虽是退往西，但正面却是向着东方。正面向着光明，动中求静，空明的心境，内外若一，所谓虚室生白，吉祥止止，达于虚静无为之境界。走架也有向西的姿势，为的是调和阴阳，平衡虚实，阴肃之气为太极所中和，仍归于冲淡平和。太极拳行拳站桩，无论动炼静修，均在祥和冲淡的气氛之中，松稳慢匀，圆融舒展，中正不倚，纯任天道之自然而然，静候一阳发动，玄牝门开，功到自然成，自然步入神明化境。

太极拳以养生为主，若不得已而用之，老子指出恬淡为上，胜而不美。虚静无为是太极拳的主旨，一切顺应随从，行之不得不行，止之不得不止，依从原本就是如此的自然规律，自然而然流行于天地之间。不妄意妄为，不矜持傲慢，也不故作谦恭，在应对中既不犯险，更不伤人。营造的气氛平和友善，没有失败者，彼此身心都能在应对中受益，彼此都享受了太极拳的乐趣，善有果而已。

《黄帝内经》曰："恬淡虚无，真气从之，精神内守，病安从来"。有注曰："恬者，内无所蓄；淡者，外无所逐；虚无者，虚极静笃，臻于自然"。内精神虚静自守，外形体淡然空泛，无欲无求，身心自然得养，病痛无由来犯。真气者，纯真之元气，本性虚无，同类相亲，同气相求，修得身形全体透空，真气必相从而来。充盈于周身，遍流于周身，为炼形化气之资，全身为元气所化。乃文，化神还虚，寻大道之本原；乃武，用于对待，应无穷之变化。要旨，恬淡为上。

三二、知止不殆

道常无名，朴虽小，天下莫能臣也。侯王若能守之，万物将自宾。天地相合，以降甘露，民莫之令而自均。始制有名。名亦既有，夫亦将知止。知止可以不殆。譬道之在天下，犹川谷之于江海。

道体虚无，永远处于不名无形的朴质状态，能大能小，能有能无，能驰能张，变化无常。朴就是最原始的起点，弥满六合，不足以为大，退藏于密，不足以为小，谁也支配不了它，朴散而为万物，万物自然顺从依附于道。

纯洁无华的朴，最微妙的体现，是内丹功的黍米玄珠，称为黍米丹。修炼中抱定无名之朴，致虚守静，性命双修，无极而太极，太极返无极，可得此精微朴质玄珠，是修炼内丹功最高的成就。朴虽小，其妙用无穷。

太极拳修此无名之朴，恬淡虚无，朴质无华。由筑基炼己起修，渐次化精，化气，化神，还虚，千炼万炼，化化无穷，以求其究竟。张三丰先生曰："总论只是虚空"，修炼中要能认清道体虚空，"道自虚无生一气"，先天一气从虚无中来，因虚空才有一气。道生一气，充塞天地，也充满人身。人身充满元气，身形为元气所化，元气愈充盈，人身愈虚空；人身愈虚空，元气愈充盈，二者互为因果。气即虚空，愈虚而愈有，愈有而愈虚。庄子曰："气也者。虚而待物者也，唯道集虚"。人生之三宝精气神，气经元精炼化而成，故精为气之原质；元气之至灵处即元神也，故神为气之归依。可知修炼之要，在于炼气，当太极拳炼成一空虚散的气球，即达于神明之化境。而炼气之要，在于虚静，炼精化气，炼气化神，全都以虚极静笃为法，这叫作守中抱一，复归于无名之朴。

天地相和，以降甘露。修炼太极拳内功，有天门开阖，明白四达之功。人身头顶之百会穴，称为天门，海底之会阴穴，称为地门。天地门开通，形成一会通天地的通道，天地阴阳二气通过这一通道进行交流。《内功经》曰："前任后督，行气滚滚"，说元气在人体内的流行，有一环行通道，称为"河车路"。有前辈大师说，内功炼至化境，任督二脉将逐渐靠拢，与冲脉合一，成为接通天地门的通道，太极拳称之为"虚中"。一身内外的气通过这一通道运化，吸天地之精气在体内修炼，即天地相合，以降甘露之象。甘露认为是一种清香甘甜的露水，为天地精气所化，有滋补养生的作用，开启天门，甘露源源而降。《内功经》还有五气朝元，周而复始之说。内功修炼真正达到炼精化气的程度，有三花聚顶，五气朝元的景象出现。

三花是指精气神三宝，聚顶是聚于头顶百会穴，也就是在天门有了景象。当静修至忘我忘物，若存若无之际，感觉百会穴如天窗开启，如有阳光透射进来，有一股清虚之精气乘虚而下，遍洒全身，称为甘露洒须弥，醍醐灌顶。五气朝元，五气是人生五脏配合五行之说，心火，肝木，脾土，肺金，肾水为五气。朝元的元，有的指丹田气海，有的指海底会阴。南怀瑾先生认为："所谓元，便是指原来的本位现象而已，所谓五气朝元，也就是说人体内部的脏腑之气，各归原来的本位，充满，和谐，均衡而没有窒塞"。其景象是感觉外呼吸自然地似乎停止，要相隔一段时间，偶有一次轻微的呼吸，身心内外，安于中和的本位，不知有我身的存在，或无我身的存在。上述景象如能保持常态，炼精化气的功夫可告完成，有形有质的身形，化为元气，可进一步向炼气化神的功夫过渡。

一阴一阳谓之拳，拳道通于大道，拳理即天地阴阳之理。太极一动阴阳生，初见形态，以太极名拳，名其静之极，动之始；静之隐，动之微。拳就在这动静之间，所谓视动犹静，视静犹动。既然有了这个名称，就不离大道虚静无为之本旨，遵循这一宗旨可炼成灵明神化之拳，拳拳服膺之拳。有了如此成就，名亦既有，夫亦将知止，知止可以不殆。

古人要求止于至善，以至善作为止的标准，是没有止境，没有标准，也可以说标准就是道，因为道最完善、最真美，是无法超越的。有成就的修炼者，数十年如一日，勤敬不怠，至诚不息，步步精进，一直向上攀登，知止要止于这勤奋不息的上进精神，生命不息，奋斗不已。武学大家，不停息向上探求的步伐，杨露禅大师希望登上武学的巅顶，壮心不已，至善在此是一贯坚持不懈。

当练功时出现了好的状态，神清气静，匀匀净净，如醉如痴，一切浑然皆忘。唯觉一缕清气在空际飘荡，无拘无束，悠然自在，身形已与元气化而为一。对这微妙状态的出现，若有心，若无意，守而勿失，使之延续不断，安止于这一状态之中，也就是止于至善，在这里止是留住，是守而勿失。

当修炼有了一定的成就，名誉地位会不期然而至，这时更要能知止，要恬淡为上，谦虚卑下。远离名利即是远离是非，当一个人醉心于名利之时，灾祸也就跟随其后；当自矜自是炫耀武功之时，麻烦也就随之而来。《太上感应篇》曰：“祸福无门，唯人自招”，不去招惹灾祸，平平淡淡即是福，知止可以不殆。知道适可而止，不仅可以避免危险，能保一生平安，在这里恬淡就是至善。

三三、自知者明

知人者智，自知者明。胜人者有力，自胜者强。知足者富，强行者有志，不失其所者久，死而不亡者寿。

知人者智，自知者明。能够看清楚人叫作智慧，能够看清楚自己叫作明白，人要有知人之智，更要有自知之明。有的人明于知己，却暗于知彼；有的人明于知人，却暗于知己，都未达至善之境。诚信者知之为知之，不知为不知，不自见，不自是，不自伐，不自矜，所以能清楚明白地洞察一切。

知者，智慧通达，是心神的功能。神以知来，时至神知，是心神对事物的觉知反应与理解。心与神包括性，通常将其浑而为一，若仔细区别，功能仍有所不同。心为神之舍，心藏神，通俗些说，心是屋舍，神为屋舍的主人；以智慧言，心指的是大脑，神则是大脑的机能，所以说寂然不动是心，感而遂通是神，神是心中的主宰，是灵明而能运筹的智能者。而心与神又有先天后天之分别，在太极之先，神为元神，心为道心真心。进入后天生活，神则为识神，心则为人心。先天之元神，真心，虚静无为，清净纯朴，光明通透，自然本具大智大慧；后天之识神，人心，受尘世物欲感染，有喜怒哀乐之情，有是非善恶之分。

就神而言，无先天元神，大道无主，无后天识神，大道无用，先天元神为体，后天识神为用。必于恍兮惚兮，无知无觉中，养得先天元神为主宰，然后一惊而醒，一觉而动，发为后天识神。此一识神原是正等正觉的元神，因其发动而有知识感觉，以应日常事务，故曰识神。若不失固有之虚灵，于应事之际一心了照，用志不分，无一丝游移，无一念杂妄，虽为后天识神，其清明纯朴，中正不倚，几近于先天元神，这种识神为真诚修道者所具。若为世俗尘情所拘，困于物欲贪念，此识神则与道渐行渐远。

修炼太极拳内功，致虚守静，复归于朴，复人心为道心，返识神为元神。有元神真心则有真意，有真意则有真知真觉，原于真心之真知真觉，即人生固有之良知良能。此固有之良，于真知真觉中见。太极拳之用，有真觉真知，才能舍己从人；有真觉真知，才能粘黏连随。太极拳之听劲，懂劲，包涵了知人知己的功夫，其根由缘此真知真觉。

拳谱《八门五步用功法》指明："八卦，五行，是人生成固有之良，必先明"知觉运动"四字之根由。知觉运动得之，而后方能懂劲；由懂劲而后，始能接及神明。然用功之初，要知，知觉运动虽固有之良，亦甚难得之于我也"。所谓人生固有之良，是人类远祖在生存斗争中所积累的功能，逐代遗传而成为人生潜藏的良能。如鱼之能游，鸟之能飞，由远祖遗传的良知良能，为人生固有之本能。人们进入后天生活，因各种习染而迷失固有，必返本归元，复返先天之道心元神，固有之良知良能才能复还。这是一艰辛的修炼过程，所以拳谱中说："亦甚难得之于我也"，不是轻易能得到的。

拳谱曰："必先明知觉运动四字之根由。知觉运动得之，而后方能懂劲"。太极拳原本就是"知觉运动"，知觉为心理之活动，运动是形体之功能。以心行气，以气运身，神为主帅，身为驱使，知觉原于心神，心神通过知觉指导形体运动，知觉是太极拳听劲懂劲的本原。拳谱将"知觉运动"四字细分，进一步论明懂劲之原理。该诀要论述懂劲，懂劲是对人身劲端、劲源、劲力分布与走向的清晰明知，并有了科学合理的判断，能为心神提供正确精准的讯息。这相当于主帅的参谋长，而参谋长的谋略方案基于侦察员所侦察到的情报，侦察情报，在太极拳叫作听劲，懂劲有赖于听劲所觉知的讯息，听劲懂劲就是这样的关系。

拳谱《固有分明法》曰："要想还我固有，非乃武无以寻运动之根由；非乃文无以得知觉之本原，是乃运动而知觉也。夫运而觉；动而知；不运不觉；

不动不知。运极则为动；觉盛则为知。动知者易，运觉者难”。这里对运、动、觉、知，做了细致的分析。觉在知之前，曰觉盛则为知，感觉积累到了一定程度才达到知晓明白。感觉初始是细小微弱的，由细微而递增，感觉明显了，则能有明白清晰的认知，完成了一个认识的过程，也就是一心神觉知的过程。

以气运身，运为一个行动的初始，运到了一定的程度才能动，曰运极则为动，这是一生理过程。如搬动一物件，加力到一定程度物才能动。从全过程而论，细微的运可以引起感觉，夫运而觉，不运不觉。但因其运微而不显，故难以感觉到，所以运觉者难。当运积累成明显的动作，能清楚地被知道，一动而被知，不动不知。因其明显，故容易被察知，所以动知者易，凡有了明显的形体动作，是容易为人所知的。这《固有分明法》说，动知者易，因其明显；运觉者难，因其隐微，这里面都含有量变到质变的过程。依拳谱之论，明白知觉运动之理，而后才能求懂劲。太极拳之听劲，就要听其隐微，能听人心运之始，至微至弱之心气都能为我觉知。而太极拳之动，松稳慢匀，动之至微，人难听知。更有内动不令人知的功夫，纯属神意气的运动，内动外不动，形不动意动，连些微的运觉都不与人，人不知我，我独知人，这是太极拳的神明化境。

《太极懂劲解》曰："自己懂劲，接及神明，为之文成"。自己懂劲是指知己的功夫，《固有分明法》中说要先求知己，自己知觉运动得之于身，自能知人，知己功夫达到神明境地，为文成。论中又有乃武乃文之说，言"非乃武无以寻运动之根由，非乃文无以得知觉之本原"，在此乃武是指拳术姿势形体之修炼，通过虚实、急缓、屈伸、开合的训练，寻求招势之合理性、必然性、适用性，即寻运动之根由，为形而下的命功。乃文指精神意气的修炼，通过"至虚极，守静笃"六字真言的修炼，复还先天固有之良，达到元神用事，识神退听，道心明而人心隐，真觉灵觉，真知灵知固有之良知良能显现，得知觉之本原，为形而上的性功。乃武乃文在此即性命双修，神形兼备之功夫。该拳解还曰："于人懂劲，视听之际，遇有变化，自得曲成之妙，形诸神明，不劳运动知觉也"。当真觉真知复归，觉知良能神而明之，极微隐之动静变化，皆能明而察知，包括人之企图想念，尽在我真知灵觉的感触之中。到此阶段听劲懂劲之功能已超越了运而觉，动而知，运极觉盛，由觉而知，由微至显的过程。直指心神，用心听气、听心即可，所以说不劳运动知觉也，懂劲能力有了质的变化。

听劲懂劲是太极拳入于化境的标志，听劲懂劲之得之于身，须经历艰辛的修炼，能够真懂劲，才能真及神明。怎样才叫真懂，拳谱《懂劲先后论》有其解说："胡为真懂？因视听有由，即得其确也。知瞻眇顾盼之视，觉起落缓急之听；闪还撩了之运，转换进退之动，则为真懂劲。而后则能接及神明，攸往有由矣"。虽说形诸神明，不劳运动知觉，但在修炼过程中，必先明知觉运动四字之根由，知觉运动得之，而后方能懂劲。《懂劲先后论》对知觉运动作了分解，知为瞻眇顾盼之视，是眼目的功能，属于视觉，眼能见者有明显的形象表现，按照觉盛则为知的分明法，由眼目视觉到心神明知，还有一加工的过程。起落缓急之听觉，起落缓急是动作，动作引起声响则能听，因其明显，能直接触发感觉。至于闪还撩了之运，按《懂劲先后论》之意，是心意运身之始，尚在初始触发阶段，微弱不显。而转换进退则为显现的行为动作，形迹隐微则难觉，形迹明显则易知，虽有难易之别，皆为听劲懂劲之依据。即论中所说之有由，有其根由，是视觉听觉之根由，依此而得之懂劲，论中说是真懂劲。这一真懂，还是早先阶段之真懂，属于乃武。在此基础上继续精进，固有之真觉真知复归，通微显化，而后才能真及神明，才是乃文得知觉之本原，为最灵明的真懂。

王宗岳先生在《太极拳论》中指明："阴阳相济，方为懂劲"。上面所述之乃文、乃武，一神一形，一理一数，一内一外，一静一动，总归为一阴一阳。老子曰："万物负阴而抱阳，"神形合一，动静相因，内外如一，即王宗岳先生所论："阳不离阴，阴不离阳。"遵老子教导，依太极拳诀要精修，默识揣摩，定能渐至从心所欲之化境。

自胜者强，强行者有志，这里的强是自强不息的强，易曰："天行健，君子以自强不息"，先贤曰："至诚无息，不息则久"。上述听劲懂劲由着熟到神明化境，是自强不息，向上攀登，立志强行的过程，是太极拳内功修炼一心向道的成就，有了一定成就更要自强不息。

三四、大道泛兮

大道泛兮，其可左右。万物恃之而生而不辞，功成不名有。衣养万物而不为主，常无欲可名于小；万物归焉而不为主，可名为大。以其终不自为大，故能成其大。

本章再次论道，大道泛兮，言道广泛流行，无左无右，无所不在。宇宙万物为道所生，却看不到它的踪影；万物赖以生存成长，却不知其源头从何而来；万物最终回归于道，它却能全都容纳。它小而无内，什么也找不到；它大而无外，一切都在其包容之中。为什么是这样，是因为道虚无，唯道集虚，且比虚空更虚空，虚空在那里都粉碎了，没有了。似乎隐微难寻踪觅迹，又似乎广大得穷无边际，说大也不是，说小也不是，说有也不是，说无也不是，什么都不是。叫不出名字，强名为道，强字之以虚无。

虚无自然即道，因其虚无自然，什么都没有，也什么都能有，无能生有，有也归无。在混沌恍惚中，有个东西与道最为亲近，那就是气。道家将其书写为炁，上为无，下为火，虚无之真火。经书曰“以神存炁，以炁存形”。炁为神形之中介，神化炁，炁化形，用虚无之火炼化。丹经曰：“道自虚无生一气”，先天一气从虚无中来，道为无极，一为太极，太极就是这个一气。中间经历了太易，尚未见气；太初，气将萌生；太始，气初具形态；太素，一气有了形态与性质。这样生成的过程，是一瞬息之间，还是多么漫长，无法知道，道最先是生了这一气，真空生妙有，一气就是这妙有。因出生于真空纯朴的道，称之为真气；生在万物之先，称之为元气；是生化万物之祖，称之为祖气。道以之体现自我的存在，以之发挥主宰生化的作用。道生养万物，是通过元气而生之养之，万物始于元气，无元气则无万物；道之包容万物，是以元气包之，并宇宙太空一齐包之。

道寂然不动，元气则流行无间，道为本体之虚静，元气健运以发挥作用，道的规律法则通过元气予以实现。元气的本质是流动不息的，故拳谱有“气遍身躯不稍滞”，“要遍体气流行，一定继续不能停”的要诀。拳诀说的是体内，不仅在体内，元气无内无外，宇宙天地间无所不在，无处不至，所谓变动不居，周流六虚。传递讯息，输送能量，驱动万物皆为其作用，经书曰气的作用是中和。太极一动阴阳生，一分为二，分为阴阳二气，阴阳相互背离，各走极端，如果不经过中和，使阴阳相济，相反相成，事物便不能产生和发展。道的根本在于中和，道莫正于中，而中的目的是要达到和，这个目的通过气来实行。

和是天地之正，阴阳之平，始于中，必成于和，中者，天地之终始，和者，天地之所生成，阴阳中和，为天地人物运行的最佳状态。老子提出了“冲气以为和”，即气的特性是冲，冲是不息的运动，冲气是不停地运动着的阴阳二气。通过中和的作用而合和化生，故曰冲者，中也，冲气即中和之气。

元气从虚无中来，于虚无中聚，当一身空空净净，透空无有，这虚无之气即充塞于其中。此际人在气中，气在人中，一身内外无非一气，无非太极，如此太极一周身，周身一太极，太极拳功夫，也就达于神明化境。可问题是元气如何能充之于一身？那就要能炼得一身虚空，什么都没有，同于元气虚无之性，近于大道虚无之体，同此一虚无。依同类相亲，同气相求之理，元气自然来舍，气者体之充也。能一身虚空，在于炼形，通过松散通空的修炼，内清虚而外脱换，炼得柔弱无骨，肌肉若一。周身炼成一空虚散的大圆球，无内无外，全体透空，准备完善元气来舍的条件。如同栽植梧桐树，引来金凤凰。

然而身为从，心为主，身形听命于心神，身形的虚空，首先要有心神的虚空，心神真虚空，身形才能真虚空，所以首先还在于炼心神之虚空。也就是修炼识神尘心的回归，当心神修炼到虚空至极，清静至极，也就回归到先天本来之虚静，如此心神就在虚空中，妙有自然而生。黄元吉先生曰：“炼心二字，是千真万圣总总一个法门。除此而外，皆非大道”。先生说，必先牢拴意马，紧锁心猿，一念不起，一尘不染。盖一念之动，即一念之生死所关；一念之息，即一念之涅槃所在。必须把持住心念，无思无虑，无心无念，才能真虚静。无心者，无妄心也，忘其尘心，复其道心，道心虚无清静，以虚无之心统虚空之体，心虚空体亦虚空，元气自然来舍。

心为神之舍，神为心中之主宰，前已有言，心是屋舍，神是屋舍的主人，主人是知觉灵明者。神有知，气无知，无知之气必赖有知之神的主宰，接受神之运使。先天元神虚无而空灵，主导先天之灵觉真知。先天元气自虚无而生，本性亦虚，先天之灵觉真知必通过元气发挥作用。以元神之虚合元气之虚，即是以虚合道，与道合真。

在空虚散的大气球中，神凝气中，气包神外，两者混融，了无分别。真虚真灵神气之和合，其静如地体之凝，其动合天行之健；其呼，球中之气通天地之气；其吸，天地之气入于气球之中。此与太虚若一之气球，因其神虚，心虚，气虚，形虚，无形无象，无内无外，无边无沿，就是元神主宰之一团元气。静守于球中，体认大道之虚无，养生合道。偶感而动，神运气行，知来藏往，运化无方，为太极之全体大用。凝聚于球中之元气，拳论《得真法诀》称之为灵根，乃至灵明、至神通之本根，诀曰：“养灵根而动心者，武艺也。固灵根而静心者，修道也”。太极拳内功所修者，修此灵根之一动一静，静固动养，元神为之主宰，元气发挥作用，把握住致虚守静的根本大法，守而勿失，能渐入神明化境。

当修至神明化境，有无所不知，无所不应，无所不能之玄妙。诗曰：“左之左之，君子宜之；右之右之，君子有之”。到此可随时取用，随心所欲，处处光明。常无欲可名于小，无欲则常清常静，纤尘不染，无隙可乘，无懈可击，此小莫能破之义也。万物归焉而不为主，可名于大，包囊全体宇宙而不促，可见其大；亘古及今，统领万汇，无一物不归，无一事或外，此大莫能载之旨也。如此无小无大，无内无外，无古无今，大道泛兮，其可左右，渊涵无极，浩荡无涯，这一境界，是太极拳之追求。

三五、大象无形

执大象，天下往。往而不害，安平泰。乐与饵，过客止。道之出口，淡乎其无味，视之不足见，听之不足闻，用之不足既。

大象无形，无象之象即是道，虚静无为之道，天下万物无不诚心归从。万物的归往皆心悦诚服，乐享道所给与的平安和顺，乐道而守一。音乐美食能使过往的客人流连忘返，引起欲望。而道清淡无味，视之无形，听之无声，让人不见可欲，一心不乱。河上公以一释过客，曰：“一者，去盈而处虚，匆匆如过客”。过客之往来迁徙，如道之周流不息，守一即守道。丹经曰：“一之为本，万事皆行。子知一，万事毕”，又曰：“守一之法，乃万神之本根”。修道以守中抱一为根本大法，又称之为守一，得一。河上公曰：“人能乐美于道，则一留也”。

太极拳《授秘歌》曰：“无形无象，全体透空，忘物自然”，虚静无为是太极拳的最高境界。无形无象，而有其大象，八卦、五行尽在其中，曰太极十三势。太极十三势为太极拳法之核心，分为八法与五步，八法又称为八门，掤、捋、挤、按、采、挒、肘、靠，对应八卦为坎、离、震、兑、乾、坤、艮、巽。五步为进、退、顾、盼、定，对应五形为水、火、金、木、土。以天地间之大象喻其拳法，说明太极拳原本就是以天地为法。《易传》曰：“法象莫大乎天地，变通莫大乎四时。悬象著明莫大乎日月”。天地日月四时是人们能观察到的最大、最显的形象，而天旋地转，日升月落，寒来暑往，其变化依序守时，往来无穷，诚信在其中。太极拳象其形而通其变，效其法而守其诚。

一阖一辟谓之变，往来不穷谓之通，《易传》曰：“变通者，趣时者也。穷则变，变则通，通则久”。十三势八门五步，其精髓在效法天地，趣时而变，即随着当时的具体形势、环境、条件而变化。通其变则法无定法，势无定势，一接手掤捋挤按皆非是，所谓忘物自然。太极拳臻于化境之际，八门、五步寓于一身之中，没有界限分际，是掤又非掤，非掤仍是掤。其余挤按七法，亦复如是。顾盼之间，有定而无定，无定而有定，脱规矩而合规矩，有形象而无形象。达于虚空透明，大象无形。

修炼太极拳内功，不可着意于形式上的追求，着象者不是太极拳。太极拳所追求的是虚静、恬淡、寂寞、无为，汪永泉先生说是追求无的境界，所修的是中正纯和的元气。如果从形式上操弄搬运，违逆了元气虚静之本性，非但不能凝聚蓄养，而是害气。凡着意于搬运操弄，谓之妄意妄为，即有偏倚，形散意乱，有失中正平和之道。心不中正则生妄意，形不中正则有妄为，妄意行气必散乱妄为，其气亦妄，为横逆之气，身心均受其害。虚静空明之心，不偏不倚，心中正所行之气亦中正，同气相求，中正纯和之元气自然顺心而行，无过不及，谓之为往而不害，安平泰。气无形象，可借有形象之水以喻之，清明纯净的水，以虚静之心对待，无扰则平，水保其清静；心生妄念，如以污浊而扰之，水亦混浊。澄心净意，一心不动不摇，则浊以止，静之徐清。心静水亦静，于气亦然。

关于保守中正纯和的元气，庄子《达生》篇有精辟论述：“是纯气之守也，非知巧果敢之列。……物之造乎不形而止乎无所化，夫得是而穷之者，物焉得而止焉！彼将处乎不淫之度，而藏乎无端之纪，游乎万物之所终始，一其性，养其气，合其德，以通乎物之所造。夫若是者，其天守全，其神无郤，物奚自入焉”。保守纯和之元气，在于修养恬淡之心境，这不是聪明、技巧、心机、妄为所能达到的。如能达到不露形迹，臻于不变灭的境地，与自然相通，外物怎能进入心中来扰乱。守中而抱一，顺随着天道的变化而日新，神游于万物的起端，专一其心性，涵养元气，融合德性，通向造物的根源。功夫修炼到这种境界，精神完备，虚静无为，尘俗外物怎能侵害元气之中正纯和。不要运用知巧去发展后天的人心，应该顺应自然，虚静无为保持先天之真心；不用后天人心去操作搬运，如此纯和之元气不受侵害，也就达到返璞归真。

庄子还提出以恬养知，“古之治道者，以恬养知；知生而无以知为也，谓之以知养恬，知与恬交相养，而和理出其性”。用大道的虚静恬淡去培养智慧，回复先天之真知灵知，是以恬静涵养心知。有了先天之真知灵知，却不用智巧去妄为，这就是以先天之真知灵知恬静朴质自守，恬淡与智慧交相涵养，和顺便从本性中自然流露出来。

抱守大道之虚静恬淡，忘物自然，天健地顺超以象外，太极拳重意不重形，在内不在外即本于此理。庄子曰:“凡外重者内拙”，是说偏重于外形的，内心必然笨拙。凡操弄形体，追求外形之姿态者，或自我欣赏，或取悦于人，皆著于物欲，后天人心之有意作为。一著于物欲，心知为其所扰，所以后天人心拙，先天真心灵。为回复先天真心之灵知真知，要求做到离形，忘身，堕肢体，妄掉外形身躯的负累，干干净净，不因身形引动欲念，无外重之患。如此则心志专一，以恬养知，一当先天真心之真知灵知复归，其妙用无穷。太极拳之全凭心意用功夫，其真意在此。真心灵知之智慧无穷无尽，其用无穷，比宇宙更大，比光速更快，比微粒更小，比弱水更柔，比钻石更坚，玄妙无比，应变无穷，一切皆唯心所造，此心是道心。

三六、相反相成

将欲歙之，必固张之；将欲弱之，必固强之；将欲废之，必固兴之；将欲夺之，必固与之。是谓微明，柔弱胜刚强。鱼不可脱于渊，国之利器不可以示人。

老子的辩证思想，强弱兴废都是能互相转化的，物极必反，阴阳转换，这是自然不易的定则。当一个人很顺利时，得意而忘形，自己昏了头，逆境就要出现了，是人情，亦是天理，情理就在这兴废与夺之中。庄子曰："道通为一，其分也，成也；其成也，毁也。凡物无成与毁，复通为一"。道本是融通而为一的，在成功的后面，跟着的是毁，毁坏了接着是成功，万物的成与毁从通体来看是前后相随，都复归于一个整体。这个道理隐微玄妙，其实很明白，那只不过是柔弱胜刚强机先征兆，能明白这个道理，善加运用，自然能无往不利。

修炼太极拳，要明白这个道理，把握住物极必反，阴阳转换之机。拳谱有云："如意要向上，即寓下意。若物将掀起，而加挫之之力，斯其根自断，乃坏之速而无疑"。这就是将欲夺之，必固与之；将欲起之，必固挫之。欲搬动静定之物体，先让它动起来，挫断其根，不必费太多力气，就能掀起重物，以小力替代大力，符合四两拨千斤的原则。如此相反相成，在拳术中借鉴成为顺力逆行，劲形反蓄之技，利用其反向的力动摇其本根，乘势而顺向发劲，有摧枯拉朽之功。这种力不是普通的拙力、硬力，不是强行顶抗，而是把握其顺逆转换之机势。趁其由静转动之机，借其偏倚将生之势而发动，小力因之而胜大力，柔弱能胜过刚强，关键在于把握动静之机。

关于力的运用，拳谱云：“神是气之领导，气是力之生母。无神领导，气无所依，必致散漫。力无生母，必致力竭身疲。用神气而使为拳者，亦取其神能充塞天地，弥合乾坤，无物不载，无处不覆，无时无地不光明，其神之力，大无穷也”。用神气而使为拳者，太极拳的内劲也，内劲就是内气，也就是充塞于体内之元气。它能弥合乾坤，充塞天地，也就是生于阴阳，藏于阴阳，有无穷无尽的妙用者。太极拳之所以有神妙莫测的功能，其根本就在于修炼得此神气，因为神气无物不载，无处不覆，如水之能载舟覆舟，差强可拟。然神气较水更显灵明微妙，能覆盖天地万物，所显现出的力量，无穷无尽。这种内劲的修成与运用，全在心意，不在外力，越不用外形之力，神气越灵明，意到气到劲到，一气自然之流行。

强弱、兴废、与夺、收放总归为阴阳，一阴一阳之谓拳。太极拳有上即有下，有前即有后，有左即有右，总归为有阴即有阳，阴阳相济之理。拳谱有阴阳逆从之论，一前一后，一上一下，取向相反为逆，二者顺同为从。为完成一个使命，达到同一个目的，内劲由中心而发，正反方向同时显现，指向相反，大小相等，有称之为来回劲、浑元劲的。说浑元劲，其正反逆从不仅只前后两点，凡过球心直径之两端皆是。太极拳空虚散之大圆球，所蕴蓄的就是浑元劲，以球心为中心，相反相成向四面八方同时均衡的发散，在每一根贯通球心的直径两端，都存在大小相等，方向相反，相互逆从的争劲。体现最为明显的是通过球心上通百会，下过会阴而达地面的中轴线，又称为虚中的，上有天心之提领，下有地心之吸引，相争对拔，同时存在。浑圆劲由球心而发，通过直径达于整个球面，在全体球面上，挨何处，何处就有由球心直发之浑元劲应对。

这种浑元劲的特点也就是大圆球的特点：一，中正均衡，从球心到球面均衡若一，不偏不倚，球面上任何一点不存在差别，因之能八面支撑，八面转换。占住中定，往开里打，是圆球自然天成的功能。二，劲无定向，劲由球心而发，指向球面任何一点，挨到何处何处就有。没有形式表露，所谓“手无定向身无形。手无定向非乱动，身无形式是不停，身手配合自然灵”。机在球心，玄机隐于球内，内动而人不能知。三，无惯性，在球面任何一点发生了应对，都直达球心，根据劲形逆从，相反相成的原则，直径的另一端必有一反向之力同时存在，发挥争力的作用。用过之后争力消隐，两端一有同有，一消同消，不增不减，不多不少，故不存在向一方偏胜的惯性。

阴阳相济，相生相克，相反相成，拳法更臻于精妙。太极拳有阴阳逆从之法，也就是内劲与外形的匹配法，又说为势去意来。以左野马分鬃式为例，出左手外旋向左上，同时右手内旋向右下，两手同时到位，形已去；意在形先，内劲由中而发，一部通过左肩、左臂到左手；一部经右肩、右臂到右手，双手内劲同时到位，意已来。形与劲都有左有右，有上有下，气运身行。所谓有周身统一之整，即周身一家，运用如一，也就是太极球的浑元劲。当左手有应对之事，右手内劲腾挪，与左手相应若一，形成一饱满的浑元劲，双手劲形反蓄，势去意来。再以右玉女穿梭式为例，双手双脚同一而动，同时到位。右脚在后前蹬，左脚前出落地一踩，这后脚的前蹬与前脚的后踩，阴阳逆从，劲形反蓄，形成合力，上应双手。在出脚之同时，左手内旋，上举齐眉，右手平胸前出。内劲由中而发，在双脚之间，双手之间，手与脚之间，都形成了阴阳逆从，劲形反蓄之势。以浑元球而论，双手双脚同时到达球面，气势充满圆球，此即发于中，形于外，达于四围的浑圆劲。为不失周身之均衡，如当手势前出，于相对之背面则出内劲平衡之，谓之劲形反蓄，形去劲回。

拳谱云：“拳术之为用，气与势而已”，气者，内气，元气，内劲。而气以意论，意即气，气即意。势者，形势，身势，外形以势论。外形可见，内劲不可见，故将内劲、外形主从合一之拳势，总以势而言之，以描述自身内气、外形的阴阳变化。统一而成之拳势，其精义不外阴阳虚实，刚柔松紧，动静开合。拳谱《阴阳体用歌诀》曰：“拳道承接本一理，虚实阴阳论形气；形有形之阴阳体，气有气兮阴阳用；气形体用分阴阳，阴阳开合是真趣；心意如梭六合影，乾坤定位明尊卑”。诀中所论者形气，不离一阴一阳，气与势，内气与外形都有阴阳之分，有乾坤尊卑之定位。内气为阳，为乾天，为君主统领之位，刚健而运动不息，而内气无形为虚。外形为阴，为坤地，具镇静厚载顺随之德，阴柔顺从于天，而有形有象为实。意气君来骨肉臣，内气外形有此君臣主从尊卑的定位，拳法之以内用外，以气运身，内气为主，外形为用，拳道承接本一理，尽在一阴一阳之中。

然而内气与外形又各有各的阴阳体用。内气属于神意主宰，其本体是虚静无为的，其用则有刚健之动，无此动何以能运身。身形表露于外，其本体是沉静的，而其用也动，接受内气的驱使，完成各种任务，有此动才有拳法之种种表现。所以诀中说气形体用分阴阳，阴静阳动，以静用动，是说以内气本体之静为主宰，驱使形体之动而为拳，这本然就是阴阳逆从。

阴阳是宇宙万物各种对立矛盾的总称，本身就是相反相逆的各走极端，但又不可分离。有上必有下，有前必有后，有是必有非，孤阴不生，独阳不长，相反相成，形成一种对立统一的逆从关系，有此逆从的关系才能相济协调，统一于一气势场之中。一阴一阳之拳法，每一招式都不离阴阳逆从的关系，分是阴阳分，合是阴阳合，分是双方逆行而渐远，合是双方逆行而渐近，由此而演绎出千变万化的拳法。所谓劲形逆从，顺力逆行，形去劲回，势去意来其主旨就在于一阴一阳之理，促进事物在对立中统一，从而有太极球浑元之整。

三七、无名之朴

道常无为而无不为。侯王若能守之，万物将自化。化而欲作，吾将镇之以无名之朴。无名之朴夫亦将不欲。不欲以静，天下将自定。

道本身是虚静无为的，虚无即是道，永远自然而然。道常无为是讲道的本体，好像惯常是无所作为的。然而道无所不为，处处起作用，事事不离道。宇宙间万事万物都是道的作用，自然而为，无所不为。

虚静、恬淡、寂寞、无为是道的本具，心神虚极静笃便空明，空明就合乎真实自然的道。心神虚空象征着寂静，由寂静再产生行为，是静极自然而生动，如此之行为就无不合宜。心神的空明寂静就是无为，纯任自然而然即无所不为，无所不为就无所不宜，就与万化同流，庄子称之为天乐。

化而欲作，吾将镇之以无名之朴。在万物自然归化的过程中，如果有欲望发生，将扰乱自然归化的秩序，用无名之朴来镇服，尘俗欲望无兴起发生之机，以保持原始虚无纯朴的状态。何为无名之朴？是道的另一种称呼，道叫作无名，又叫作朴，连起来是无名之朴。纯洁朴质，无杂无染，明净透空。面对如此纯洁明净之朴，一切尘欲物染都将化为乌有。

化而欲作。在修炼未达神明之际，心神易为尘俗所染，欲念随时应感而生，念起是病，要用无名之朴来医治。南怀瑾先生说，要晓得用的道理，锋利的刀剑，用过之后要再磨，以保持原本的锋利。所谓善刀而藏之，吹毛用了急须磨，因为用过之后，现象发生了变化，通过修磨，使之保持原有之锋利。这就是镇之以无名之朴的道理，也就是保持心神的虚静空明，返观内照，宝镜光明，宝剑高悬，欲念妄想无法兴作。

不欲以静，前面有言，不见可欲，则心不乱，清心寡欲，无欲念滋扰，则能保持清静。庄子曰:“非曰静也善，故静也；万物无足以铙心者，故静也。水静则明烛须眉，平中准，大匠取法焉。水静欲明，而况精神，圣人之心静乎，天地之鉴也，万物之镜也”。不是因为说清静好，才修清静，而是因为世上没有一样东西比清静更近于道,道自然而平静。水平静下来,如一面明镜，可以明澈映照一切；其平静的水面可以作为取法的标准，叫作水平仪，能对万物进行测量。水清静便明澈，何况是心神，心神的虚静空明，不但能鉴照天地的精微，还能明察万物的奥妙。所以修炼以致虚极，守静笃为第一要旨。

太极拳内功之修炼，虚静无为而修，到神明阶段能无所不为。通过致虚守静之修，追求无的境界，真能虚静了，一切都放下了，一身内外什么都没有，形体被虚化。虚化对于有形有质的身体来说，是气化，起作用的是由虚无而来的元气。气者体之充也，元气充塞于天地之间，人在天地之间，一身为元气所充盈理所当然。元气健运不息，遍体流行，表里精粗无所不到，充塞于身体中每一个细胞，以至于肌肉若一，周身若一，全体为元气所化，周身成为一活泼透明的大气球。

气本虚空，有质无形，自然在虚空之处集聚。身形若不虚空，滞障阻塞，元气如何来舍。太极拳松散通空的修炼，身形修到内清虚而外脱换，全体通透空净，毫无滞障阻塞，成为一虚空的广厦，成了元气流行的大通道，元气自然来舍。问题是松散通空的功夫练到了没有。

身形松散通空的功夫，不只在身形上，更重要的是在心神上，所谓木源上的功夫，头脑中的学问。身形是依从效法于心神的，求身形的松，首先要心神松，揪着心，憋着意，身形也被揪着、憋着，所以修炼松散通空首先要在心神上修，丹经指明这是全凭心意用功夫，首先要炼心。先求心神之虚静空明，炼得要像万里晴空，片云不生，明净透亮；要像古潭止水，波纹不兴，清澈平静。心神如晴空止水，还要灵明清醒，所谓惺惺不昧，在灵明清醒中忘掉一切，以至于连“忘掉”都要忘掉，达到一念不生。丹经比喻为明镜，庄子曰："天地之鉴也，万物之镜也"。这清静的心，光明透亮，是无比的清纯明净，物来则应，物去不留，不存半丝残迹，于心中无念可生。能有如此虚静空明的心神，指导身形之清虚脱换，也就能有如此虚静空明的身形，这正是太极拳的追求。

由元气气化而成的大气球，是虚静空明的太极球，也就是无名之朴，能无所不为。拳谱《得真法诀》云："养灵根而动心者，武艺也；固灵根而静心者，修道也"。心之至灵者为元神，经炼气化神，炼神还虚之修，识神回归为元神，若不得元气之固养，不能归还至虚至灵之性。在此诀中，灵根就是指的元气。根据丹经炼精化气，炼气化神的关系，有"精养灵根，气养神"之说可证，说明元气即天地万物生养之根。有元气这个灵根，则能炼神养神，属于返归逆运，谓之修道。依无极生太极之理顺行，则为元神化元气，先天一气由虚无中来，即是由元神生化而来。神返身中气自回，神气两不相离，氤氲于丹田气穴，神抱气，气抱神，混成一片，谓之养灵根，蓄养元气。元气充盈，化神则有根，能养元神的空灵妙明，具神通虚化之功能，能应对无穷之变。遇有不测，即感即应，神令心动气行。大气球随心动而运转，心动球动，心变球变，极尽拳道之应对功能，如此动心者，称之为武艺。

神抱气，气抱神，凝敛于丹田气穴之中，蓄养元气，固守元神，是谓深根固抵。心神虚静而空明，在大气球中固养，守此无名之朴，所谓固灵根而静心者，修道也。这一养一固，一动一静，返还无极之体。至于太极拳则有作用之不同，动心者，无为而无不为，以至于无所不为，乃拳学中的应对之用。静心者，无为而无以为，求其虚静空明，以至粉碎虚空，乃修道归根的功夫。运用之妙，存乎一心，全凭心意用功夫，在头脑中做学问。

三八、上德无为

上德不德，是以有德。下德不失德，是以无德。上德无为而无以为。下德为之而有以为。上仁为之而无以为。上义为之而有以为。上礼为之而莫之应，则攘臂而扔之。故失道而后德，失德而后仁，失仁而后义，失义而后礼。失礼者，忠信之薄而乱之首。前识者，道之华而愚之始。是以，大丈夫处其厚，不居其薄，处其实，不居其华。故去彼取此。

《老子》这本书又称为《道德经》，从本章开始称为德经，本章之前，称为道经。道为体，德为用，讲道的作用。何为德，行道而有得于心谓之德，德者得也，从道有所得。

上德，是最高尚的德，以无为为宗，其德行不可见，不在于形式上的表现，唯求合于道。上德不德，是以有德，是说上德不表现为形式上的德，因此就是有德。上德无为而无以为，起作用的时候，自然而为，阴功积德，无声无息地做了应该做的事，默默地行善，不留行迹，无所表现。下德就差了品位，故意表现自己的善行，为一善而欲尽人皆知。下德为之而有以为，自矜，自伐，自骄，自是，偏离了大道之无为，是以无德。

德是道的作用表现，行道有得于心谓之德，《易传》曰："一阴一阳之谓道，继之者，善也"。道与物接而生善，有一念之生即是善念，有一事之行即是善行，体现了大道本具的真善美，与天地万物融通为一，无不善良美好，这就是上德。德包含了一切众善，仁义礼智信，友爱，和平皆是，众善奉行即是大德，人积德而能润身。太极拳有气沉丹田德润身之要诀，依道的规律原则而修，能止于至善之境，是为上德，上德无为而无以为。舍己、谦下、慈爱、平和、宽容是太极拳追求的境界，能得之于身就是德润身。

上德下德的区分，在于行善动机的纯正，不在于形式表现，真行善，其心一定真诚,其行一定光明。太极拳所修者无形无象,全体透空,在内不在外，在意不在形，远离了形式表现。庄子曰："外重而内拙"。凡着重于形式上的追求，外表的浮华夸张，将影响内心的朴质，偏离了无名之朴。汪永泉大师说："有些人忽略了内功，只追求外形，把太极拳练走了样"，走了样就是偏离了虚静无为的宗旨。拳谱又说:"若在外形求下去，枉费功夫莫猜疑"。"若在招中求下去。难得术中化为空"。修德行善不在于形式表现，修炼太极拳也不在于形式表现，上面所引之诀要，指明了太极拳修业敬德的方向不在外，而在内。

要注意到拳谱对"只追求外形"，"若在外形求下去"，这种练法的否定。太极拳之修，有着熟，懂劲，神明的不同阶段，不同的阶段有不同的修炼方法，着重点也有不同。在初级阶段，以熟练拳法为重点，有形式上的追求，外形姿势要标准，合理，也要讲求美观大方，这是为了打好基础，不是为了图表现。普天下自然合理合道的事物最美，清水出芙蓉，天然去雕饰，是自然之美。着意去追求的，着相刻板，做作生硬，失自然之天真，失真必然不美。当有了扎实的基本功，要懂得知止，要向高级阶段过渡，不醉心于形式的表现。因为只停留在外形招式的追求，是枉费功夫，阻碍了向更高境界的攀登。王芗斋先生更指明："拳套与方法所谓人造之拳架子也，为一般表演而用。果欲研拳者，则又何暇而习此。非但毫无用处，且于神经肢体与脑力诸多妨碍，戕害身体一切良能"。下德不失德，是说只追求形式上的得，是以无德。有的人只追求招式套路，把这些视为拳学之精义，将自己陷身在套路的表演之中，图个优美之名，结果于拳道一无所得。

太极拳学是一门深含哲理的传统文化，是精神气质之修，在内而不在外。以修炼精神内气为主，外形招式起宾辅的作用，切不可喧宾夺主。若将精力投放在形式上，则影响了真正必要的内修，影响了专心一志对拳理的体悟。

王芗斋先生还说："凡有方法便是局部，便是片面，非整体之学也"，"其神经已受其范围所限，且精神更不能统一"。外形的练习是局部的，片面的，中华武学讲求的是神形合一。而神是主宰统领者，形是被神指挥驱使者，神为本，形为末，本末不能倒置，只追求外形是舍本逐末，所以是无得无德。以心神统帅形体，改变形体的气质，达到内清虚外脱换。内清虚者，一团元气遍体流行，充盈周身而气化周身；外脱换者，外形柔弱无骨，肌肉若一。心神能如意指使形体，形体则顺应随从，心神与形体应合自然，一动无有不动，一静无有不静，达到内外如一，神形合一，是为有得之德，也就是上德不德，是以有德。

懂劲阶段是从为之有以为，向无为无以为过渡的阶段。《太极拳谱》之《懂劲先后论》有所论述："固视听有由，即得其确也。知盼瞻盼顾之视，觉起落缓急之听，闪还瞭了之运，转换进退之动，则谓真懂劲"，这一段所说之视听运动，还属于有为有以为，在各类视听运动中求确切的知觉。知觉源于感觉，所谓觉盛则为知，是不同类感觉相互联系综合的结果，不同类的感觉包括有视、听、味、嗅、触觉等，是身体五官肌肤感触的反应，是人生本具功能的显现。太极拳在懂劲之先有听劲，听劲非只用耳听，而是包括了眼、耳、鼻、舌、身、意多种感觉的综合。在初级阶段听劲较多依赖于触觉，于肌肤接触间感觉对方的劲力，这时的听劲比较单调而肤浅。功力精进，经验丰富之后，听劲就能综合运用视听等多种感觉，且综合联系这些感觉而为知觉，再将所得的素材提供思维，分析得出结论则为懂劲。是头脑中的智慧的运用，功夫愈高深，经验愈丰富，则心神的感知能力愈神明。这一切都在有为，为了发展懂劲而有以为，不运不觉，不动不知。有劳于运动知觉的作为，是懂劲能力的发展阶段。

到懂劲的高级阶段，《太极懂劲解》说："视听之际，遇有变化，自得曲成之妙，形诸神明，不劳运动知觉也。功至此，可谓收往咸宜，无须有心之运用乎"。自得曲成之妙，是言能自然因敌变化而变化，不必要有形为表现的运动知觉，无须有心之运作。经过功夫的精进，被迷失的先天固有之良已逐渐复归，遇有偶发之变，先天之良知良能自然而然的进行应对，不期然而然，莫知其为而为，所谓不劳运动知觉也，无须有心之运用。功至此已接及神明，先天之元神用事，虚静空明，无为而无以为。人生固有之真觉灵觉，真知灵知于恍惚杳冥之中，灵性独存，有朕即觉，时至神知，自然触发固有之潜能，以应变无穷，无为而无不为之上德是也。

三九、得一为本

昔之得一者：天得一以清，地得一以宁，神得一以灵，谷得一以盈，万物得一以生，侯王得一以为天下贞。其致之。天无以清，将恐裂；地无以宁，将恐发；神无以灵，将恐歇；谷无以盈，将恐竭；万物无以生，将恐灭；侯王无以贵高，将恐蹶。故贵以贱为本，高以下为基。是以侯王自谓孤，寡，不榖。此非以贱为本耶？非乎？故致数舆无舆。不欲琭琭如玉，珞珞如石。

本章谈得一，宇宙间天地万物凡能得一者，即欣欣向荣，生生不已。经书有言："得一而万事毕"，还说："休言得一万事毕，得一持一保勿失"。那么一是什么？且看黄元吉先生的解说："一者何？鸿蒙未判之元气，混沌未开之无极，生成万物之太极。要之，元气无形，谓之无极；万物皆从无极而有形。实为天下之根，谓之太极。即此是道，圣人无可名而名之，故曰一"。这里说清楚了，一是元气、一是太极，是天下之根。所以说："大道无他，一而已矣"。由此可知，天为何得一以清，地为何得一以宁，因其得道之本原，得一即得道，得一即有德，故得之者欣欣向荣。

若进一步究问，一在哪里？南怀瑾先生说得最贴切："一在零那里，那个空就是一，零又是空的，清静无为，那才是一"。清静无为，虚空纯净的，那就是道，是不二法门。陈致虚先生说："一者名为不二门，得门入去便安身"。众妙之门、天门就是这不二之门，门里是零，先天之清空一气，浑融虚化为空，空无所空，唯虚唯无。进入了这个门，便寻得了本来面目；出了这个门，是大千世界。以前说过，道是中，张三丰先生曰："大道从中字入门"。门里的零，大中至正，无偏无倚，不增不减，混沌如一，其妙要即是一。有中就有一，有一就有中，一片太虚即是中，或然一朕即是一。修道之妙要就在于守中抱一，以其一而守其中，守本体之中，洞然而虚空，专精一志守此虚空；以其中而抱乎一，抱本体之一，虚空而藏之，一贯寂静无为。一就在此虚空的零环中，环内中正渊默，抱定这个一，为得其环中。

天得一以清：按《内功经·纳卦经》所论，乾为天，在人身则为头脑。头脑乃神明之宅，心神为其主人，为全身之总领，有君主之位。乾天象征着心神意气，能行君主之令，所谓神为主帅，心为令。心神之得一即神清心静，神虚心灵，得到一空洞洞的零。心空洞则一念不生，回归于虚静的本原，是真心道心。神清静虚空灵明，回复其本来面目，即先天本然之元神。神得一以灵，灵明就神妙，寂然不动，感而遂通，通则无所不应，无所不能，能应变无穷。

地得一以宁：按《内功经·纳卦经》所论，坤为地，在人身则为形体。坤有柔顺随从之德，宽容厚载，服从于天，一应听从心君的驱使。身形得一则全体透空，无内无外而为零，几近于一虚空透明之体。形虚则气运，自虚无而生之元气，本性虚空，进入虚空透明之体，空与空接，空无所空。元气在体内遍体不停地流行，无处不到，无处不在，更促进形体的虚化为空。谷得一以盈，形体到得如山谷之空灵，如有神在，先天一气充盈山谷，一如充满人身腔子里，任由心神调运。身形愈虚空，内气愈充盈；心神愈宁静，内气愈灵动，如空谷的身形，修成为一无所不容的太极球，天地万物尽载其中。

万物得一以生：宇宙间万物万类，都依赖先天元气的滋养，供给以生命生长的能源，万物才能生生不已，世代流传。人身为一小宇宙，小天地，同理依赖先天元气供给生命能源。元气在人体中的升降出入，将天地间的精华营养输入体内，同时将体内的故旧运出体外，元气的流通，进行着身体内外的交流，吐故以纳新，去粗而取精，维持着人体生命的活动。通过修炼，善加护理，直养而无害，让元气舒缓顺畅的流行不已。生命的功能有元气而常运不息，得益寿延年，长生久视之益。

元气是一切生命的根基，生命可贵，亦知元气之可贵，无元气之滋养，则无生命。由虚无而来的元气，充填于宇宙天地之间，无处不到，无所不在，极为平常而易得。因其平易而被视为低贱，正是这平易之低贱，为最可珍贵的生命的根本，所谓贵以贱为本。人之生命神奇而高贵，一草一木的生命被视为平易低贱，草木也是生命，草木的开花结果，供高级生命以营养；高级生命的吐故，草木纳为营养。人与草木之间，腐朽能化为神奇，神奇亦能化为腐朽。故贵以贱为本，高以下为基，贵贱之势原就是相互转换不已。

千尺之台，起于垒土：万丈高楼平地起，没有基础之低，无以显塔楼之高，高以下为基，是极其自然之常理。不能以其位高而贱视低下，宝塔的尖顶，依靠底层土石的支撑。太极拳至神明化镜，是由数十年平易简单的基本功修炼而成，无坚实的基础功夫，也就达不到神明的化境，这也是常理。

不要轻视简单平易的基础功夫，简单平易之中能显现神奇。有的为了猎奇而轻视平易，学拳学了许多套，着意于外形的美妙多姿，结果难有所得。本章提出致数舆无舆的告诫，拥有了很多辆车子，到要用时却一辆也开不出来。倒不如只有一辆车子的，平常勤加养护，随时要用随时能开动。听说以前有位拳师，习有好多套拳术，教授学徒一套又一套，颇有名气。有次遇到了坏人，竟一时不知自己是拳师，被打得头青鼻肿。这大概是个笑话，千万别成为这样子的名师。

四十、道之动用

反者道之动，弱者道之用。天下万物生于有，有生于无。

本章只有四句，是修道的根本原则。太极拳遵此原则而创成，必依此修炼才能有得。

反者道之动：道虚静、恬淡、寂寞、无为，虚静无为是道的本体，有曰，上虚下静，道得其正。道寂然不动，动之反为静，动之极也静，“极而反，盛而衰，天之道也”。一阴一阳之为道，阴静阳动，阴阳对立又相互转化，静极而动，动极而静，物极必反，相反相成，自然之理就是如此。太虚静极，偶然有朕，徐徐生动，是静极而生之动。既动之后，由徐渐急，愈快愈远，动速如光，大曰逝，逝曰远，远曰反，最终有一极点，动极而静，归根曰静，如此走了一圈。静为躁君，躁即是动，静是动的主宰。万物之主宰是道，道生万物，有万物生生之动。万物各自走了一圈，最终必回归于道，复归于道的虚静，静候再生的机缘，如此反复循环，就是道之动。

反者返也，返回到原来的根本，曰归根，这是道的动，也是道的静。道本体是无动无静的，不增不减，不生不灭，本然虚静。而道生万物，是其作用，有万物生命生长的动。万物从一出生，或在成形的那一瞬间，就开始了回归的路程，匆匆如过客，这个返，就是一去一来一回归，路程或长或短，或快或慢，最终一定是回到原来的起点。从零开始，又回归到零，这是静。中间的过程千差万别，那是动，是寄托之动，生者寄也。益寿延年，长生久视，是选择一条漫长的归路，在路上慢慢地走，舒缓地走，匀净地走，如此返还也是静。

反又指反向而动，相逆，相背而行。宇宙大爆炸的原点，以球形向外喷发，形成亿万星系、星团，各自背向原点飞离，成为现在的这个宇宙，还在继续的扩散，称为宇宙的膨胀。这种反者道之动的模式，是球形的扩张散发，发于原点，相逆而行，达于四围。太极拳的混元劲就是效法这种模式，以人身之中心，中土为原点，球形向四面八方发射，在球的表皮上处处都有劲力到达，任何一点相对于球心都有大小相等，方向相反的劲力与之对称，称之为阴阳逆从。其效果是挨何处何处有，所谓周身无处不弹簧，也就是太极拳论所说的，有前即有后，有左即有右，有上即有下，相对立而存在，又称之为顺力逆行，劲形反蓄。

《太极拳谱》云："身虽动，心贵静"，要在身形的运动中求静，有"动中求静是万能"之诀要。在形体的运动中，心神不受行动的影响，忘掉眼前的运动，真正的静定下来，进入虚静无为之乡，去凡心而返道心。在虚极静笃中，道心神明洞达，真觉灵知复还，发为先天之良能，可自然而然应对无穷之变，所以说是万能。无心之心为真心，无法之法为真法，一法不立，万法能容，是为万能。

太极拳之守中抱一，其精髓就是虚静，经书释"中"为喜怒哀乐之未发；拳经释"中"为屈伸开合之未现。前者的无偏倚是心神未动，后者的无偏倚是形体未动，由此可知"中"即是静，守"中"即是守静。拳谱说大动不如小动，小动不如不动，不动之动是生生不已之动。不动之动为动之反，生生不已是道的作用，道虚静无动，在大中至正之中，隐有动机，静极而动生。守"中"即守道体之虚静，用"中"是用道体于虚静之极所生之动，上段所述之真觉灵知之复还，而有万能之应变即是。

循环往复的返，是太极拳运行的基本模式。元气在体内之流行是循环往复的，尾闾中正神贯顶，元气缘督脉而上；虚领顶劲气下沉，元气循任脉而下，周天运行，河车旋转，带动元气在全身所有经脉中循环周流，由此而气化周身。元气也就是内气，其升降开合，周而复始，炼精而化气，炼神而还虚，极尽返还之功用，为修道。用于应对虽千变万化，仍不离元气之往复循环，拳谱有“见入则开，遇出则合，看来则降，就去则升”之论。当有人前来犯我之际，内气于以应对，人来我开门迎之，蓄势内气下沉入气海；人去我合气以送之，气起于足跟，直达手指，合即出也，完成了一升降开合的循环，为武用。

弱者道之用：老子崇尚柔弱，在书中反复地说：人之生也柔弱，柔弱者生之徒，柔弱处上，柔弱胜刚强，骨弱筋柔而握固等等。初生之婴儿最为柔弱，具本然之天真，生命力最旺盛，要求复归于婴儿之状态，是要求复归于道的纯朴自然。又说上善若水，天下莫柔弱于水，利万物而不争。如此之致柔，守雌，处弱，是深远的德，叫作玄德。德是道的作用，是道的体现，守雌则常德不离，守弱则常德乃足。婴儿赤子之德，深厚，纯朴，没有什么能对赤子进行侵害。可知，德以柔弱为用，德包括了天下一切的善。说上善若水，像水一样的柔弱；说复归于婴儿，要像婴儿一样天真纯朴，天机自动，天籁自鸣。

太极拳以柔弱为用，效法坤地之柔弱顺从，以顺随为基本法则。练拳要求先练顺，练松柔，要求练到能柔腰百折，圆润如珠，骨柔筋弱，能达到以柔克刚，以弱胜强的柔弱之用。应对时人以刚来，我以柔往，人刚我柔谓之走，以柔弱的顺随，走化掉攻来的刚劲，不丢不顶，不即不离。太极拳有粘黏连随之要诀，其核心就是柔化，不柔软则不能粘黏，硬碰硬顶必然脱离；不顺从则不能连随，相逆顶抗必生冲突，皆非舍己从人之道，有悖善下不争之宗旨。太极拳之往复回环，曲折旋转，运劲如抽丝，修炼成特殊柔韧的太极劲，百炼钢成绕指柔，浑身柔软如绵，如弹簧。

有生于无：天下万物生于有，自有了阴阳二气，冲气以为和而成三，三生万物，万物不离阴阳。而阴阳由太极而生，太极本于无极，归根是由有还无。天下万物都从虚无而来，《悟真篇》说得明白：“道自虚无生一气，便从一气产阴阳，阴阳再合成三体，三体重生万物昌”。先天一气从虚无中来，是万物生长的原质，太极拳修炼的对象，就是这一元气。道之委则气化形，形生万物；道之用则气化神，神明而通万物，此穷通之理，为造化之源。

根据有生于无的原理，太极拳通达神明之路，有赖于无中生有，以之而借假修真，炼假成真。虚领顶劲，是太极拳非常重要的法诀，练成悬吊之劲，使全身不接地根，在空中屈伸，将人生之根由脚下转移到头顶之上。其练法就是借假修真，假借头项如有绳索吊系，将全身悬吊起来，要修炼到好像真有绳索悬在头顶，全身悬挂在空中，双脚真像离开了地面，全身依赖头顶之悬索，吊在空中悠荡。又如空中游泳术，将空气想象为水，人在空气中假设是泡在水中，设想空气的密度同水一样大。练一套太极拳就像在水中游泳，一举手一投足都受到水的阻力，在飘浮中体认其奥妙，如此而通微显化，提高知觉的敏感度，以复还固有的真觉灵知。太极修炼用借假修真之法，无中生有，虚中求实，以此二例，举一反三。借假完全是心意的作用，全凭心意用功夫，通过假想提高感知的能力，微风吹拂，可想象成狂风怒卷，我身如风筝，被吹得漫天飘舞。要敢想，会想，只要能想得到，就有可能做得到。

四一、大器晚成

上士闻道，勤而行之；中士闻道，若存若亡；下士闻道，大笑之。不笑不足以为道！故建言有之："明道若昧，进道若退，夷道若颣，上德若谷，大白若辱，广德若不足，建德若偷，质真若渝，大方无隅，大器晚成，大音希声，大象无形"。道隐无名，夫唯道，善贷且成。

道充满宇宙，包罗天地，纵贯古今，生育万物，无处不在，无所不往。高尚的人闻道，勤勉不倦地照着实行；一般的人闻道，将信将疑；庸俗的人闻道，大加嘲笑，不为下士嘲笑那就算不上道。正如太极拳不用力而有力之论，明白其道理的，勤而行之，终生追求；普通的人将信将疑，不用力能行吗？狂妄者讥笑为故弄玄虚，说太极拳无用。真是仁者见仁，智者见智，所谓"小知不识大道"。

上士闻道，勤而行之，古时的列子，当为楷模。列子从师闻道，勤行三年，心不敢念是非，口不敢言利害，是那样的谨慎小心；五年之后，心又想到是非，口又说到是非，有些放开了；七年后放纵心思，无所谓是非，放纵口舌，无所谓利害；九年之后，完全放开，心怎么想就怎么想，口怎么说就怎么说，不知是己还是人的是非利害，里里外外，一片空虚。列子勤修到此阶段，心神凝结，形体消释，骨肉融化。感觉不到形体依靠了什么，两足踏着了什么，心中想念了什么，到了不知是风乘着我，我乘着风的境界。列子勤行了九年，得到了成功，达到与自然融合为一的通明之境，可谓大器晚成。其著述被道家尊为《冲虚真经》，是继老子之后，道家学说的倡始者之一。

列子勤练了九年，达到御风的境界，凡高深的学问，尖端的技术，一定要经过艰苦的努力，勤奋的钻研，才能有所得。前贤有言："易就者不美观，急成者非大器"，精雕细琢才能出绝世珍品。太极拳有"十年太极不出门"之说，因其拳理深奥，拳艺绝妙，拳道通于大道，欲在修炼者身心上得到印证，不经过勤苦用功，步步深入，逐级攀登，细心体悟，绝难有得。非轻浮冒进而能速成者，经书指明："弗期近效，不计浅功，久于其道，自可大成"。这是说要想有所成就，必经艰苦卓绝的努力，所谓急成者非大器，大器晚成。

大象无形：最大的形象是没有形象，最大者莫过于虚空，虚空包罗了所有的宇宙，在这个宇宙大爆炸之前，谁也不知道那是个什么形象。但虚空里有个"妙有"，就叫它为"混沌一气"，看不见又摸不着。混沌一气就是道，唯道集虚，虚空什么都不是，但它是最大的、不可捉摸的形象。太极拳效法道，无形无象，全体透空，所追求的就是虚空无为的境界。虚空一切通透，无边无沿，穷无止境，或称之为大通。大通者，一切无碍，空空洞洞，光明通透，任一气自然流行。

《太极拳谱·授秘歌》的秘授，就是大象无形。说无形无象，全体透空，是要炼得什么都没有了，唯一虚空大通。人身是一小宇宙，全体透空，即全身虚空，那个妙有，先天一气进入体内，能遍体畅通流行，因其虚空通透而没有任何滞障阻碍，流行如光电般灵敏快捷。意到气即到，心意一生气已到达，甚至意未到气已到，这是先天妙有之良能，真心真意已于虚空中自然而在。虚空中有真心真意，有彻内彻外的大通透，一气流行无所不至，无所不在，无所不化。气化神，神化虚，全体身心因气化而更虚空，更虚空则元气流行更通透，神明化境就在其中。

大方无隅：最方正，反而没有棱角。虚空没有棱角，任何一面都是虚空，虚空中唯一气之混沌，大中至正。虚空即无极，没有极，常以一空心圆环示之〇，说为圆环也很勉强，但圆是没有棱角的。拳谱《太极正功解》说："太极者圆也。无论内外，上下，左右，不离此圆也。太极者方也。不论内外，上下，左右，不离此方也"。太极者无极而生，初有朕兆，亦方亦圆，可方可圆，方是大中至正的方，圆是处处如一的圆。太极又称之为一，于任何时，任何处都能随方就圆，因应曲成。

太极拳之修，就是要化掉一切棱角，周身畅通如玉盘滚珠。太极拳以十三势为名，具四正四隅之势，以明轻灵方圆四正之功，使之归于大中至正。修炼未至神明化境之前，常失中而出隅，轻重浮沉不得其要，不得已以隅手扶之。掤捋挤按为四正手，若失中正安舒之体，偏倚无着，必失方圆。采挒肘靠为四隅手，当失中出隅之时，补缺而用之，以奇补正，收奇正相生之效。当太极拳阶及神明化境，方圆四正之手，表里精粗无不到，则无失中出方圆之虞。拳谱云："方而圆，圆而方，超乎象外，得其寰中之上手也"。太极拳炼成虚空之大气球，人在球中，无不大中至正，一出手亦方亦圆，即方即圆，运用已无四正四隅之别，所谓掤捋挤按皆非是，而又皆是。以大气球应对一切，超乎象外，守我之虚静空灵即是。

大音希声：最大的声音是听不到的，声音是由于发声体的振动，是一种机械波。人能听到的声波在每秒钟振动二十次到两万次之间，高于此称超声波，低于此称次声波，都是人听不到的，只有用相应的仪器才能测量到。声音的大小还与振动的幅度有关，振幅过小过大，也是听不到的。往复的振动在自然界中有各种形式，能产生不同的能量，如水波，电磁波等等。太极拳有些劲路，是利用往复的振动而得，如惊弹劲，抖擞劲，螺旋劲等，被称为太极六合劲。惊弹劲是骤然爆发的震动，在紧急间突然而出，冷急脆快，如寒气浸骨打战惊，毫无预兆，应急而发，发过即无。抖擞劲是全身整体的振动，由根至梢，逐次传递，通过往复波浪振动，如长鞭之抖动，劲力直达尖梢，有拳打一挂鞭之说。螺旋劲则是往复旋转而成，如旋风，如卷浪，如果一手旋转通过肩背传递至另一手，从形式上则形成双手一顺一逆之旋转，双手阴阳逆从，收放一体，陷敌于乱环之中。这种往复的振动，其频率小于声波，所以听不到。长鞭甩出去是有响声的。

道隐无名：道幽隐而不可见，道只能在用上见，道之用为德，能见德，即见道。本章指出："上德若谷，广德若不足，建德若偷"。崇高的德行，好似卑下的山谷，空洞一无所有，所谓虚怀若谷，从不自我彰显。有广大的德行者，多行善事，却好像什么都没有做，广德若不足，行善不欲人知，默默地奉献，偷偷地进行。行善积德不为钓名沽誉，是积阴功，修善业。太极拳所修的正是这种德，默默的自修，多找自己的不足，明道若昧，进道若退。为道日损，损之又损，将内心的世俗欲念都清理干净，将形体上的滞阻障碍都清理干净，上德若谷，内心外形都如同空谷般的虚灵。虚心向学，不耻下问，谦卑求教而得到收益，认识到学无止境，艺无止境，不能有丝毫自满自得之心。夫唯道，善贷且成，道乐于帮助慎始善终的至诚者，使之得到成功。

四二、负阴抱阳

道生一，一生二，二生三，三生万物。万物负阴而抱阳，冲气以为和。人之所恶唯孤，寡，不穀。而王公以为称。故，物或损而益之；或益之而损。人之所教，我亦教之：“强梁者不得其死”。吾将以为教父。

道为无极，一为太极，二是阴阳。道之为物，唯恍唯惚，恍惚即虚无，虚无就是道，道生一，即虚无生一气。先天一气氤氲则太极成，恍兮惚兮其中有物，这个物就是一气，元气，也就是一。一生二，是一分为阴阳二气，太极一动阴阳生。窈兮冥兮，其中有精，其精甚真，其中有信。这个真实而具体的精，经书说，阴阳二气凝结一团，如露如珠，即为精。阴阳二气经冲和之气调和而生三，三是精气，是构成万物的基本原质。经书中有“恍惚窈冥，凝结一区，静则为气，动则为精”之说，太极未动元气浑沦，太极一动分阴分阳，阴阳二气再合而生三，精气凝成，由此而有万物。

道为元神，一即元气，三是元精，精气神三宝，构成天下万物。其中关键是阴阳二气，经冲和之气的调和媒介而生三，由此生生不息而有万物。万物负阴而抱阳，万物依赖阴阳之调和而生，万物自身又各具阴阳，因有阴阳的对立统一而存在。任何一事一物，有正就有反，有内就有外；任何一动作，有快就有慢，有向就有背，一切现象都相对而出，这相对的两者就叫它为阴阳。所谓太极一动阴阳生，一动必然出现相对立的两种观象，或说是两种相对立的力量，二者相背相离，各走极端。之所以能生三，是有一股中间力量的调和，这个力量就是冲气，冲就是中和。冲气以为和，就是调和阴阳二气，让两个相反的力量，能相互融合，发生相反相成的作用。内丹功法中有黄婆为媒之功，牵引姹女郎君相匹配，新生命因之诞生，姹女郎君一阴一阳，新生命是三。有冲气的中和作用，阴阳才能相济相交，宇宙间大到星球运行，小到芝麻开花，都有中和力量的作用。

宇宙间万物都不离阴阳二气的作用，所以说一阴一阳即为道。太极拳也离不开阴阳二气的作用，所以说一阴一阳是为拳，拳打一阴又一阳。汪永泉先生说："练拳不外乎阴阳、虚实、开合而已。不外乎动静"。虚实，开合，动静，也就是一阴一阳。王宗岳先生指明，练太极拳须知阴阳，说："阴不离阳，阳不离阴，阴阳相济，方为懂劲"。经过冲气的中和协调，阴阳由相反对立，转变为相生相济，更变为阴不离阳、阳不离阴，这是中和的奇妙作用。天下万事万物，有阳就有阴，孤阴不生，独阳不长，正如拳谱所言："有上即有下，有前即有后，有左即有右"，离开了对立一方，自身也不存在，这是宇宙生成之理，这就是道。老子在第二章就说："有无相生，难易相成，长短相形，高下相倾，前后相随"。阴阳就是一物的两面，两面对立同在，不可分离，一分离则不成其为物。矛盾的对立统一，构成了宇宙，构成了万事万物，所以说万物负阴而抱阳，正如人有前胸必有后背，不然心肺何以安藏。

上下、前后、左右六合一统，就是这个宇宙，正向大虚空膨胀扩散。太极拳之大气球，也是虚空散的，无边无沿，动之则分，是阴阳分；静之则合，是阴阳合，一分一合又叫开合。李亦畬先生说："虚实即是开合"，还说："合便是收，开便是放，能懂开合，便知阴阳"。王宗岳先生所提"须知阴阳"，于虚实、动静、开合、收放中得知。而虚实、收放便是开合，所以说能知开合，拳术尽矣。开合能得其中，开中有合，合中有开，也必须依赖中和之气的协调，冲气以为和也。这里说的开合、收放、动分静合，是万物生生不已之动，冲气则是不停地运动着的阴阳之气，万物都内在地包含这种冲气。冲气的特点是不停地运动，健运不息，矛盾互逆的阴阳二气相互激荡，遵依道中和的法则，在运动中相济协调，寻找平衡交集点，求得相反相成之机，万物因冲气以为和而化生。

冲就是中和，冲气也就是中气，陈鑫先生在《中气辩》中说："中是中，气是气，中是不偏倚，无过不及之名，以理言。气是天以阴阳五行之气化生万物，有是形即有是气，是人所秉受于天本来之元气也。气不离乎理，理不离乎气，唯两得其中，合而言之曰中气"。这是说，气得中正之理，不离大中至正之道，即是中气。孟子所说，至大至刚之正气，中正纯阳之气即是。

太极拳一外形，一内气，外形属阴，内气为阳。而外形又有外形之阴阳，如前后、上下、左右；内气亦有内气之阴阳，如升降、清浊、刚柔。内气与外形阴阳之协调中和，所依者即不偏不倚，无过不及，大中至正之理。外形之立身中正，不偏不倚，无过不及，有赖内气之运动调节，扶持之使不离中正。而内气之流行，亦须刚柔得中，至当恰好。所以内气一定秉承中正之理，执行中和之道。

说外形之协调中和，所倚者大中至正之理，刚柔得中之气，中和而成为不偏不倚、通天贯地之虚中。虚中合天地之大中，占人身之中央，为形体之中轴。凡形体之动静开合，屈伸顾盼，都有赖此虚中主导，此虚中之本质就是中气。以此虚中为身形动静之准则，静则中定，为守中土；动则中土不离位，支撑八方。拳谱云："定之方中足有跟，先明四正进退身"，手之出入，足之进退，必须以虚中为中心，依据这个中心，随时调整姿势形态，以保证周身之中正稳定，不失方圆。拳谱又曰："所难中土不离位"，立身中正安舒、支撑八方是很难做到的，要坚持一贯，随时以虚中为准，调节身形，使不离中土之位。这个调节，即是中气的调节，中和的作用，冲气以为和。守不住中土则失中，身形将生散乱之大病，动静开合都无所依，必须认真对待这个虚中，守而不失。

中气之中和调节作用，纯任自然而然，屈极则伸，伸极必屈，皆天道自然循环流行之理。当行，自然而行，行之不得不行；当止，自然而止，止之不得不止。切忌妄意操弄，强行搬运，"强梁者不得其死"。太极拳之以意行气，以气运身，意是无意之真意，真觉真意之不期而然，良知良能之自然而动，其功效亦出乎意料，无心而得，因有刚柔得中之冲和气在。若欲强化其效果，以思虑之神，催动妄意妄为，非但不能达到目的，强驱身体，勉力操运，必将受到伤害，所谓益之而损也。唯物我两忘，神形俱空，守静致虚，一任自然而然，不作人为勉强干扰，将收无为之有益，所谓损而益之也。此即气不离理，理不离气，两得其中。

唯道集虚，是浩浩荡荡，浑浑沦沦，无量无边之真虚。有真虚则有真阴真阳，由虚无中来的清空一气所氤氲者，循环无端，动静无始，不可以方所拘者，是为真阴真阳。不得真虚，则不灵明；不得真阴真阳，则不能应变无穷。阴阳得其真，太极得其理，放之弥六合，卷之退藏于密，则能返归太虚，归于大中至正之道。

四三、至柔克坚

天下之至柔，驰骋天下之至坚。无有入无间。吾是以知无为之有益。不言之教，无为之益，天下希及之。

水、空气、光线是最柔弱的东西，它们能渗入、穿透、融化、腐蚀一些最坚硬的东西，如水滴石穿。无间即没有空隙，有些看不见的力量，如射线，能穿透没有空隙，结构紧密的物体。无有就是虚空，虚空是无坚不摧，无所不能的，自然发挥作用。因此我们认识到无为的好处，无为则无欲无求，无须做作，但能无所不为。

太极拳之尚柔不争，正是遵循无为之有益的道纪，虚静、柔弱以修己；谦和、卑下以待人。无欲无求，不贪不欠，从根本上不去争个什么，内心始终是冲淡平和的，如此则能如庄子所说："天和将至"。"德将为汝美，道将为汝居"。

天下之至柔，驰骋天下之至坚。拳学遵之，而有柔弱顺随之术。太极拳是以至柔至灵之顺随，应付坚刚的来力，并不一定要胜过它，胜而不美，自保平安而已。驰骋者往来穿行，并非克制之意。金庸先生说："太极拳，是修养一种冲淡平和的人生境界"，"而是根本不求克"。有克即有争，不符合大道不争的原则，克者、制者皆有所为，非无为之益。

舍己从人，最能体现太极拳柔弱不争之德。道家所修者，忘己忘身，离形去知，以至于忘忘，一切都能忘掉，归于虚空，虚空还争个什么。修炼太极拳内功，步步精进，必先以顺随为法，顺人之意，随人而动，效法坤柔之德，由顺随从人而渐悟舍己忘己之理，达到人我两忘。

王宗岳先生《太极拳论》中说："无过不及，随曲就伸，人刚我柔谓之走，我顺人背谓之粘。动急则急应，动缓则缓随，虽变化万端，而理为一贯"。说的是顺随从人之理，谚云：饶他为主我为宾。客随主便，大前提是谦容随和、善下柔顺。《太极拳谱》云："彼以刚来，我以柔往，彼以柔来，全在称量"。称量彼能轻柔到何种程度，我则比他更轻更柔以应之。顺随着人的意向，随之屈伸进退，必须是无过不及，随曲就伸。在形式上是不即不离，在劲力上是不丢不顶，在速度上是动急则急应，动缓则缓随。

太极拳有粘黏连随之要诀，一旦与人相接，沾走相生，随之进退，相连不断，有丢不掉、甩不脱的效果。拳谱有歌诀曰："刚在他力前，柔乘他力后。彼忙我静待，知拍任君来"。刚在他力前，对于太极拳此刚为阳刚之内气，也就是心意，太极拳之应对，意在人前，人之劲方挨我之皮毛，我之意已入人之骨里。因其懂劲之真觉灵知，己先知于人，处处走在人的前面。柔乘他力后，则是以柔弱的内劲顺随之，彼不动己不动，彼一动己随从。以我虚静之心神，静观其变，静待其动，因我有真觉灵知之听劲懂劲，对方的动静节拍尽在我掌控之中，任彼尽其所能而来，皆不能扰我磐石之安，因我从不失中正安舒。

柔弱顺随，属坤阴之德，《易经》曰："坤道其顺乎，承天而时行"。坤与乾法象地与天，阴阳定位，在人则为外形与内气。坤阴之德在于柔顺地服从天道，正如人体之外形，以柔弱卑下，顺从内气之统领。《易经》又曰："坤至柔而动也刚，至静而德方"，坤永远顺承天，不违天时，以天道之规律为规律，天健运不息，地亦随之运动不息，故曰地动也刚。正如人体外形绝对服从内气，以阳刚内气之动为动，气到劲到形即动。坤阴静，一如人体外形阴柔而静，方正不改顺随服从之德，言明其诚实守信，能包容一切，承载一切，为坤地之厚德载物。太极拳之舍己从人，效坤地之德，含万物而光化。舍己则"含章可贞"，既居坤阴之位，能自我降退，不争一事之先，不乘一时之勇，唯内含柔顺待命乃行，章美之德含藏不显露于外。知雄而守雌，知强而守弱，待时而后动，这叫作“后顺得常”。坤阴以柔顺从乾阳而运动，如先于乾阳而动就会迷失方向，乱其纲纪，叫作“妄动”，有违坤阴的顺从之德。顺随乾阳而动，不违天时，依序而行则得其常理，抢先则迷惑而失常，随后则有由，自得其正道。

李亦畬先生在《走架打手行功要言》中指明，舍己从人是引进落空的先决条件，而引进落空是太极拳化解劲力的基本技法。要言中说：“能引进落空，能四两拨千斤，不能引进落空，不能四两拨千斤”。说明引进落空是以弱胜强，以小制大的关键。引进是在对手向我进击时，我顺随其进击之势，不即不离的随从而动，不顶不抗，让对方感到心安理得，感到功成在望。当对方欲停止进攻时，我故露破绽，让彼不舍已得的优势，引其继续进攻。在其进攻的过程中，我粘黏不离，微微拨偏其进击的方向，逐渐将其引向空处。拨是擦着对方的劲力走，在彼不知不觉间，已被偏离了原来的指向。落空，一是让对方预定进攻目的落空；一是使对方的劲端落向空处。对方失去了着力的目标，有如从高空坠落，到此地步，不合已自出，不拨已自倒，加任何一点助力都是多余的。

这种能空人的引进落空，其前提是自己要空，不给对方留丝毫依托。形体要真柔弱无骨，全体气化，对方摸到的是一团虚空元气；心神要真虚静，不存一点浮思杂念，所谓能静能净，自葆虚灵，对方面对的是什么都没有。汪永泉先生说：“引进不是用外形动作，而是用内气引。意念突然一松，揪出对方的劲源，把它引向空处，我吸一口气，一空，什么都没有了，使对方一激灵。空是意念一松，不要动肩”。引进落空不在外形，全以精神内气为之，自己什么都没有了，对方就什么也抓不着。前面说过，与虚空能争个什么，这里再说，在虚空里能抓到什么。

引进落空，武秋瀛先生之《打手论》中为“引劲落空”，“进”字改作“劲”字，也很有道理。进退见之于行动，按太极拳之理，行气以运身，形体之动由于内气、内劲的驱使，所以归根为内劲之动。言进退偏于外形，不若言劲，直指根源。能引出彼内劲而化之，使其落空，则彼身一切劲别劲路都能引而化之，更显太极拳柔化之奇妙。关于“引劲”，汪永泉先生说：“把对方的劲根揪出来，一含即揪，揪在手里化了。揪出来后，再发劲儿，不变化，逆着来劲揪，奔向中，不要手法。揪劲根儿，是用意念揪”。这是直接引其内劲，完全是用意不用形，在无形无象中将对方的劲根揪出。我之心意内劲，是无形无象的无有，人之内劲在身，浑然一体，也没有间隙，我用心意渗入彼体内，将劲根揪出，以无有入无间，无坚而不摧。

李亦畬先生的《撒放密诀》，对引进落空作了精辟阐解：“擎起彼身借彼力（灵）。引到身前劲始蓄（敛）。松开我劲勿使屈（静）。放时腰脚认端的（整）”。以神气接彼之来力，如水负舟，顺势而掤，能拔其根，此谓之擎。粘往人顺随而走，人进我退，在退中我变点变向，或螺旋滚转，或弧形偏移，改变其预设之方向，谓之引，边引我边蓄势，寻机而发。运行过程中，我全体身心一应松柔，松散通空而什么都没有。此际人已被引向空处，必欲抓着实物以落其劲头，而我空虚无任何实点作其支撑，彼无依无托，有如落深渊之危，此谓之松。到此地步，我看准端的，轻轻一拨即是。人有礼，我亦有礼，点到为止；人若蛮横无理，这一拨能有放人三丈六尺的效果。李亦畬先生的《撒放密诀》，含义深奥，不可仅在字面上推求，应在大道虚静无为的根本上去探求，方能得其神髓。

王宗岳先生、武禹襄先生之后，李亦畬先生为太极拳的发展，做出了重大的贡献。李先生的《撒放密诀》、《虚实开合图说》、《走架打手行功要言》、《五字诀》等文论，是太极拳体用经典之作。郭福厚先生评价李先生的文论是：“对近代和现代太极拳的发展和提高，具有极大的推动作用”。《五字诀》论述心静、身灵、气敛、劲整、神聚五大要素，进行了深入的分析，精读李先生的《五字诀》，对于太极拳艺的精进，定有极大的帮助。心、身、气、劲、神，本为统一之一体，下面仅以静心求道，述说其大意。

一曰心静：心贵静是太极拳第一要领，心不静则不专，思绪散乱，不仅炼不好拳，也悖逆养生之道。大道以虚静为本，故老子指明要致虚极，守静笃，一心虚静清纯，才有先天固有之灵觉真知显现，才能应对无穷之变。心静则能专注于应对之事，如与人接，挨何处，心要用在何处，须向不丢不顶中讨消息，这个消息必由灵觉真知而讨得。诀中曰要刻刻留意，此全是用意，心静才有真意之为用。

二曰身灵：拳谱曰：一举动周身俱要轻灵，尤须贯串，一动无有不动，一静无有不静。身本不动，受驱使而动，既动则要活似车轮，全体相随如一，凡有不相随处，身便散乱，必至偏倚，中正不守。身形为心令的执行者，必反应灵活，行动敏捷，动作精准，正确完成心神之意向，乃能得机得势。身灵才能随方就圆，随屈就伸，无滞无碍，有感即应，能自如的顺随从人。顺随则灵，从人则活，拳谱曰：粘依能跟得灵，方见落空之妙；意气须换得灵，乃有圆活之趣，要跟得灵，换得灵。身手灵敏便有分寸，秤彼劲之大小，分厘不错；权彼来之长短，毫发不差，前进后退，处处恰合，听劲懂劲能臻于化境。

三曰气敛：拳谱要求气须敛。又有气敛入背。动牵往来，气贴背，敛入脊骨之诀要。敛者，聚集，收蓄也。太极拳一气之流行，元气、内气遍布身躯，故曰气者，体之充也。内功之修炼要求精满、气足，达到内气泓浓，即是积蓄有余之意。蓄养聚集有充足的内气，内养则气化周身，外用则能应变无穷。本诀曰：盖吸则自然提得起，亦擎得人起；呼则自然沉得下，亦放得人出。一吸一呼，即气之收蓄发放，开合鼓荡，若无凝敛含蓄之功，则气势散乱，散乱即是害气，亦是伤身。气贴背，气敛入背，退藏入密之意，艮其背，止也。

四曰劲整：一身之劲，练成一家。由脚而腿、而腰、以至于肩背、手指，总须完整一气，谓之周身若一。前进后退周身运劲如抽丝，应无丝毫之散乱，若有寸隔断续，必至散乱，机势尽失。内劲发于中，形于外，达于四围。以太极圆球而论，劲由球心而发，球心即身内之中土、真中。内劲即内气，充满为大气球，劲势直达球面。球面有一点受力，全球整体响应，所谓落劲只在一点，而一点之内劲来自全体。拳谱有蓄劲如张弓，发劲如放箭之喻，射出之箭，由弓身、弓弦全体发力而成，张弓如满月，是一整体蓄足之劲。

五曰神聚：太极拳神为主帅，统领一切。神是智慧灵明者，能以灵知主导身心内气，神必凝聚，谓之精神贯注。神聚则无尘俗之游移，无浮思之散乱，虚静淡泊而归根于无为之乡，返识神而复元神之体。元神虚无空灵，是灵觉真知的主导者，神以知来，能招来先天固有之潜能，以为太极拳归藏蕴蓄之奥秘；时至神知，遇有不测之变，能不期而然，莫知而至，无为而无不为，使太极拳有最合情合理的应对，不争而善胜。

四四、知足知止

名与身孰亲？身与货孰多？得与亡孰病？是故甚爱必大费，多藏必厚亡。知足不辱，知止不殆，可以长久。

本章提出了三个各自相对的问题，名声与身体，生命与财富，得到与失去，相比较哪个更重要，没有直接给出答案。南怀瑾先生说："两头都对也都不对"，也就是说都重要也都不重要。生命是最为重要的，但大义当前不失名节，可以舍生取义、杀身成仁，在这种情况，名节比生命更重要。对于财富也是这样，为了保护国家的财富，关键时刻不惜牺牲自己的生命。名与身，身与货，得与亡，在一定条件下，其重要性能相互转换。过分的爱惜生命，贪生怕死，有可能导致身败名裂；过分的贪恋物欲，贪得无厌，将有严重的后果。本章提出了"知足不辱，知止不殆"的哲理，知止以至善为标准，善则行，不善则当止，如此就不犯错误。要知道满足，常怀感恩之心，感谢社会的赐予，自觉身在福中，自我满足，就不会遭到困辱，可以长保平安。

多藏必厚亡，过多的获取，收括珍宝财物，贪婪违法，绝没有好结果。修炼太极拳内功，要明白少则得，多则惑的道理，少而能精，大道至简。三百六十行，行行出状元，状元对自己所从事的一行，精益求精，深究穷研，专心一志而取得出类拔萃的成就。武术界有成就的大师，无不是专工一门，毕生精研，如太极拳之杨露禅，八卦掌之董海川，形意拳之李洛能，达到不见不闻的艺境，尤感未得其究竟，仍继续深入探索。武学技艺的精专，有"一招鲜，吃遍天"之说，炼成一门绝顶的功夫，能无敌于天下，如郭云深大师的半步崩拳，杨班侯大师的搬拦锤。若不经过几十年专精的苦修，何能达神化之妙境。

而有的人以多为能，以杂为功，对武学的理解就是套路，认为知道的套路越多就能成为大师。套路多了混杂不清就东拼西凑，美其名为创新，一时间，太极拳的套路就多得不胜枚举。有的明明是同一套拳架，却要另取个名头，以标榜自己是正统正宗，收名收利。更可叹息的是，有名师被上百套的套路压垮，年寿不永，养生变成戕生，多藏必厚亡，不能不相信。

王芗斋先生告诉人们："拳套与方法，所谓人造之拳架子也。自满清三百年来，为一般的门外汉当差表演而用，即拳浑子谋生之工具。果欲研拳者，则又何暇而习此。非但毫无用处，且于神经肢体与脑力诸多妨碍，戕害身体一切良能"。套路拳架以固定的程式反复操练，训练心意与肢体习惯这固定的程式，久之即为其束缚。拳谚有言：知规矩，明规矩，懂规矩，脱规矩。要能从刻板的程式中解脱出来，若不知解脱，跳不出固定的程式，一套架子将习练者套牢，多套的架子将习练者套死。所谓死练拳，练死拳，拳练死。王芗斋先生所创之意拳，摈弃了套路，有六妙法门之练功方法，称为拳术的改革家，培养了一大批武学精英。

任何事物皆有其两面性，坏事能变为好事，相反相成，在于灵活机变，能将一门套路练活练化，套路亦大有益处。常言太极无定式，就是要跳出刻板的程式，活炼拳，将拳炼活，活的套路则是修炼太极拳内功的重要法门。这个套路，指的是太极拳集大成者张三丰先生，根据前辈先贤的传承，再结合太极阴阳，五行八卦之理，研究审定而成之套路。其编排充分体现了我国的传统文化，又合乎养生健体与技击之实用，极为科学合理。传承下来，发展为杨，吴，陈，武，孙，赵堡等门派，虽风格有异，但其套路之程式，都基本相似，都继承了张三丰先生的传授。依照这种传统格式修炼，各门各派都出现了顶尖的高手巨匠，和引领风骚的武学大师。

练套路是动功，但必须遵守的原则是"动中求静"，拳谱云："身虽动，心贵静，气须敛，神宜舒"。在均匀，协调，舒缓，平衡的运动中，求其"神舒体静”，达到“视动欲静，视静欲动”的艺境。前面已述明，身形的本体是静的，受心意的驱使才动；而心的本体也是静的，心之用动身才动。当心回复为先天之道心，本性虚静无为，有无为而无所不为之用，动静适时，至当合理。问题在进入后天生活，道心沦为尘心凡心，物欲人事使其心贪多欲得，即本章所指出的，甚爱与多藏。习拳则贪多务巧，虚华猎奇，不知足也不知止。尘心不静则不专，不专则一事难成，所以拳谱提出了“心贵静”。专一、单纯、恬淡、平和能使心归于平静。而均匀、协调、舒缓、和谐的套路运动，反馈到心神，也能促使心神归入平静，让心神在有序而冲淡的运动中静下来，为动中求静。不要用一些激烈、刚猛、突变的动作去干扰心神。甚爱必大费，多藏必厚亡。知足不辱，知止不殆。老子如此告诫。

太极拳演练套路是静中动，动中静。千万次平淡舒缓的重复，已习惯成自然，无须记忆，不待操运，一上场就自然流动。心神不为套路动作牵累，以至于忘记了自身是在演练套路，还是未演练套路，虚极静笃，悠然自得于虚静无为之境界。如同列子的感受，不知是人乘着风，还是风乘着人。这时身虽然在动，是无心无意先天良知良能之自然而动，是在极静之中，气机相触，应感而动，所谓静中触动。修炼套路的动中求静，与站功，坐功之静中求动，相互结合，成为太极拳内功所特有之动静双修。养灵根而动心者，武艺也；固灵根而静心者，修道也。

四五、大盈若冲

大成若缺，其用不弊。大盈若冲，其用不穷。大直若屈，大巧若拙，大辩若讷。躁胜寒，静胜热，清静为天下正。

本章再论辩证法。有些事物表面看来是一种情况，实际上却是另一种情况，表象与实际常常完全相反，外表掩盖了内里的真实。如有名的和氏璧，表面是一块极普通的顽石，而内里却是价值连城的璧玉。美玉藏在顽石里面，要有能力透过表面现象，看到内里的本质，对待世间的万事万物都要有这种辨别的能力。

最完美的东西，因物而成，却没有成的迹象，看起来好似欠缺，而它的作用，却圆融美满。最充实的东西，因物而有，没有饱满的样子，看起来很空虚，而它的作用却没有穷尽。最直的东西，随物而直，看起来好像弯曲。最灵巧的东西，自然而成器，不强造作，看起来好像很笨拙。最卓越的雄辩，因理而言，不强争论，看起来好似木讷。反者道之动，万事万物相反相成，体道者顺应自然，无为而成。

大成若缺：太极拳集中华武学之大成，充分体现了博大精深的中华传统文化，当修炼至神明化境，则几于道。正因其哲理深奥，不经过艰苦卓绝的苦修，难以有所成就，有十年太极不出门之说。纵然专心勤苦习练，不经过真正名师传授，高人点拨，也不得门径，能得其真者，代不数人。因此而倍遭诟病，言太极拳不仅不能用于武事，连养生的作用都有限。不能怪世人之责难，太极拳的确不能轻易快速的取得成功，似乎是其缺憾。

太极拳效法地道之阴柔顺从，以柔弱不争、谦卑容让自勉自律。而人以其柔弱不争为无能，谦卑容让为怯懦。太极拳修炼者，常怀慈俭之心，不进寸而退尺，使人认为可欺而得寸进尺。这就要求自己更加注重道德学问与拳艺的修养，学问深时意气平，藏而不露，外表平庸而凡俗，和光同尘，知其雄，守其雌；知其荣，守其辱。修炼达到如此境界，自得其乐，世俗之诟病，正是对修炼者的激励。

大盈若冲：当太极拳修炼成空虚散的大气球，这球是空的，虚无的，摸不到它的边沿，找不到它的球心，无法描述它的大，也无法形容它的小。大气球是由元气充盈而成，元气本然虚空，愈充盈而愈是虚空，愈虚空而愈是充盈，因其合乎道的虚静无为。大盈若冲，这个冲是空虚，元气极大的充盈，也正是至极的虚空。道不欲杂，经曰："杂而不纯，至道不居"，元气充盈的大气球，干干净净，空空洞洞，绝无丝毫杂尘，空虚散是其本然。

大气球真正的虚空了，纯真了，它的作用是无穷无尽的。大气球的运用，是杨式太极拳独具的特色功夫，全部拳术包括知己之功、知彼之功，都是大气球运行的不同方式方法，所谓得其环中能应无穷之变，炼好空虚散的大气球，是太极拳的不二法门。

虚静、恬淡、寂寞、无为，是道的本性，简单地说就是清静，老子在这一章指明："清净为天下正"，正者，准则，规范。清静则纯朴，纯朴则明净，明净则一尘不染，光明正大，这是天下的准则；清静则无欲，无欲则不贪不欠，作风正派，这是做人的规范。南怀瑾先生说："能够真正清静，才能有无为的境界。反过来说，无为又是清静的原则，道的原则；无为达到的境界就变成清静"。修炼太极拳要追求无的境界，要什么都没有，如何追求？在这里得到了答案，就是清静。

林语堂先生释庄子天道篇说："虚静、恬淡、寂寞、无为是天地的水平仪，是道德的最高境界，更是古代圣人休息的场所。心神休息便虚空，虚空就合于真实的道。心神虚空象征着寂静，由寂静再产生行为。无为又象征着和乐，一个人内心和乐，则外邪不能入侵，又何惧寿命不能延长"。还说："心神若是平静了，不但能鉴照天地的精微，甚至可明察万物的奥妙”，这一段对清静作了最好的诠释。《清静经》说：“人若能清静，天地悉皆归”，应该是包含了上段所说的内容。至于人生固有潜能的回归，良知良能的重现，也必须由清静开始起修。只有心神真正清静了，一念不生，至纯至净，完全忘掉了尘缘俗务的劳心伤神，心神中清空无杂，静定无痕，则心为道心，神为元神，与大道之虚静无为合真。此际拳即道，道即拳，神形俱妙，同归于化。盖虚静本人生固有之良，一旦合真归一，本具之潜能焉有不显现之理；一切特异潜质，焉有不复归之理。到此境界，太极拳阶及神明化境，能不思而得，不勉而中，无为而成。先贤所说之不见不闻，兴许指的就是与道合真、神形俱妙的境界，将在虚极静笃的修炼中逐步得到验证。

躁胜寒，静胜热：躁即动，动则生热，可以御寒；静是不动，心静自然凉，可以祛热。以热御寒，以寒祛热，自然之理；动则生热，静则自凉，亦是自然之理。静极而动，动极而静，阴阳二气之相生相克，相反相成，这就是道。拳者，一阴一阳，一动一静，离开了动静不为拳。老子曰：“静为躁君”，静是动的主宰，故拳理有静以动为用，内以外为用之说。据此理可知，何以动亦制人，静亦制人。以静制人，是心体主静，以心行气调动外形，使外形处于静待之势，以待人之动。以动制人，是心神之作用调动身形之作用去制人。静为本体，乃动之根本，有什么样的本体，就有什么样的本体之用，太极拳以静制动即本此理。本章以清静为天下正结尾。

四六、欲得为咎

天下有道，却走马以粪；天下无道，戎马生于郊。祸莫大于不知足，咎莫大于欲得。故，知足之足，常足矣。

老子告诫世人，最大的祸患是不知满足，最大的罪过是贪得无厌，世上的物资再丰富也难以满足贪心，所谓欲壑难填，越贪越有贪瘾。先贤曰："欲心起而贪心生，贪心生而未得期得，既得恐失"。终日在期恐之中，患得患失，欲念冲昏了头脑，神经亢奋，无有片刻之安宁，大祸将临而不觉。人要知道满足，满足于自己所应得、所能得，不生非分之想。苏东坡先生曰："天地之间，物各有主，苟非吾之所有，虽一毫而莫取"，这是安守自己的本分，知道满足永远是快乐安心的。

欲得，即不知足，过分的占有，贪赃枉法，以至走向罪恶的深渊，奸臣逆贼走的是这条路。寡欲清心是传统的美德，在物欲面前，一心不乱，视而不见，不受干扰，如此则常足、常乐、常清静。

欲得的反面是舍得，天下之事物，越想得越难得，非法占有的得，不会长久，终究会失去。唯有能舍才能得，对于修炼太极拳内功，能舍得干干净净才有所得。太极拳之无形无象，全体透空，是什么都没有，是虚无。这种境界是通过舍弃而达到的，由实至虚，从有入无，舍弃了实在的有，才能虚无。拳谱云："拳无拳，意无意，无意之中是真意"，无意为真意，无拳为真拳。也就是要舍弃一拳一脚的套路，舍掉人为编制的拳架子，没有了刻板形式的束缚，才能体悟到拳学的真谛。拳本无法，有法也空，舍弃了那些人为想象的方法，回复人生固有的良知良能，才能有真拳真法之用。

人为的方法，是束缚良知良能复归的障碍，一法不立才能无法不容，舍弃了人为的方法，才有自然而然无穷无尽的法，这就是无法胜有法，无招胜有招。外形身躯也是要舍掉的，坐忘功夫中提出隳肢体，离形，就是舍形，忘形。老子曰："吾所以有大患者，为吾有身，及吾无身，吾有何患"。舍弃了这个身形，就没有什么忧患，因为心神不必去牵挂形体、关顾形体，无牵无挂，自然轻松。比如说，修炼中所要清除的滞阻障碍，就在于身形；欲得之松散畅通，也在于身形。舍弃了身形，则大通无碍，虚无透空。为了容纳元气，身形必要空虚，不虚空元气不居；为了元气的畅通流行，身形也必要虚空，唯虚空才彻底通畅。要舍到无形无象，全身透空，没有形体之牵连，只有元气之畅通流行，如此才算命功修炼之有成。

上面说到，无意之中是真意，真意不同于后天之妄意，不是思虑妄想之意，所谓游思杂念非真意。而游思杂念起源于七情六欲，七情六欲来源于物质诱惑，能舍弃掉对物质的欲望，则杂念不起，妄意不生。妄意生于妄心，妄心即后天之尘心，必须将心地打扫得干干净净，舍弃掉后天的尘心妄心，回归于虚静无为的境界。心空无一物，虚静无一念，所谓心无其心，是为真心道心。有真心才有真意，真意由真心所发，意发而心更空，心更真。其要仍在于舍弃后天尘俗物欲之凡心，舍掉后天之尘心妄心，先天之真心道心自然回归。

修道，必须要能舍，能舍才能得。要舍拳，舍法，舍身，舍心，把一切都舍弃得干干净净，达到真虚空、真清静。至于如何舍，如何舍得干净？依道家内丹功法，要舍就要能忘，忘记干净一切该忘之事。修炼太极拳内功，有坐忘、站忘，在静坐中忘，在站桩中忘，在行拳走架中同样要忘。拳谱说明："身虽动，心贵静"，静是一念不生，心中什么都没有，也就是忘，身动心静，是动忘，动中求静，是在运动中忘。忘记了身在动，忘记了在行拳走架，心不支配操作形体的动。或许要问，心不行气运身，身能动吗？这应是固有运动之良。拳架套路经过千万次的重复演练，早已精纯娴熟，一经启动能习惯成自然的顺序流行，本能之自然流行，是真心真意之动。

如钟摆一经拨动，自然就摆动起来。曾见有人在演练套路时与旁人谈天说地，心完全不在套路上，而套路却完整的演练完成，说明套路在纯熟后，能习惯成自然的连续演进。而那种思想开小差练拳，是动中动，身在动，心也在动，身心各动各的，是散乱妄动，无补于修炼之功。太极拳所修者，动中静，身形在自然行拳走架，而心神一念不生，什么都不想，极度的虚空清静。黄元吉先生说："心者，万事之枢纽，必须忘之而后觅之，忘者，忘其妄心也；觅者，觅其真心也。真心之见，必从忘后乃见"。心不静则不能忘，虚极静笃，一念不生则为忘，能忘则能舍，如此而忘，如此而舍，而后才能返真，得真。

动中求静，身动心静，心舍弃了身形的羁绊，忘却了行为的干扰，入于虚静寂寞之乡，回复为先天元神道心。静中触动，心静身动，无心无意身自然触发而动。于虚静寂寞之中，固有之良知回复，唤醒潜藏的良能，不期而然的运，莫知而至的动，回复真我的本来面目。如此动中静，静中动的修炼，得身心双修之功益，然其本质是求心神的虚静。必收摄后天多动、妄动之凡心，使其返璞归真，归为寂然不动之道心。故知动中静是于身动时求心静，静中动是心静极身感触而动。

舍得，有舍才有得。有舍还要有东西可舍，舍是从有入无，按这个顺序是先有后无，舍弃了有，自然就归于无。修炼太极拳内功，由着熟而渐悟懂劲，由懂劲而阶及神明。在着熟阶段，是炼有；到神明阶段，是入无。着熟阶段，练套路，练招法，练这些功夫上身，练得周身一家，周身无处不弹簧，周身无有缺陷，在身上有了坚实的内功基础，全身都有拳，完成着熟阶段的苦练，这叫作身上有了东西。懂劲阶段是个分水岭，有一路在拳架、招法上继续深造，在肢体滚挫折磨的触觉中求懂劲，若能松柔轻灵，触觉能达到相当灵敏的程度，在有中更有，真有到极致也能入无。又一路是忘拳忘法，彻底舍弃套路招法，以至于外形身躯，追求无形无象的境界。着熟阶段已有了雄厚的基础，这时的舍弃是舍弃的外表形式，不再受形象的束缚。而内里的精华神髓，已随着炼气化神，炼神还虚，化入虚空无为的道体，融化在虚静无为之中。舍弃了外表形式的那些东西，从中脱化出来的是精华、是灵魂、是神明。

在舍的过程中，这些已化为真元神，入于虚空之大道，这就是舍后之得，真空妙有。舍得必须敢于舍，舍得舍，舍干净了才有得，物极必反，这也是舍得之真意。

四七、不为而成

不出户，知天下。不窥牖，见天道。其出弥远，其知弥少。是以圣人不行而知，不见而名，不为而成。

不出户,知天下。常说:“秀才不出门,能知天下事”。真有大智大慧的奇才,博览群书,穷天下之理,通古今之变,天下事了然于心。如诸葛亮,高卧隆中,能预知天下三分之事，为刘备师，计无不奇，谋无不妙，运筹帷幄之中，决胜千里之外，成为中华智慧的化身。不出户，不窥牖，而能知能见，还在于能善用众耳众目，为己听，为己视；善用过去现在已有的经验教训，为我鉴，为我证。推近能知远，缘小能知大，察内能知外，因其天下本为一体，精气自然相通。科学发展到现在，信息广为传播，已无地域障碍，天下事尽收眼底，博闻广见，完全不必出户窥牖。真正达到了不必经历就能知道，不必自见就能明了，不必去亲干就能成功。

太极拳不拘泥于形迹，不执着于名象，求的是浑然天成，其知见来源于懂劲,懂劲则基于听劲。太极拳的听劲,不是用耳听,而是用心听；不是听声,而是听气。庄子所说的心斋是：“若一志，无听之以耳而听之以心；无听之以心而听之以气，耳止于听，心止于符。气也者，虚而待物者也，唯道集虚，虚者，心斋也”。虚空纯净的心神，集中专一，以内气为媒介去听，有灵觉真知之妙。因为用耳会听到许多干扰杂音,用心意也会受到游思杂念的影响,唯有气能无有入无间，渗透一切，包容一切，能接受最隐秘、最微末的信息，所谓虚而待物者也。而气充盈于体内，流行于体中，渗透入每一细胞，一切生命活动的信息都与气有关，气也就是体内信息之源，最精妙的听劲是以气听气。同声相应，同气相求，以己之气，听人之气，在人气的呼吸动静中听知信息，讨得消息，为懂劲提供准确的情报，如此所听之劲愈来愈准，所懂之劲愈来愈精，渐至从心所欲，无所不知的妙境。

听之以气的气，有阐释为，此气是高度修养境界的空灵明觉之心，是心灵到达于极度的纯精专一的明觉真知。如此空明灵觉之心，是真心道心，是灵明的元神，也就是道的虚静空无，真心道心无所不知，无所不明。道自虚无生一气，先天一气从虚无中来，心境不纯净空明，也就没有元气的集聚，没有了元气的流通，心何由以听。空明的心神，可以真知灵知，无所不通，光明洞达，一切吉祥之事，止于虚静的心，所谓虚室生白，吉祥止止。这个光明即是元神真心，元神生养元气，元气固养元神，天下的吉祥福善皆由此而生，太极拳亦由此而接及神明。

不为而成：太极拳内功修炼至神明阶段，无形无象，无拳无法，以至于无身无心，全然一虚无之境，什么都没有了，已近于道。至此境界，尘心妄心已洗涤得干干净净，升华为真心道心；后天之识神已避退，元神用事主宰一切，因之而无所不知，无所不能，无所不为，无所不成。完全不必用妄心、识神去思量、拟议，更无须安排、操作。元神主事，一切皆合于道，天理自现，万事万物自然天成，无为而无不为。老子曰："天下神器，不可为也，为者败之，执者失之"。

本章提出，其出弥远，其知弥少。从求学而言，行万里路，读万卷书，游历越广，眼界越开阔，所得的知识见闻越多，是其出弥远，其知弥多，与为学日益之论同理。而以求道修炼而言，其行弥远，见闻感受的物欲也愈来愈多，尘心为其惑乱而思虑纷纭，颠倒妄想，真知灵知被其湮没，故其知弥少，此知是指真灵之知，非声色犬马之尘知。为道日损，损弃尘心的颠倒妄想，求道以舍近求远为误，以好高骛远为病。

《太极拳论》云："所谓差之毫厘，谬之千里"，心意有毫厘之偏，将离道去千里之远，故修道不可须臾偏离大中至正。太极拳之应对，讲的是粘黏连随，在粘黏精微细密之接点处应对之，所谓一接点中求。接点四周都是空虚，要不差毫厘之偏，稍离则为远，机势已尽失。此粘黏毫厘间的变化，全在自然而然，应对之前无意，应对之后亦无意，恰当其机，一触即得，近在微末，稍纵即逝。若用意操作，调运固定之招式法术，思虑犹豫，机势已去千里，是为远。前辈曰："太极拳以静待动，机到即发为近；用意上下寻机击敌为远"。这里所说之远，是远离了道之虚静无为，远离了自然而然的不期而然。以妄意而妄为，必然智穷而形拙，故曰，其知弥少。

四八、为道日损

为学日益，为道日损，损之又损，以至于无为。无为而无不为。取天下常以无事。及其有事，不足以取天下。

为学日益：勤奋好学是为人的美德，人的知识、学问、能力是通过努力学习,日积月累,逐步增长的。日复一日的勤读、勤问、勤思、勤练,天道酬勤，多一分耕耘就多一分收益。知识越积累越丰富，学问越积累越精深，以至于学富五车，才出八斗，多到车载斗量，成为大学者，引领风骚的大家，为人类、为社会做出伟大的贡献。

为道日损：通过勤苦的学习，积累了丰富的知识，有了洞察一切的智慧。经书上说："未有神仙不读书"，读破了万卷书，通达了天地间的一切奥理，有所为的功夫已做到了极致。在此基础上自然向无为无不为的方面转化，进一步探索宇宙之究竟，这就是求道。道本虚静无为，求道即是求虚无，无是空空洞洞,什么东西都没有。在有为阶段所积累的,多至车载斗量的知识学问,已经发挥了它们的作用，其精髓已经升华融化入道，成为道的智慧；不能融入道者,是无用的糟粕,必须予以损弃。表面的、肤浅的较容易损弃,隐藏的、伪装的难得舍弃，为不害道的虚无纯朴，一定要将这些糟粕清除干净，一天丢掉一些，务求彻底清扫干净，这就是损之又损，以至于无为。干净又干净，纯洁再纯洁，大脑里清空了，才能与宇宙大脑相契合。

做学问是进补药，补得壮壮实实；修道是吃泻药，泻得干干净净。吃补药是有为修命的功夫，将身体修炼得生气勃发，身强体健则可延年益寿。吃泻药是无为修性的功夫，将思想中的妄意杂念都清扫干净，将一切都放下，心神修炼得清清净净，回复为道心元神。这就是性命双修，修道要有这两种能力，两种智慧，有为修命日有增益，无为修性逐日空舍，舍到空无所空，连空也舍弃掉了，然后无所不为，无所不有，一切皆有，一切皆知。能损弃干净必定要有决心、有勇气、有毅力才能做到，性命双修的功夫，唯智勇双全者才能有成。

修炼太极拳内功，由着熟而渐悟懂劲，由懂劲而阶及神明，两个由字将修炼的步骤从着熟，懂劲，神明三步分为两大阶段。由着熟而渐悟懂劲，是为学日益的阶段；由懂劲而阶及神明，大致属于为道日损的阶段，先求有，有到了极致，脱有入无，空无得什么都没有，然后无为而无所不为。

由熟习套路招法到听劲、懂劲，是学习熟练，掌握拳术的阶段，必须要勤学苦练，虚心求教，每天都要有所收益。不仅要准确掌握套路，招式，劲别，以达到精准娴熟。还要深入学习太极拳内功的经典理论，弄懂太极阴阳、五行八卦的原理，要将《太极拳谱》的诀要与套路招法结合起来，将理论贯彻到实践之中。在这阶段要每天都有收益，有心得，有进步，每次练习，带着问题上场，带着收获下场。

汪永泉大师将太极拳修炼分为七个步骤：一，上下相随：练习上下一体，四肢协调，一动无有不动，由头顶到脚心一气贯串，松软圆活。二，内外相合：拳者，一内气，一外形，内气与外形要相结合。按拳谱要求，以心行气，以气运身，要做到发于中，形于外，达于四维。外形一定要接受内气的驱使，顺随内气而动，练了内气也就练了外形，练了外形也就练了内气，练一天有一天的收益。三，内外相合的上下相随：坚持以心行气，以气运身的方式练拳，运用内气将心意贯彻到外形姿势上。意到气到形体随之而动，结合密切，一动内外一齐都动，一静内外一齐都静，绝无彼此等待，配合散乱，行动脱节之弊。将前两步结合成一体，内外上下配合默契，协调一致。四，拆架子：太极无定式，拳法套路不是固定的，每一个招式都可拆开单练，称为单操，反复操练，纯熟则能生巧。套路的顺序也是可以打乱的，可以任意连接，以不拘一格，不泥一式的方式将拳练活，练化。须知，太极拳的每个姿势都是一个桩功，可单独练，也可组合练；可动练，也可静练，还可以躺在床上默练。五，拆手：练拳手是关键，手做出姿势，指出方向，领出内劲的去路，手必须精准稳定，灵活善变。内气必须毫无滞阻的贯通到手上，叫功夫上手，太极拳用松散通空的功夫，练得内气遍体流行，周身通畅，其作用则在于手。太极拳之应对，首在接手，与人一沾接，听、问、懂、化、拿、发，凡一动必须与本身内气贯通，内气源源不断供应上手，使手后援不断，出入有根。六，分劲：要分清什么是太极劲，太极劲是无形的，叫作先天劲，是先天一气在虚空形体中的集聚，是神意气的化合。太极劲柔和、舒展、轻松、虚灵，变化无穷，威力无比，绝不同于后天的拙力。内气的运行又叫作内劲，与掤、捋、挤、按、采、挒、肘、靠八门劲别结合，成为八门劲的灵魂，每种劲必须有内气贯通其中才能发挥作用。汪永泉大师说："八种劲在本质上皆是内气，是内气不同的表现方式和使用方法"。七，入化境：是太极拳的最高境界，也就是神明化境，先要将前六步的功夫都修炼到家，功夫上身，把以上的有形练法分清以后再融合在一起，将之化于无形，无形无象，若有若无，达到虚静无为，神明入化。

以上七步功夫，前六步有形之练法，是为学日益，一步有一步的学问，有必须熟练掌握的诀要，只有通过日复一日的勤学苦练，精益求精，才能日益精进，才能有得，才能一阶一阶上进。这都是在求有，要把自己装得满满的，所谓艺多不压身。

有为的功夫练到极致，物极必反，自然向无为转化，第七步功夫入化境，即是完成这个转化，由懂劲而阶及神明，达到万物同归于化。上面说到，功夫上身，把有形练法所得予以分清，分清虚实、真妄、清浊、精粗，属于真善美的提炼出来，融合在一起，为入道之基。其他的则应损弃掉，要损弃得干干净净，不留丝毫残渣，道不欲杂，必净之又净，纯之又纯，成为一无名之朴。黄元吉先生曰："为道须如剥蕉抽茧，愈剥愈少，愈抽愈无，以至于无无之境，斯为得之"。前六步成年累月所积聚之物，不是说舍就能舍掉的，舍得损弃也是一种功夫，要像剥芭蕉树，一层一层剥离，直到剥离得心空无物。这是为道日损，损之又损，以至于无为，属于化化无穷的功夫。损之、舍之对于有形者可以丢弃，对于无形者则在于忘，从内心里将其遗忘掉，这是从根本上的舍弃。以至于连遗忘也都遗忘了，为忘忘，为无无，正如《清静经》所说："内观其心，心无其心；外观其形，形无其形；远观其物，物无其物。三者既悟，唯见于空，观空亦空，空无所空。所空既无，无无亦无，无无既无，湛然常寂"。常寂则常清静，常虚无，是为常道。

孙禄堂先生说："拳术至炼虚合道，是将真意化到至虚至无之境，不动之时，内中寂然，空虚无一动其心。至于忽然有不测之事，虽不见不闻，而能觉而避之"。在此是练拳入道，以拳合道，空无所空，无无亦无，湛然常寂，则成功有望。

四九、德善德信

圣人无常心，以百姓心为心。善者吾善之，不善者吾亦善之，德善。信者吾信之，不信者吾亦信之，德信。圣人在天下，歙歙为天下浑其心，百姓皆注其耳目，圣人皆孩之。

所谓无常心，是没有固定的成见，没有偏执的我见，没有先入的主见。这样的心，空空洞洞，了了灵灵，无物不容，无物不照，大无不载，小无不包。就如一面光洁的明镜，一池平静的清水，应物自然，未至不先迎，已过不留恋，当前不沾滞，因物赋物，随机应变。

无常心，太极拳就能舍己从人，舍己就是舍弃掉尘俗之凡心。心为一身之君主，主宰一身之行为，进入后天生活沦为尘俗凡心。尘心好动难静，常怀主观成见，臆断而妄为，失其原本之真，是过失灾祸的根由。太极拳内功之修炼，致虚守静，坐忘站忘，旨在忘掉自身中尘俗多动之凡心，去掉我执我见，复还清静无为的真心。《授秘歌》中所说的“忘物自然”，就是无我见、无主见、无成见，客观如实反应事物的真象。

心如明镜，应物如明镜映照，物尚未到镜前，不提前去迎接。提前去迎接，是我心早动，心生我见、主见，慌忙应对，自乱方寸。当物已离镜而去，镜中无象，勿留恋不舍，若仍追忆去影残形，迟疑犹豫，心恋旧物是心不干净，如何能应再生之变。当物正在镜前，如实朗照，须眉不失其真。物有动作，反应真实，不丢不脱，不黏不滞，不失物行动之真。一有黏滞，即是我见、成见，应物必不自然。以应对而言，人动我随之而动，人已不动，我仍在动，跟随不灵，是我心有成见，以为人还在动，是用妄念指挥行动，因心不纯净而反应不灵，用于应对必然有失。一定要放下执着之妄心，舍弃我见，成见，主见，像明镜一般照透对方之心，以我之心听人之心，才能做到应物自然。

舍已是舍弃我之凡心、妄心。从人则是以人之心为心，动静虚实一应顺随。太极拳的顺随功夫，就是顺从人之心意，跟随着人之心意而动。人之心意驱使人之外形，我之外形则与人之外形相合如一，粘黏不离，所谓不丢不脱，不即不离。人有微微之动，我心虚静而生之真觉灵知，亦随之微微而动；人急动而突然一静，我虚静毫无持着惯性，亦能随之急动而突然一静，一应顺从人意，无不自然。

彼不动己不动，彼微动己已知，已知彼之心意。太极拳以不争容让为对待，自己的心虚静无为，冲淡平和，静观玄览。偶遇不测之变，是以不变应万变，以无为应有为，以不争应强争。人来犯我，必取攻势，希望一击而成功。当此之时人动我静，所谓彼忙我静待，以我之静心观人之动心。心动则意燥气浮，强驱形体，偏倚显现，奇正虚实毕露，尽为我听懂觉知。人之进攻，必欲全功大胜，心有所图，即是贪求欲得，咎莫大于欲得，利令智昏，一切缺陷必暴露无遗。当彼一击未成，必心生慌忙，想赢怕输，患得患失，方寸已乱，以我之定心观人之乱心。我愈静定，彼愈慌乱，心乱，意乱，到此大局已定。不争而善胜，是彼送上门来的胜利，没有想象预料的自然不期而胜，这就是太极拳从人顺随之奇妙。

从人而动，顺随应物，当然离不开精准的听劲懂劲能力，我虚静之心，空洞了灵，明察微末，人心之丝毫波动，一念之生灭，我都洞若观火。因我虚静空灵之心，如明镜透照，我心已观透人心，我意已深知人意，所谓时至神知，有无心忽觉之真觉，有微动即应之灵知，听无不准，知无不真。

舍己从人，善者吾善之，不善者吾亦善之；信者吾信之，不信者吾亦信之。无论人以何居心，是何用意对我，我绝不顶抗相对，均顺随以应之。善者、信者可敬，我敬其至善诚信之心，学彼之长，补我之短，共同进步。不善者、不信者可怜，怜其修养之欠缺，学业之不足，当引导其尊道向善，以真心平等对待之。本章提出“歙歙为天下浑其心”,歙歙者,和顺,和谐,能包含天地,包容一切。为天下浑其心，是让天下都归于浑沌纯朴的道心，达到众生平等。善者信者经过修炼能得道，不善者不信者通过修炼亦可得道，道不舍弃任何生命，乐于帮助所有一切的生命复归大道。

修炼太极拳要修此胸怀气度，修炼之目的何在？拳谱云：“详推用意终何在,益寿延年不老春”,又曰:“欲天下豪杰,延年益寿,不徒作技艺之末也”。要让太极拳有益于世人，帮助世人益寿延年，得强身健体之益。太极拳对待世人，就如同对待天真无邪的婴儿，个个都值得关爱，必须关爱。无善与不善之分，不善者通过感化能成为善，众生一律平等，一切同归于化，同于大通，同达到至真至善至美之境，这就是道，这是道德的真善。

五十、善摄生者

出生入死。生之徒十有三，死之徒十有三，人之生，动之死地亦十有三。夫何故？以其生生之厚。盖闻善摄生者，陆行不遇兕虎，入军不被甲兵，兕无所投其角，虎无所措其爪，兵无所容其刃。夫何故？以其无死地。

这一章谈生死问题，出生入死，人的生命有了开始，称之为出生；生命结束了，回到出生之前的那个世界，叫作回归，也就是入死。中国的传统文化，对生死看得很洒脱，就像白天与黑夜的交替。太阳出来了，一切活动开始进行；太阳入山了，黑夜降临，应该睡眠休息，《易传》曰："明乎昼夜之道而知"。古人说："生者寄也，死者归也"。出生后寄形于世上，为了维持生命，勤苦工作，辛楚劳动，直到精衰力竭。该结束了，回归到原来的地方休息吧，叫作安息。庄子则以气的聚散论生死，曰"人之生，气之聚也，聚则为生，散则为死，若生死为徒，吾又何患"。庄子认为，生死是连续的，死是生的开始，生又是死的开始，出生以后，一天天向死亡迈进，故曰生死为徒。就像空气一样有聚有散，散了再聚，聚了又散，循环不已。

人得到了生命之后，要经历生活中的各种事态变故，天灾人祸，疾病伤痛，突然事变等的伤害，能活下去的机会只占十分之三，活不下去死亡的机会也占十分之三。此外，人在生活中行动的取向也占十分之三，善于养身，修道行德，得长生久视之益，这十分之三就加到生的一方；生活放纵，醉生梦死，耗精散气，这十分之三就倒向死的一边。人是非常重视生命的，然重视的方式有所不同，修道者以静养保护生命，追求虚静无为之道，希望与天地同化。

享乐者追求及时行乐，要生活得快乐，精彩，放浪不羁，享受每一天，牡丹花下死，做鬼也风流。那个动的十分之三就在这中间选择。

对于这个十有三，河上公另有注解，他认为的十有三，十三，指九窍，四关，九窍是眼耳鼻口加前后阴，四关是四肢，加起来为十三，代表人全部内外身体。九窍四关善加保养则生，不好好保养则死，保养太过也造成灾害，仍不免于死亡。

善摄生者：摄，河上公注，养也，保养，把握住。上面三个十分之三，共十分之九，还有一分，这一分是自己做主，把握住自己的生命。欲修道，则积极养生，做到我命由我不由天。进行太极拳、内丹的修炼，性命双修，神形兼炼，追求外形脱胎换骨。内心清净虚空，达到无为的境界。至于如何摄生，陈撄宁先生说摄有四种作用：一，摄持自己身心勿使妄动；二，收摄自己精力勿使耗散；三，摄取外界物质修补体内亏损；四，摄引天地生气延长人的寿命。这四种作用完全无缺，才可以称得上是一个善摄生者。这四条把养生的功法都说全了，第一，二两条是性命双修，内外兼修；第三，四两条是吸取天地之精华以修补自身。《阴符经》曰：“天地，万物之盗；万物，人之盗；人，万物之盗。三盗既宜，三才既安”。人与天地万物，相互吸取精气，以补养自身，成就自身，天，地，人各得其益。人能适时而取，肢体百骸得以调理，为善摄生者。

“善摄生者，陆行不遇兕虎，入军不被甲兵。……夫何故？以其无死地”。这是说，善摄生者不会遇到危险，为什么？因为没有进入危险的境地。如修炼太极拳内功者，达神明化境，其听劲懂劲功能已出神入化，达到不见不闻的真觉灵知，能感知到周围环境的安宁或危险，因而能趋吉避凶，不进入到危险的地带，不涉入险境，也就是“以其无死地”。据传，杨家几位太极拳大师，在遭遇突然袭击之时，都能从容应对，转危为安。

关于这类问题，列子问于关尹子，关尹子说：“是纯气之守也，非智巧果敢之列。一其性，养其气，含其德，以通乎物之所造。夫若是者，其天守全，其神无郤，物奚自入焉”。关尹子说这是坚守纯和的真气，不是机智勇敢所能。

使本性专一，涵养元气，保持德行，以此来通达万物，与天地万物融为一体。如此虚静无为，道心元神不受干扰，外物是不可能对其有所侵害的。太极拳内功修炼的就是这种功夫，纯和的元气，充盈于空虚散的大气球中。气球所舒散的范围，随着自己功力的精进气势场愈来愈强大，其听劲觉知的灵敏度愈来愈高，判断吉凶祸福的能力也愈来愈强，自能避免危险，绝不冒险进入不安全的地带。

太极拳之应对，不为主而为客，即舍己从人；不进寸而退尺，即容让谦卑。人来犯我，必有了充分的准备，布设诈局，诱我前去上当入套，这就是凶险之地。出生入死，贸然进入，必有危险，退出来离开险境，可保平安。拳谱有退圈容易进圈难之诀要，绝不主动冒进，落入布设的圈套就难以解脱了。太极拳的粘走相生，引进落空，大半都是在退让中实现的，边退边引，边走边化，人进我退，在顺随中寻求安全，保护自身不受伤害，胜负并不重要。

走路千万不要遇到兕虎，人无伤虎意，虎有害人心，遇上就危险了。要小心避开，让虎无所措其爪，任何情况都不要涉险，远离危险，安全第一。

五一、尊道贵德

道生之，德畜之，物形之，势成之。是以万物莫不尊道而贵德。道之尊，德之贵，夫莫之命而常自然。故道生之，德畜之，长之育之，亭之毒之，养之覆之，生而不有，为而不恃，长而不宰，是谓玄德。

道生之，德畜之，物形之，势成之，是宇宙万物生生不已的四个阶段。生命的根本是道，前已言说，道无名，无名即无极，虚空一气，是天地人物公共的生生之本。道为体，有体必有用，就是本然具有的生命能，自然会发育生长成为生命体，这叫作德。德者得也，天下万物各得其所得，得天之理以成性，得地之气以成形。如得其热性，焰上为火；得其湿性，流下为水；得其灵性，神明智慧而为人。万物因其秉承之性不同，所赋之形象各异，花鸟虫鱼，飞禽走兽，各有形态。形成了万物万象，就构成了一种势，一种无形的力量，如种子抽芽从泥土中钻出，又向空中发展，这种生长的力量，是成长之势；小苗成长为大树，千万小苗长成千万株大树，成为森林的海洋，遮天蔽日，是集群之势，万物生长之势不可阻挡。

道是生生之本原，德有养育之恩情，万物莫不尊道而贵德，由于道德的生育，万物成形而得势，谓之形势。吴如嵩先生说：“形是运动的物质，而势是物质的运动”。从根本上来说，凡具有形体之物，都是在运动着的，树木不见移位之动，但一天天在长高长壮，将水分营养从树根抽送到叶尖，是生命生长之动。与动相对的静，就是相对，看不见在动，也叫留动。王芗斋先生说：“不动之动，乃是生生不已之动”。大道之虚静，名为虚静，是一种混沌，虚无的静，没有动也没有静，真空而妙有，蕴蓄着无穷尽生生之能。

那么修道者，修炼之致虚守静，是在生命生长的活动中，求虚无的静。其本质是忘，忘掉世俗之情欲，使心意不妄动，不乱动。但生命生长之动，只要生命存在，运动就不停止。忘是不用心关注它，只当它不存在，不让它影响到心神的宁静。真正达到了一念不生，还有胎息之动，只是动之至微至缓至柔，内动人莫能知，没有绝对的静止，只有无为而无不为的虚静。说形是运动的物质，也就是说凡物有形就有动，圆形者动之易，形方者动之较难。

势是物质的运动，物质一运动就产生动能，叫作势。孙子说势，一曰："激水之疾，至于漂石者，势也"；二曰："如转石于千仞之山者，势也"。湍急的水，飞快地奔流，以致能漂移石块，这是水流速度飞快的势，是速度产生的势，是动能；圆石在千仞高山之上，居高临下，一滚动下来，可摧毁一切，是位置产生的势，这是位能，又叫作势能。流水，滚石所表现出来的能量，是多种因素的集合，水流不快，圆石不从高山滚下，没有这样的运动，也就没有相应的势。

太极拳因道之理而生，得德之育而成，道为万物所共有之太极，德为万物所各具之太极，太极一动阴阳生，接着阳变阴合而成形。一阴一阳即为拳，太极拳之有形，依赖阴阳二气的运化。阴阳者，天地，日月，水火，风云，人物，鸟兽等等万象皆包罗其中。古代圣贤成其事，上观天文，下察地理，效山川之形胜，仿众生之行迹，从中获得灵感，启迪智慧。伏羲依之演绎八卦，仓颉因此创造汉字。

太极拳亦循此规律，成其形象，发展为招数套路。如云手势仿行云之飘移，双风贯耳效劲风之吹拂；更有野马分鬃，金鸡独立，白鹤亮翅，白蛇吐信等等仿生的姿势，以各种生物之灵性为法。虎为山中之王，动则生风，威猛第一，太极拳陆行不遇兕虎，虎无所投其爪。招势中有左右打虎，弯弓射虎，退步跨虎，抱虎归山等等招势，培养伏虎降龙的大无畏气势。这种招势，太极拳有三十七式，或更多些，有形有象，要练得式正招圆，合乎太极阴阳之法度。对形的要求是立身中正安舒，周身一家无散形，全身无处不松净。要做到三尖六合，手足四肢要与中心相合，上于两手相系，下则两足相随，上下手足相应。各个姿势都要达到动力定型，所谓方圆规矩之至，是为拳势，叫太极十三势。

通过有为的形式操练，达到着熟，为太极拳之基本功。知规矩，明规矩，懂规矩，而后能脱规矩，脱规矩而无不合规矩之处。有形有象的招式炼到了极致，自然向无为转化。到神明化境，有形之招式融化于道的理气之中，脱离了形象的约束。孙子曰："微乎，微乎，至于无形"，"故形兵之极，至于无形，无形则深间不能窥，智者不能谋"。到此微妙神明阶段，近于道的虚空无为，变化形无其形，变动微乎其微，无变动即是变动，无形象即是形象，无招法即是招法，一应虚无，时至神知，随用而生。

有形的招式，运动起来成为势，太极拳又名为太极十三势，十三势是八门五步的合称。招式的运动形成的势，是一种劲，太极拳有八种劲，掤、捋、挤、按、采、挒、肘、靠，八劲不是八个招式。汪永泉先生说："八种劲在本质上皆是内气，是内气不同的表现方式和使用方法"，也就是一种气势。《太极拳谱》曰："凡一动之间，势不外屈伸，气不外收放"。势有形，可见可闻，于动静虚实间可认知。而气无形，是太极拳之根本，须明其源委。气属阳刚，能化神还虚，流行不居，变化无穷。气由精所化，精实凝敛，经蒸熏而流注，然精必附神，神亦借精，精神合一，内气乃成。故知，内气者，精神之凝聚也，无精神则无内气，唯聚精会神，内气得充。而精以神聚，神以气会，精凝而气聚，气聚而神会，精气神三元，打成一片，融为一体。丹经指明：凝神于气穴，聚精于土釜，精气神三元会合，同归于化，化化无穷，内气则生生不已，源源不绝，为太极拳体用之源。

至于内气之用，拳谱曰："气之落也，归于一处；气之来也，不自一处"，又曰："气之着人，落点虽只一尖，而催此一尖之气，则在全体"。说明气用在一点，而来自全身，周身全体之气，都向此一点集中，有源源不绝的供给。唯周身通畅无滞，疏其源，通其流，内气遍体流行勿稍滞，才有此功效。所谓心用在何处，内气即流向何处，落气如蜻蜓点水，一沾即起；行气如风轮旋转，灵动圆活，如此刚柔相济得宜，太极拳八劲之运用，自然无不如意。

掤：掤是太极拳最基本的劲，为向上托起之意，承而向上，如水负舟运行，波浪将舟托上浪峰。掤在两臂，内气贯通前臂，拳谱曰，“走掤劲，食指吊臂”，精气神在食指，领吊起手臂；又曰“食指为力，中指为意，两指吊着肘腕”。这个吊，有称为吊劲，合上虚领顶劲，归于大中至正，用掤劲全身内气向前臂汇集。

捋：捋在掌中，要在引人使之前，顺人之来势，向身后侧引捋。内气落点在掌中，有由手掌将人吸向身侧后之势。

挤：挤在手背，挤以前手背对人，而内气落点在后手掌，挤之势在后掌，以内气挤着前手向前，前手随后手而动。

按：按在腰攻，松腰内气下沉，用手下按，内气落点在双手。按劲如掀箱盖，设想箱盖绞连在人后腰，手掀箱盖，先斜上过最高点，然后劲势向下，落在人后腰，有扶栏下瞧之势。

采：采在十指，拳谱曰：以手回抓为采。内气落点在手指，全体气与势一齐回抓。

挒：挒在两肱，肱泛指胳膊，挒要惊，是突然发劲，用胳膊挂住人，旋转而出。

肘：肘在曲使，用肘必曲，有横肘、竖肘之分，横肘肘尖与肩平，前臂向内；竖肘肘尖向前，前臂朝上；还有回身肘，肘尖向后。内气由肘尖外射，所谓肘要冲。

靠：靠在肩胸，靠要崩，势如山崩，全体内气一齐集中倾注，其势猛烈，不可轻用。

五步同样是以意气运行。进，意守会阴，以气促身前进。退，意在祖窍，引气促身后退。顾盼，以意引气，着意于膻中，催身转动，若反向则着意于夹脊。中定，意守丹田，以静待动。拳谱指明，十三势是内气内劲的领动，太极拳的各种姿式，都可以运用十三势来催动。掤、捋、挤、按、采、挒、肘、靠八法，在套路中也可以一式表示，如揽雀尾就包含了掤、捋、挤、按四个劲势，但这些招式要与劲势分开，招式是外形，劲势是内气内劲。汪永泉先生说："一种姿势可以走各种劲，一种劲可以运用在各种姿势上，姿势不同的组合可以有八八六十四种"。劲势的随机组合，形成神奇的太极劲，太极拳一出手，八劲都在手中，似掤非掤，似捋非捋，所谓"掤捋挤按皆非是"，而又皆是，这就是拳经所说："变化形无形，周旋意无意，随曲勿就伸，虚实自转移"。

当炼成空虚散的大气球，也就是一种势，一种气势场，这种场势发于中，形于外，达于四围，功力愈深厚，气场范围愈大。大气球之运用不离十三势之总法则，气球之向上滚转为掤，向下滚转为按，气球之膨胀为挤，气球之收缩为捋，侧下旋为采，侧上旋为挒。气球前后左右之平移，与五步融为一体，能肘能靠，十三势组合则变化无穷，大气球之变化亦无穷无尽。

太极拳，道生之，德畜之，必然尊道重德，追求道的虚静无为，常处于自然无为境界之中，"莫之命而常自然"，自在自适。遇有事态，不须要谁来指挥命令，神以知来，顺理而行，能无声无息将事情处理得合情合理，尽善尽美。太极拳遵道之不争而善胜，善胜者，各方面都感到满意，心悦诚服，都有所收益，都是胜者。

五二、知子守母

天下有始，以为天下母。既得其母，以知其子。既知其子，复守其母，没身不殆。塞其兑，闭其门，终身不勤。开其兑，济其事，终身不救。见小曰明，守柔曰强。用其光，复归其明，无遗身殃，是为习常。

道是天下万物的总根源，是本体，本体发动了，天下万物有了开始，是天下有始，以为天下母，也就是前面说到的道生万物。既得其母，以知其子，道是天下之母，德为道所派生，是道之子。道本体不偏不倚，大中至正，道为中；德尊道守中，唯精唯一，体现道的作用，故德为一，中为母，一为子。道本虚无称之为无极，无极生太极，“太极者，无极而生”，是《太极拳论》的开章明义，无极为母，太极为子。唯道集虚，道是神明之原，称之为元神，道自虚无生一气，元神为母，元气为子。道是心，道心即真心，意自心生，真心生真意，心为母，意为子。道与德的母子关系，有以上相关的解读，积德修道，知子守母，通过子发挥的作用，就能见到母。内功修炼有守中抱一的原则，就是知子守母，知其一是知其子，守中即复守其母。太极拳内功根据守中抱一的原则，产生了一系列的修炼决要，形成了一个以中为核心的功法体系，如中正安舒，守中用中，立身中正等等，在修炼中守定天下之母，尊道守道。

守中：是既得其母，又复守其母。中是无极大道，道大中至正，不偏不倚，不增不减，虚静无为。修道无他，守中得中尽矣，得中修虚静无为而得，守中炼虚静无为而守，能守才能得，守不住也会得而复失。不虚则偏于有，有微尘杂垢，有是非善恶，有得失念虑，非偏即倚，失其中正。不静则有躁动，形一动则形有所向，身有所倾，离开了中；神一动则心有念向，意有所倾，也离开了中。守中就是定守大道之虚静，虚静则中正，形无妄动，心无妄念，太极拳内功的六字真言，致虚极，守静笃，是守中正之秘诀。守中从心神上是一念不生，如明镜止水，清明纯净。从形体来说是立身中正安舒，占住中定之位，又称之为守中土，中土不离位。于内于外知中之所在，守而勿失，既得其母，复守其母，得道要守道，守道不失道。

从头顶百会至海底会阴为虚中一线，是人身理想的中轴，无形而有象，形体上一切皆可忘，唯此虚中之轴，念念不可忘。太极拳理之占住中定，得其环中，守中用中，均以此虚中为核心。在虚中背后还有一实中，即从尾椎骨最下端之尾闾穴一直向上，沿腰椎、胸椎到颈椎之顶端，也就是全体脊椎骨，是人身之脊梁，支撑人身之竖立。太极拳内功有一些修炼功法，就是修炼脊柱，如上天梯，四动功，悬吊功等等，要节节松活如圆珠，又节节贯串如软链，达到柔弱无骨，将一节节的椎骨都炼化了，没有了。若真能炼化了，没有了，实中也就与虚中合一了，太极拳的修炼就有了飞跃精进，气化而成为大气球。虚中即大气球之直径，须知在球中见不到直径，但圆球不能没有直径，正如在球中见不到球心，而圆球一定有球心，看不见而已，一定要守此无形之球心与直径。守中在形体上即守此虚中，包括虚中之中心，气球之球心；在心意上是清静无为，一念不生，一尘不染，守大道之纯朴洁净，什么都没有，空而又空以至于虚空粉碎。这虚空的中不可见，发挥真气真意的作用即可见。

抱一：既得其母，以知其子。无极为母，太极为子，太极是一，是元气。道自虚无生一气，如何抱定这个一气，是功法的关键。天理之常，母生子怀抱育养之，道为元神，元神为母，功法以神抱气，凝神以敛气，是母抱其子，即是抱一。老子曰："抱一为天下式"，太极拳内功以神抱气，气依神，神气合一而不离，母子相依而不分，为修炼之要诀。唯道集虚，元神本自虚无，于虚空之形体中，抱守虚无之元气，同此一虚，同气相求，为致虚守静之本旨。形体本为有，形而下者，经神气合一之凝练，逐步气化为一团纯和之元气，所谓肌肉若一。由于周身骨肉之气化，浑而为一，全体透空，至匀至净，通体无内无外而为元气充盈，有了这个一，可以见母。

比如身上若有某处受力，周身遍布之元气都向该处汇集，这就是元神的调度，是道的作用，是母顾其子。某一处有应对之事，周身元气能源源不断供给，所谓“势至等也”，庄子称之为“天均”，天下母慈爱遍布，天下子雨露均沾，是大道的至均至匀。通过气化之修，形体脱有入无，本来形体原是由气化形而有，始源于虚无，后来离开了母。今又还归于虚无，回归到原来的起点，是返归母怀。在这个生化返归的过程中，元气这个一是重要的作为者，体现道的作用。道在何处见，在其作用中见，如果缺少了元气这个一，就没有天地间的生生不已。没有了道体的用，也就不能见道，所以修道以炼气为关键，炼气就是抱一。是既得其母，以知其子。既知其子，复守其母。

太极拳内功之修炼，首重在炼气养气，关于元气之炼养，拳谱中指明：“尚气者无力，养气者纯刚”。尚者，崇尚，尊重之意，修太极拳内功必须崇尚重视元气的炼养与运用。拳谱言明在意气不在拙力，用意不用力，是不用筋骨所生的拙力。用拙力则筋骨血脉紧张滞阻，自我束缚，行动憋屈，所以要不用拙力，也就是无力。用内气，意到气到，意气又叫内劲，轻灵圆活，能胜过筋骨之拙力，谓之尚气者无力，即用意气不用力。

拳谱言明，气以直养而无害。内气至大至刚，属于乾阳，纯一而刚健，养气即养此纯阳刚健的内气、元气，任元气自然流行，不以妄意操弄搬运，即是不害气，自然而然即是直养。拳谱“得真法决”曰：“养灵根而动心者，武艺也；固灵根而静心者，修道也”。这里的灵根就是元气，拳谚云：精养灵根，气养神，“十年练拳、十年养气”，练拳的根本在于炼气、养气，修炼元气保持刚健正大纯阳之体，谓养气者纯刚。养足了内气、元气，心意一动，外形全体随之而动，这是神形合一的武术。抱一即静守元气，空虚无一动其心，炼气以化神，炼神以还虚，这是以拳证道，以拳合道，故知静心抱一为修道之正功。

静心抱一，有静观玄览，收视返听之功，本章所说之塞其兑，闭其门，就是属于这种功法。按河上公注释：兑，目也，塞其兑，目不妄视也。门，口也，闭其门，使口不妄言。养生当塞目不妄视，闭口不妄言，则终身不必辛勤于治病疗伤。人们常将耳目神气散发向外，外驰于视听之妄，内生贪婪痴爱之非，精气日损月耗，开门则祸从口出，病从口入，何能长生久视。唯有垂帘塞兑，常将本来一点灵光，收入虚无窟里，不出不入，无惊无扰，久之则神定气充，身心得其滋养。经曰："入定工夫在止观"，何以止，止其向外妄视妄听所生之妄意；何以观，向内观虚空的形体，内观其心，心无其心，外观其形，形无其形。观得身心皆空，直至空无所空，寂无所寂，天地物我通归于寂灭，即是真静。止于此虚空之境，吉祥止止，慧光自生，自然而达道。知其子，练气化神而得母，敛气凝神而守母。

五三、介然有知

使我介然有知，行于大道，唯施是畏。大道甚夷，而民好径。朝甚除，田甚芜，仓甚虚，服文彩，带利剑，厌饮食，财货有余，是谓盗竽。非道也哉！

如果我掌握了确切的认知，我就顺着这条大道行走，必定小心谨慎，避免走入邪道。大道很平坦，而有些人却贪图捷径舍弃正路，去寻小径邪路。介然有知，是确实相信，毫不怀疑的意思。

黄元吉先生说："此介然有知，是忽然而知，不待安排，无事穿凿，鸿鸿蒙蒙，天地初开之一气，先天原始之祖气是"。经书云："从无知时忽然有知，真良知也"。介然有知，是真良知，此真良知，是一气之初开，先天原始祖气之萌动。当其动时，眼前即是，就在当下，有感即发，在人生为固有之良。《太极拳谱·固有分明法》说到五官之能，为天然知觉之良；四肢之能，为天然运动之良。通过致虚极，守静笃之修，得运动知觉之本原，太极拳听劲，懂劲能力，由此而能达神妙之境地，为介然有知。

听劲，懂劲其本质就是求知，复还人生原本固有之良知。运极而动是一种劲的作用，觉其运，知其动，能听清楚这种劲的动向，即能懂知其运劲的规律，就能做到知己知彼。能知己知彼，就能做到不涉险境，永保平安。然初阶之听劲，懂劲，依赖耳目之视听，肢体之触觉，是后天有为之运作。凭观感之讯息传递，再由大脑推理作出判断反应，如此所得之知觉，已然迟后几拍，虽有所知，或已时过境迁，机兆如电光火石，稍纵即逝，不容迟延。

太极拳虚静无为之修，复还先天之固有本原，其知觉回复先天之真觉灵知。机兆一发，有感即应，所谓时至神知，不期而然，莫知而至，完全是自然反应，自然对待，无须有为之运作，无为而无不为也，叫介然有知。

道生万物，知世上万物生之于虚无，人为其最具灵秀者，及其气机有触，偶感而动，忽焉有觉，而有知觉之灵。是虚静无为自然而然之觉，出有而入无，变化莫测，全在此一觉。此一觉于恍惚之际，忽然而有，无事安排，没有操弄，是清清醒醒，真真切切之感觉，是为真觉。若稍有意念想象，夹杂后天识神，则非真觉。于至虚至静之中，得先天元气来舍，此时惺惺不昧，天然一念现前，能为万变主宰，即是心中之真觉灵知。经书曰："须要肾中一阳生，而有真知现象"，肾属坎，坎中满即是。"又得心中一阴生，而有灵知兆形"，心属离，离中虚即是。修到功深精进，肾中之真知亦化为灵，心中之灵知亦化为真，坎离相交，取坎填离，离复还坎。真灵合而为一，乾坤各归原位，真灵化而无有无所不有，无知而无所不知，即先天所固有之真良知。

佛经曰："知之一字，众妙之门"。言知有两含义，一，灵知、本觉；二，知见、知解。知见、知解皆为心的功能，先天之道心真心本来就是虚静空寂的，所以知在先天亦为空寂之知。空寂之知可涵盖一切，因虚空寂静，人脑与宇宙大脑契合，所以说是众妙之门，是成佛证道的根本。唯其空寂，恬淡虚无，不染一尘，光明而空灵，这种虚静空灵之知，是心的唯一本质。所谓众妙之门，是通往一切知见之门。佛经曰："妄念本寂，尘境本空，空寂之心，灵知不昧。即此空寂之知，是汝真性。任迷任悟，心本自知，不籍缘生，不因境起，知之一字，众妙之门。"

佛道两家都认为，真灵觉知于虚无空寂中自生，有虚静之真心，即有空寂之真灵，才能全真全形反映物境，所谓透明如镜，彻内彻外，彻古彻今，无所不照，真切体认。认知有能知与所知两面，也称能量所量。以镜而言，能量能照是镜本身，所量所照是镜前被照之物。

对于知，能知是心，心之官则思，包括了大脑的功能，精神意识与思维活动皆是。经书中说："心的根本特征是能念虑"，能知是心体的能量。凭什么来知，经书说：根本是凭借理性来知，是渊潜于虚空的天理本性，是主宰一切的道，是道心。所知是境，境为境况，环境，是认知的对象，是眼、耳等五根的境界。所知是心体理性把观察到的物相进行分类，是所量，所知回答知些什么。能知即知者，即认知时的心理活动，作用发生于所知，以产生知识。知识是认知的结果，称为量果，是能知的能量与所知的所量综合产生的结果。

由此可认识太极拳的听劲懂劲，听劲懂劲是求知。能知是心，虚静空寂的心神，灵明不昧，能知微索隐，觉察一切。所知的对象包括了人我双方，所谓知己知彼。知己是通过返观内照，明察自己生理心理的所有状况，是否合乎太极拳阴阳、虚实、动静、开合之规范，能否有应对偶发事态之能力。知彼是外观人之形体状况，内察人之心理状况，发觉其偏倚缺陷，认准其可乘之隙。所知的作为也就是听劲懂劲过程中，得出综合的结果，即知识量果，知识的根本作用就是综合。有了这个综合的结果，已得知己知彼懂劲之真知灵知，下一步有为无为，任自己心意做主，心愈空寂虚明，其听劲懂劲愈灵明，叫作介然有知。

是谓盗竽：黄元吉先生的《道德经讲义》载为："是谓盗竿"。立竿见影能反应日光运行，古人用以确定时辰。盗竿则失大道中正之体，不能正确反应日光之运移，所以叫非道也哉。由虚静空寂而生之良知，发为良能，自然能应对无穷之变，能知所知产生的量果，自在其中，因其合道，立竿则影见。如不能虚静空寂，灵知不生，良能不现，如立一盗竿，非道也哉。

五四、以身观身

善建者不拔，善抱者不脱，子孙以祭祀不辍。修之于身，其德乃真；修之于家，其德乃馀；修之于乡，其德乃长；修之于国，其德乃丰；修之于天下，其德乃普。故以身观身，以家观家，以乡观乡，以国观国，以天下观天下。吾何以知天下然哉？以此。

善建者不拔，相传鲁班是我国建筑业的始祖，他的继承者在中国建筑了无数美奂美轮的名胜，如阿房宫等。有的保留的时间较长，有的短时间就没有了，有名的黄鹤楼是累毁累修，万里长城作为中华民族的象征，光芒四射。鲁班的建筑学术，建筑技艺，代代相传，经数千年而不衰，而且发扬光大，是真正的善建者与善抱者。鲁班的继承者，广修祠庙，纪念他的功绩与贡献，春秋祭祀不辍。

林语堂先生说："天下有形的东西,容易被拔去;有形的执着,容易被取走。唯有善于建德持道的人，建于心，持于内，也就不能拔去取走形迹"。老子倡立的道家学说，持道建德，修养人的内心，使之复归于纯朴的道，老子的香火，代代祭祀没有断绝。

依照道家学说修炼太极拳内功，要能善建、善抱。张三丰、王宗岳、武禹襄等先辈，遗留下太极拳的经典论述，发扬了道家谦下、宽容、处柔、不争的美德，建立了完善的太极拳修炼理论，其业绩将永世流传。后人修炼太极拳内功，遵依这些经典理论，就能建立对太极拳正确的认知。有了正确的指导思想，然后能始终如一，坚韧不拔的步步精进，没有任何力量可动摇其信心。太极拳之修炼以证道得道为究竟，道智慧明白，随用而生，能证得道之大智大慧，其德乃普、乃真。

善抱者不脱：老子曰："载营魄抱一，能无离乎"。无离即是不脱离，精神与形体合一是拳学的最高境界，在太极拳经典理论的指导下，守中抱一，要守而不失，抱而无离，不失不忘，不离不弃。这一根本的原则不可丢离，不能动摇，丢离了这一原则就不是太极拳。守中抱一，经书中说，中就是一，一即是中，寂然不动为中，感而遂通为一。中是虚无空寂的无极，一是朕兆初萌的太极，守中抱一是抱守这无极而太极，太极而无极的道体。因为是中，没有偏倚，没有正负，没有增减，是从容中道。因为是一，专精不二，只一心无二念。经书云："千圣一心，万古一道，天君泰然，百体从令"。天君指心神，心神专一，形体听从驱使。又云："惺惺一个主人翁，寂然不动在灵宫。但得此中无挂碍，天然本体自虚空"。抱一就是抱定这个惺惺不昧的清净心，不生一念，不著一尘，永葆天然之纯朴。

依道家理论，一是太极，是元气，太极一动阴阳生，元气分化为阴阳二气，已偏离了大中。阴阳二气的相生相克，经中气调和而生三，而有天下万物，这是太极一动之后的事。这个元气是万物的根本，先天一气也就是这个元气，从虚无中来，道自虚无生一气，由此元气流行于天地之间，无所不在。因其本性虚空，以虚空为舍，在虚空处集聚，虚空即大中。当人炼成虚空之体，所集聚之元气充盈弘浓，所以说，气者体之充也。元气在人体内经过炼气化神，炼神还虚的修炼，又回归于虚空。元气本身也就如此周而复始，流行不已的载着万物循环，如此无中生有，出有入无的健运不息。人得此元气则生，有此元气则灵明智慧，十年练功，十年养气，抱定这个元气，随之化神、化虚，接近大道玄妙之殿堂，功在善抱不脱，守而勿失。

修之于身，其德乃真。要想能益寿延年，长生久视，必须做到善建、善抱，天下万物皆负阴而抱阳。修道要抱定纯阳真气，直养而无害，如此就有纯正真一的德；也要修炼身形，骨柔筋弱，不离坤阴柔顺之德。关于修身，本章提出了以身观身，道家有静观玄览，返观内视的功法。炼静功有眼观鼻、鼻观心的要求，以身体之一部去观察另一部，真正要做到全神贯注，明察秋毫。这种观照，有内照形躯的诀要，是向内观照身体；还有收视返听，不仅要向内观照，收眼光向内观看，还要向内聆听，收耳韻向内静听全身。平常人都是向外看，向外听，心神受外界声色影响，因而滋生物欲，惑乱心身。

现在将耳目都收回来，不受外界的干扰，专心一志返观自身，在集中专注于内视内听的修炼中，能清楚明白的了解自我。更进一步能发现自身隐秘的生理活动，在高度虚静的状况中，还可以对亏损的机体起到康复的作用。返观内照，是内功修炼的功法，参与到性命双修的全过程之中，可观察到元气在体内的活动。如元气的周天运行，在经脉中的流通，如何通任督，如何安炉设鼎，通过内视内听都能得到讯息。据传经络穴位是古人在返观内视中发现的，不知可信否。但在深度入静的修炼中，身上确有一些景象出现，这是被一些练功者证实了的。

通过以身观身，能知已知彼，知己如上段所说，以内照形躯的功夫，清楚的了解自己，知道自己的能力极限，长处与短处，以利于应对时的临机应变。知彼是以我之身比人之身，以我之心比人之心，因为人体的结构是相同的，所不同的是后天的积习；人生之心理同样有情感，所谓性相近，所不同的也是后天尘染，所谓习相远。知彼则是在相同之中寻找出不同的差别，在相同的必然之外找出不同的偶然。太极拳称之为听劲，外观以身观身，内观则以劲观劲，以气观气，或曰以劲听劲，以气听气。在与对方一接触时，通过手发挥灵敏的触觉功能，更通过心发挥固有灵知灵觉之良。

太极拳有一套完整的接手功法。李亦畬先生曰："不丢不顶，无自伸缩，彼有力我亦有力，我力在先；彼无力我亦无力，我意在先。挨何处，心要用在何处"。以劲听劲，有的称之为探力，探听清楚彼在如何用力，在何处用力。更确切些说，我之力非筋骨之力，是劲，是内气内劲，也就是意。一接手我意在先，意也就是力，引出对方的力，就在对方劲力被引动的瞬间，探听清楚彼力的走向、刚柔与后援的情况，懂知了人的劲势，因势而应对之。以气听气，也可以大气球之球面敷盖对方，听知对方内气的反应。

杨式太极拳有三不打，即听知到下面三种情况之一，说明对方有较高的功夫，一定要小心谨慎，不宜继续交手。一、对方垂直线软而活，问不出反应力。说明对方静定自若，守中不失。二、对方的钟锤上提下落旋转不定。表明对方内气流行通畅，灵动圆活。三、对方垂直线粗且膨胀力强。表明对方内气充盈，内劲浑厚。这三种情况都是彼内气纯正刚健的表现，功夫炼到这种水平，仅就其精诚专一之心志，也是值得敬重的。以己之气听彼之气，听清楚了对方的气势，也就明知对方的阴阳虚实、意气劲力，从而决定自己的进退取舍，使自身不涉险境，永保平安。

五五、知和曰常

含德之厚，比于赤子。毒虫不螫，猛兽不据，攫鸟不搏。骨弱筋柔而握固。未知牝牡之合而朘作，精之至也。终日号而不嗄，和之至也。知和曰常，知常曰明，益生曰祥，心使气曰强。物壮则老，谓之不道，不道早已。

赤子是初生的婴儿，不识不知，无心无欲，完全是一团纯和天理之良，包含有深厚的德，柔弱圆融，没有后天的分别心。如此纯和，所以毒虫猛兽伤害不到他，婴儿之所以不受伤害，因其天守全。《列子》书中说："是纯气之守也"，"一其性，养其气、含其德、以通乎物之所造，夫若是者，其天守全，其神无郤，物奚自入焉"。这是说抱守纯和的元气，本性专一，元气涵养，保持先天完美的德行，以此通达于万物的根源。像这样天性完善，心神不亏，外物怎能侵害得了呢！

《列子》书中举有一例：一个醉汉从车上坠落下去，虽受点伤却没有丧命，他的骨骼结构同常人一样，而受到的伤害却轻于常人。其原因在于他当时无心无欲，不识不知，他不知在乘车，也不知从车上坠落，完全没有生死惊恐惧怕之心，所以他得到了保全。列子说他："藏于天，故物莫之能伤也"。他将自身托付于天地之中，寄身于本然应当之位，极其纯和自然，虚空无一动其心，所以能得天佑。

庄子曰："儿子不知所为，行不知所之，身若槁木，心如死灰，祸亦不至，福亦不来，祸福无有，乌有人灾物害哉"。当人达于忘心忘形，无知无欲，无恐无惧之境，无是非善恶之分别心，没有祸福的忧喜，也就没有灾害。因为祸福无门，唯人自招，当修养到忘忘的境界，身心一切全都忘掉，一切喜忧祸福都不动其心，已近于道。是修道者毕生追求的成果，也就是老子所要求的，复归于婴儿。

婴儿骨弱筋柔而握固，精之至也。握固，婴儿的双手是握紧的，好像要抓一个东西，抓住了一个东西，这在佛家叫作手印，在道家叫作掐诀。修炼者总是在仿效婴儿，希望能复归于婴儿，因为婴儿有充沛的精气。天道生化之理是先天神生气，气生精，人自受生之初，精藏体内，天一生水是也。婴儿未生分别心，保有先天之纯真，元精则清明纯净而丰满，故曰精之至也。

终日号而不嗄，和之至也。婴儿一天到晚号啼，而不显得力竭声嘶，是因为他精气充沛，虽然在号啼，但心境是平和的，没有情绪的激动，没有一丝妄念。正是子思所谓："致中和，天地位，万物育"。达到了中和、天地万物各得其所，万物都得到了发育生长的动力，知和则知天道之常。果能复归于婴儿，同于赤子，无恐无怖，无识无知，一片浑沦，流于象外，这叫作"和"。天道以和育物，能知到中和，则得到了生生之本，健运不息，这是天道之常，是常道。知道了这个常，就能通达一阴一阳之道，与天地同造化，与万物同呼吸，故曰知常曰明。知和知常的知，是先天的真知灵知，不是后天妄意的知，而是时至神知。神即虚，虚即道，道是永远恒常不变的，所谓的不神之神，无知之知，这才叫作明白，知常曰明。

本章从婴儿的天真说到精之至，先天之纯精，上药三品之一，是人生至宝。婴儿保有先天之纯真，其精也纯真，元气充沛，童心平和；如此之和，如此之常，是元神的虚静灵明。道家修炼以身观身，以气观气，以心观心，知道如何养精，如何养气，如何养神，精气神都得到善养，自然收益寿延年、长生久视之益。生命得到了珍爱，是人生之大善，最大的吉祥如意，叫作益生曰祥。

人们为什么不能长保婴儿之祥和天真，由于进入后天生活，物欲诱惑，滋生后天之妄心贪心，强迫消耗自身的精气神。外形由小长大，拙力由弱变强，而内蓄的精气神在逐渐消耗，欲望支配作精气逞强妄为，这是心使气曰强，实际上是在消耗自己的生命。人由小长大，由壮变老，精气神由盛而衰，由衰而竭，这是本章的结论，物壮则老，谓之不道，不道早已。天下地上生长的万物，都在沿着这条路走，生长老死，叫作轮回。

老子提出“能婴儿乎”，要求“复归于婴儿”。复归是逆反万物生长的常规，经书曰：“顺则凡，逆则仙，只在其中颠倒颠”。反者道之动，一直顺着人情之常规向前走，愈走离常道愈远，要反转来寻求归根之路。万物在躁动，我则虚静；万物在争强，我则守弱；万物在争上，我则处下；万物在占有，我则无为。众人熙熙，我独泊兮其未兆，如婴儿之未孩。像婴儿一样，无知无欲，虚极静笃地走向归根之路。

骨弱筋柔是拳术的基本功，拳论中常说为柔弱无骨。唐顺之先生在《峨嵋道人拳歌》中有“百折连腰尽无骨，一撒通身皆是手”之句，描述该道人拳术精妙，身形柔软得好像没有骨头。弱在此是软绵、柔韧、圆润、灵活之意。《太极拳谱·太极下乘武事解》说：“太极之武事，外操柔软，内含坚刚，要求柔软之于外，久而久之，自得内之坚刚，非有心之坚刚，实有心之柔软也”。该诀以“下乘武事”称之，因拳道以武事为技击之末，实则所论为神明化境之上乘功夫。拳者一内气一外形耳，拳论的内气属乾，阳刚而健运不息；外形属坤，阴柔而顺随沉静。求外形之柔软，久久修炼，愈炼愈柔、愈通空，保障内气之遍体流行通顺畅达，自显内气之纯阳刚健。内气健运，以气运身，外形愈柔弱则愈顺从，无违无逆随内气而动，是心有柔软通空之意，这合乎老子弱者道之用的原则。老子提出上善若水，水之柔弱，随曲就伸，随方就圆，是身形筋骨效法的上善。

五六、知者不言

知者不言，言者不知。塞其兑，闭其门，挫其锐，解其纷，和其光，同其尘，是谓玄同。故不可得而亲，不可得而疏。不可得而利，不可得而害。不可得而贵，不可得而贱。故为天下贵。

道可道，非常道，道体精微玄奥，难以言表，故不可言，可言者非道也。况且不可言者是精华，可言者可能是糟粕。所谓知者不言，实难言也，言者所知，不过徒见肤浅表皮而已。林语堂先生说：“最珍贵的东西往往是言外之意啊，眼睛看得见的是形体的颜色，耳朵听得见的是名誉和声闻，这一切在人们心里，竟成了洞穿大道的媒介物。事实上那形色、声名根本无法助人探得大道的实情”。所以知道的不谈道，知者不言；好谈道的不知道，言者不知。古人云，得意者忘言，得鱼者忘筌，得了手，闭了口。

关于知与不知，《庄子·知北游》篇中有段对话：泰清问道于人，一说知，一说不知。泰清又问无始，无始曰：“不知深矣，知之浅矣；弗知内矣，知之外矣”。泰清叹曰：“弗知乃知乎，知乃不知乎，孰知不知之知”。无始曰：“道不可闻，闻而非也；道不可见，见而非也；道不可言，言而非也。知形形之不形乎，道不当名”。无始又曰：“有问道而应之者，不知道也。虽问道者，亦未闻道。道无问，问无应。无问问之，是问穷也；无应应之，是无内也。以无内待问穷，若是者，外不观乎宇宙，内不知乎大初，是以不过乎昆仑，不游乎太虚”。后面几句的意思是：本来无可问却要强行去问，这种问是空洞乏味的；本来无可回答却要强来回答，是没有内容的。以没有内容的话，去回答空洞的问，这种人本来就未闻道，知之浅矣，言而非也。外不能观察宇宙万物，对内不能知道自身的本原，当然也就不能越过昆仑，遨游于太虚境界。庄子又说："不形之形，形之不形，是人之所同知也，非将至之所务也，此众人之所同论也。彼至则不论，论则不至"。意思是：由无形到有形，叫作生；从有形到无形，叫作死，这是大家都知道的，非修道者所追求的，人们仍不停地议论。得道的人不去议论，议论的人是不能得道的，这就是知者不言，言者不知。

老子曰："国之利器，不可以示人"。最重要的秘密是不可以言说的，保密工作者真正做到了知者不言，国家民族的绝艺也是不可轻易言说泄漏的。相传太极拳有凌空发放之功，有不见不闻之能，一般练太极拳者见所未见，徒有耳闻。耳闻为虚，眼见为实，未能亲见而怀疑是否真实存在，这种怀疑是有理由的。有人由此而认为太极拳无防身之用，甚至还怀疑太极拳是否有养生的功能，这种怀疑是由于不相信，信不足焉，有不信焉。这也难怪，因未见到真正的太极拳，把那些多言者、好言者，喋喋不休的说法，误认为是太极拳之经典。按其说教却炼不出功夫来，回头只有怪罪太极拳无用了。非太极拳无用，是误听了不知之言。关于太极拳的凌空劲，吴图南先生有诗文说得很明白。

修炼太极拳求道，是一条艰苦的清修之路，黄百家先生提出了存心五字诀：敬、紧、径、劲、切。有人说学内家拳术须知此五字，此虽非拳术，然学者离此五字则不为功。故精于拳者，所知只有数字。

敬：敬重拳道是祖先遗留的无上之学。拳经曰："岂知我心，只守一敬"。敬则诚，诚则信，真心相信修太极拳能养生证道，对拳理拳法虔诚学习。不知者诚心求知，求得真知真懂；既知则守而勿忘，身体力行。前辈说，敬乃习拳者第一心守之法也。

紧：紧记不忘，熟知拳理拳法，体悟太极心法，时刻不忘，用心揣摩，以求得神形合一，紧密不分。习拳者当谨记，肩负有传承传统文化的责任，勿使其埋没流失，心中有此紧迫之感，必加紧修炼。

径：道路门径，学拳一定要选择好入门之径，得其正门而入，则能得其真传，求得真知。最怕者误认名师，误信不知之言，落入旁门左道，再回头已光阴虚度。王宗岳先生告诫：斯技旁门甚多。当心一步错，步步错。

劲：习内家拳一定要分清劲与力，力是肌肉筋骨紧张所生，劲则是神意气的化合，叫作内劲、内气。拳谱讲用意不用力，是不用筋骨所发的拙力；用意是讲以意行气，因为意就是内气、内劲。力为血气之勇，属骨肉皮毛之外壮；劲为神气之用，为经络血脉之内修。力显于外，有形，有惯性；劲蓄于内，无形，无惯性。力有疲惫之时，有不从心之处；劲则源源不断，从心所欲。力硬直、迟缓；劲圆活、灵动。内劲发于中而遍布周身，挨何处何处有，周身无处不弹簧。

切：恳切，习拳要虚心恳切求教，叫作切问，经曰："博学切问，所以广知"。前人解说为：切问者，亲切问于己所学未悟之事，不泛滥问之也。切问是求教自己已学但还未深刻理解的问题，不是泛泛无目的之问。不懂的，未理解的问题，恳切向人请教，以求得真知。学问要求老师解答疑惑，还要与同学商讨研究，这叫作切磋，所谓如切如磋，如琢如磨。

这五字诀是内家拳的精义，上面仅以知者不言，言者不知说其大意，可能也成了言者不知之妄言。

肩负传承祖国传统文化之大任者，当闭门塞兑，谨言慎行，塞其多言之口，闭其妄听之耳，退藏入密。要涵蓄着光耀，混同着尘俗，极其恬淡平常地隐身与市井之中，人不知其能，人不知其智。但是和光而不污其体，同尘而不渝其贞。收敛锋芒，不露圭角，超脱出纷扰的尘世，谦卑不争。能做到这些就叫作玄同，玄者谓天，是说能与天同道。修炼太极拳内功到此境界，身怀绝世之技艺，虽千两黄金也不售，遇有能传承其道者，则尽心相授。这正是我民族精华得以世代传承，薪火不熄的缘由。

五七、以正用奇

以正治国，以奇用兵，以无事取天下。吾何以知其然哉？以此：天下多忌讳而民弥贫；民多利器，国家滋昏；人多伎巧，奇物滋起；法令滋彰，盗贼多有。故圣人云：“我无为而民自化，我好静而民自正，我无事而民自富，我无欲而民自朴。”

道大中至正，不偏不倚，不增不减，无过不及，无所不及。南怀瑾先生说：“以正治国，不能用权术，不能用手段，而是用真正诚恳的道德，不能虚诈，不能作假。”老子在前面章节中说过：“爱民治国，能无知乎”。无知是不用智巧，治国首要爱民，不要用权术愚弄百姓。用兵则要用智巧奇谋，因为是对敌，兵者诡道也，为了保卫国家人民，战胜敌人，所用计谋愈奇愈妙，就愈有利于国家人民。而对待人民，古人做法是无为、好静、无事、无欲，人民则纯正朴质，安居乐业。

修炼太极拳内功是求道证道，一定要求大中至正，练功以中正为法，最根本的要诀是：立身中正安舒，尾闾中正神贯顶。有守中抱一，占住中定的功法，求得正位居体，黄中通理，以之修得一身正气，一腔正义。即使在迫不得已而应对时，也是堂堂正正、诚实、忠厚、光明磊落。为了保护双方的安全，用上斜行偏闪，避直逃冲，也是正正当当，明明白白，绝不欺骗巧诈。有正大光明之德，用奇谋，奇谋也正大光明。如诸葛亮之隆中对，联吴抗曹等奇谋妙计，无不正大光明，是以正用奇。太极拳之以内用外，以柔用刚，以静用动，以缓用疾等，正是中正之德的发挥。中正为主体，奇巧为作用，主体坚守正道，奇谋妙计发挥光明正大的作用。

以内用外：《太极拳谱》云，“意气君来骨肉臣”，意气在内，为君主，运筹于帷幄之中；骨肉在外，如臣属听令奔走于外。以意行气，以气运身，外形身躯受意气驱使，即是为内在的心意所用。以时空关系而论，时不因位而更，位可因时而变。意气内劲随时序而流变演进，无论外形姿势动静若何，时序一定是前进的，这种演绎变化过程，是不可逆转的，所谓与时俱进。在如此演绎变化的过程中，空间位置可能随之发生变更，这种变动移位在拳术叫作招式，即位因时而变，连续起来就成为套路。外形肢体占有空间位置，如果没有劲力的影响，空间位置是不会变更的。这就是说身形姿态受意气的驱使而变位，意气主导了外形的行为，心意处中以治外，以外形体现内心的作用，这种以内用外，合乎天地阴阳的法则，得天道之正。

以静用动：由上段内为主，外为从的君臣从属关系知，外形因内气之运使而动。《内功经》云：“须动身不动心，动心不动气，夫然后心静而步坚，气静而身稳，而精神得以飞腾变化。真是：知静之为静，动亦静也；知动之为动，静亦动也。盖以静用动，非以动用静也”。心神为一身之主宰，其本体是虚静的，不虚静则非真心道心；而心神之用是灵动的，不灵动则不能主宰运化。而身形之本体也是不能动的，而身之用动是受心意之驱使命令而动。动身不动心的真意就是，心体之用指挥身体之用动，这就是一身为心所用，心的意图通过身动而体现。以心用身，即以静用动，静为主体之静，动乃作用之动，体用主次分明，所以说是以静用动，非以动用静。

以柔用刚：老子曰：柔弱处上，守柔曰强，柔之胜刚。太极拳内功尚柔，以柔为体，以刚为用，在内之心神文体柔软运筹指挥，才有外形无坚不摧刚健武事之用。然则按内气外形之本性而论，内气属于乾天，有阳刚之性，健运不息；外形属于坤地，有阴柔之德，顺随服从。似与柔体刚用之说相悖，对此内家拳谱有《刚柔体用论》言：“刚者宜柔，柔者宜刚，刚柔相济，必有所长”。阳刚之内气，无形而有质，无孔不入，无处不在，能万化无方，但摸不着，抓不到。言刚而实柔，比水更见柔弱，物极必反，极刚健而后极柔软。阴柔之外形，有形有象，有占位之能，充之以内气，能坚不可摧，开山劈石，比铁更为坚刚，言柔而寓刚，极柔软而后极坚刚。以柔用刚，实为以无形之内气，用有形之身形，无形者曰柔，有形者曰刚，内气外形各归其本位，则刚柔相济，各有所长。

以柔用刚，是在于内柔外刚，拳谱云："非有心之坚刚，实有心之柔软也"。万法由心，求外形之脱换，达于柔弱无骨，必用心炼外形之柔软，终能有形体之柔软；求内气之直养，充盈饱满达于至大至刚，必用心求内气之纯阳，终能有内气之刚健。心为一身主宰者，阴阳刚柔唯心运化，拳谱云："外操柔软，内含坚刚，而求柔软之于外也，久而久之，自得内心坚刚。"所求者内气外形，能求者心神也，是刚是柔，万法由心。拳谱云："极柔即刚极虚灵，运若抽丝处处明"。

以缓用疾：缓者和缓、舒缓；疾者快捷、迅速。《内功经》曰："此于神运者，神缓而眼疾，心缓而手疾，气缓而步疾，盖因内缓而外疾，内静而外动，内柔而外刚，知体用之妙矣"。心神意气为内，眼手步身为外。在内之心神运筹帷幄，必从容不迫，冷静平和，舒缓沉着，才能虑事周详，计划精妙，谋而后动。当内部命令一出，在外之身形执行命令，必闻风而动，疾如闪电，要有迅雷不及掩耳之疾速，如此才能不失机势。故有静如处子，动若脱兔之喻。和缓则舒松，舒松则清静，清静则无有不应，应对能至当恰好，无过不及，此为以缓用急之主旨。

《内功经》曰："以柔用刚，方是真刚；以缓用疾，方是真疾；以静用动，方是真动。此中之妙，皆得之于象外，而非可以形迹求也"。由真静、真柔、真缓得真动、真刚、真疾，真实而不虚妄，回归其自身本来的样子，纯一不杂，合于正道。

拳谱《得真法诀》云："混元一气吾道成，道成莫外得真形。真形内藏真精神，神藏气内丹道成。如问真形须求真，要知真形合真象。真象合来有真诀，真诀合道得彻灵"。《得真法诀》指明拳学之真正本原，得真则能合道，则能通达大彻大悟之虚灵妙境，升华拳学为拳道，正如内功经所说的超以象外，得其环中。《得真法诀》说，道成莫外得真形，上面所说之真动、真刚、真疾，皆属形体之状态，形真才有真动、真刚、真疾，故法诀指明首先要求得真形，有真形则有真象，则有动静、刚柔、缓疾之真。

如问真形须求真：如欲修得真形，必先求真。何为真？真者，自身真实的本原，所谓本来面目。佛家称为真如，真谓真实，显非虚妄；如谓如常，表无变易，为宇宙万有本体之称。真实如常之真常，即是老子说的常道，是造物者，宇宙万有的主宰，亦名真宰。求真即是求纯朴真常之道，无名之朴，中正纯一，虚静无为即是。

唯道集虚，炼虚合道，由丹道修炼得知，此虚必经炼神而还归，神归为元神真宰，才能见得虚空。而元神经炼元气所化，如是求纯一之真，元气是关键。道自虚无生有真气，气充形体经炼形化气，使形体气化，脱拙而换灵，脱壳而换相。形体经此脱胎换骨的炼化，脱换了尘俗的凡体，而换成纯洁无杂的一团真气。继之炼气化神，炼神还虚，还归真形之本来面目，叫作真形真我，为性命双修的成就。

要知真形合真象：真象是真气之景象，也就是在上述炼化过程中，真气在体内所发生的效应，称之为内景，包含了内气内劲的阴阳、虚实、动静、开合，具精灵神通变化之妙。外脱胎换骨而得真形，内炼精、气、神而生真象，此真象清虚灵明，万化无方，不可想象，不可有意求，有不神而神之妙。拳道诚于内，形于外，内外相合，有真形与真象之合一，拳道称之为神形合一。

真象合来有真诀：真象是内气内劲神妙之景象，内气内劲的修炼有真诀，真诀就是老子提出的六字真言：致虚极、守静笃。虚静者，道之本然，真常无为之性，是修真求道的不二法门。《清静经》说，人能常清静，天地悉皆归。当天地万物悉数来归，还有什么样的功夫不能炼成，须知这才是修炼传统拳学之正道。

真形内藏真精神：真精神即精气神三宝，太极之先有元神，即无极、即道，而后生元气、元精，是道自虚无而生。当人体修炼而成真形，内清虚而外脱换，已达于与太虚同体之妙境。修炼太极拳内功者，全体气化，已形成一虚空散之大气球，依同气相求之理，虚无的元神、元气、元精自然来舍。经过炼精化气、炼气化神、炼神还虚，又回归于虚空。而真形一经腾虚，又有元神、元气、元精来舍，如此循环不已，直至真形同归于化，还虚合道。真形成为精气神行藏之舍，精气神又载着形体一同虚化，在元神的主导下，形与气精混而为一。

五八、祸福相依

其政闷闷，其民淳淳。其政察察，其民缺缺。祸兮，福之所倚，福兮，祸之所伏。熟知其极？其无正。正复为奇，善复为妖，人之迷，其日固久！是以圣人方而不割，廉而不刿，直而不肆，光而不耀。

闷闷，河上公释为宽大，宽厚。南怀瑾先生说是温和老实，凡事都是平和、慢慢渐近的，不玩弄聪明，不耍花招。这近于道的本性，道浑浑沦沦、昏昏默默，淳淳朴朴，宽宽厚厚。庄子说：没有思索，没有考虑，才懂得道；没有处所，没有行为，才安于道；没有方法，没有途径，才得到道。这是在说，在闷闷淳淳中能得到道。领导者用这种理念，无为而治，必然和谐而安宁。

察察是过分苛严，过分精明，处处表现自己的聪明能干。古语有“察见渊鱼者不详，智料隐匿者有殃”。因为过分动用自己的心神，绞尽脑汁，心劳神伤，精疲力竭，不道早已。

修炼太极拳内功，其目的是证道求道，应依照道的本然而修，虚静、恬淡、寂寞、无为，昏昏默默，淳淳闷闷的练功夫。一任自然而然，让自己的心神与形体都得到充分地休养。练拳重在养生，汪永泉大师说，要三分练、七分养。养生则首在养神，养心，勿过度劳心伤神，效大道之淳朴，无思无虑，无欲无求。修炼太极拳者要忠厚老实，淳和朴素；爱耍心机，卖弄聪明的人，练不好太极拳。大道至简，道不欲杂，杂则乱，乱则扰，扰则忧，好高骛远，贪多弄巧者，皆为背道而驰，非载道之器。

祸兮，福之所倚，福兮，祸之所伏。这是对立面的转换，《老子》一书中有好几章讲辩证法，一切事物都有对立面，失去了对立的一方，另一方也就不存在。在传统文化中统称之为阴阳，道即是一阴一阳。阴阳相对立又统一，有阴必有阳，阴阳又相互转化，阴极则阳生，阳极则阴生，相生又相克。祸与福就是相互依存又相互转化的，有时看来是福，却带来了灾祸；有时看来是祸事，反而带来了幸福。事物总是向相反的方向转化的，如常说的乐极生悲，高兴快乐过了头，忘乎所以，会产生悲剧；又如常说的否极泰来，愁困倒霉到了极点，就会出现一线生机，光明就会到来。所谓物极必反，好事可以变成坏事，坏事也可变成好事，这在生活中也是经常遇到的。老子说：正复为奇，善复为妖，正常的可能变为反常，善良的可能变成妖孽。这就是辩证法，与有正必有反、有上必有下一样的必然，仅有一面不成其为物，没有上哪有下。

一阴一阳之谓拳，太极拳依对立统一的原理创成，拳法阴不离阳，阳不离阴，拳谱《十三总势说略》云："有上即有下，有前即有后，有左即有右。一处有一处虚实，处处总此一虚实"。上下，前后，左右皆为相对之阴阳体，太极一周身，周身无一处不是阴阳，无一动不含阴阳。意要向上，即寓下意；意欲向前，即寓后意，此上下相应，前后相随，即老子在第二章所论。曰有无相生，难易相成，长短相形，高下相倾，音声相和，前后相随，一切事物因对立而存在。拳法之无穷变化总不离此一阴一阳，拳者不过一内气一外形，而形有形之阴阳体，气有气之阴阳用，形气合一又有形气合一之阴阳理。传统拳论最早就有阴衰阳兴之论，衰者，柔弱之谓，兴者，刚健之谓。

论形之阴阳体，上下、前后、左右、内外即是。论气之阴阳用，升降、呼吸、吞吐、聚散即是。论形气之合一，健顺参半，劲形逆从，意去劲回即是。拳论以内劲为阳，外形为阴，就开合而言，如外形开出，内气合回，称为阴使阳遁；又如外形收合，内劲开出，为阳使阴遁。内气外形相从而动，开合同在，收放同时，为劲形逆从，即阴阳二气相反相成之理。

健顺参半是以阴阳论内劲外形之匹配，健即阳刚之内气，健运不息，属乾天之刚健；顺即阴柔之外形，顺从柔弱，属坤地之柔顺。参半即一阴一阳，一内劲一外形，阴不离阳，阳不离阴，内劲不离外形，离则无所依载；外形不离内劲，离则失去主导，故为健顺各半，五阴五阳。而阴阳中又有阴阳，拳术要求形用半，用一身之半，前后、左右、上下、内外皆可分能分，用于进攻者一半，用于防守者一半，一身攻守同在，攻中有守，守中有攻，此形之参半。用于进攻的一半，并非全然开出，仍贵在含蓄，所谓时放常收，舒少卷多，此阳中寓阴，阴阳中复有阴阳。

至于内劲则不可以半言，内劲即内气，气无形难以度量，不可等分。按气数而言，一三五七九为天地生成之阳数，用之于进攻之半形中；二四六八十为天地生成之阴数，用之于防守之半形中，五阳数、五阴数称之为对五。拳法之形用半，劲用对五，即阴阳互参，内劲与外形匹配为用，各尽所能。

祸福互为因果，正如阴阳二气，相互转换，转换是有条件的。所谓熟知其极，祸福的更替，谁能知道它的原因呢？若能知道这个因由，就能避祸祈福，变不利为有利，人们希望能得道的智慧，创造转换的条件。比如太极拳的引进落空，是用于应对的上上心法，如果不知机变，将人的劲引进到自己的中枢，成了引狼入室，那落空的是自己，受制的是自己，好事变成了祸事。引进落空是边引边化，引之至长，让彼找不到尽头，在引化中逐渐改变彼进攻的方向，将彼引向空处，当彼感觉到不能再进时，已到了彼前进的极限，已然身临悬崖深渊，变成了彼的祸事。

拳谱有《太极阴阳颠倒解》论阴阳之转换，说明相济相生是有条件的。该解曰："盖颠倒之理，水火二字解之则可明矣。如火炎上，水润下者。水能使火在下，而用水在上，则为颠倒。然非有法治之，则不可得矣。譬如：水入鼎内而置火之上，鼎中之水得火以燃之，不但水不能润下；借火气，水必有温时。火虽炎上，得鼎以隔之，是为有极之地，不使炎上，火无止息，亦不使润下之水渗漏，此为水火既济之理也，颠倒之理也"。在此水火由相克转换为相济的条件是，得鼎以隔之，使水不能润下，火不使炎上，有此特定的条件，相反者能转为相成。阴阳颠倒之理，是太极拳以弱胜强、以柔克刚的理论依据。太极拳得到了颠倒转换的条件，那就是老子提出的，"反者道之动，弱者道之用”。太极拳一反世俗之常，用意不用力、柔弱处上、善下不争，为一大颠倒。顺则凡，逆则仙，只在其中颠倒颠。

祸福的颠倒转换,关键还在于变,拳谱云:“善变无形又无穷”。兵无常势,水无常形,要在不断变化的形势中,掌控机势,变被动为主动,变不利为有利,变坏事为好事,也就是变祸为福。庄子曰:“其所善者为神奇,其所恶者为臭腐,臭腐复化为神奇，神奇复化为臭腐，故曰，通天下一气耳”。普天下就是一气之变化，一气生阴阳，阴阳又互变，祸福相倚，尽在变化之中。

在千变万化的形势中，要知变、知常，更要能知止。知止于至善，至善就是度，是无过无不及。老子指出的这个度是：方而不割，廉而不刿，直而不肆，光而不耀。方正而不生硬勉强，有棱角而不尖锐伤人，直爽而不妄为放肆，光明而不炫耀刺眼。一切都恰到好处，合乎法度，行中和之道。

太极拳炼入佳境，不方不圆，即方即圆，随方就圆，就是浑元一气，自然流行。遇方即方,遇圆即圆,无丝毫顶匾丢抗,无半点生硬勉强,处处、时时、事事都能随曲就伸，委曲成事。说其圆，柔和润贴，宛转流利，顺应随从，如玉盘滚珠。说其方，堂堂正正，稳稳当当，不偏不倚，方而不割，直而不肆。拳谱《太极正功解》论之精且详，方圆兼备，阴阳相济也。

五九、深根固柢

治人、事天莫若啬。夫唯啬，是谓早服。早服谓之重积德。重积德则无不克。无不克则莫知其极。莫知其极，可以有国。有国之母，可以长久。是谓深根、固柢、长生、久视之道。

啬，节俭，有节制，不放逸，少费谓之啬。对于修养身心，则为爱惜精气，节省神智，所入不轻出，所用不多耗。早服是立即实行，早作安排，积累力量，早得天道。服就是得，精神与生命早些近于天道，啬的德不断的积累，叫作重积德。朱子曰："俭德极好，凡事俭则鲜失。早服者，言能啬则不远而复，便在此也。重积德者，言先已有所积，复养以啬，是又加积之也。如修养者，此身未有所损失，而又加以啬养，是谓早服而重积。若待已损而后养，则养之方足以补其所损，不得谓之重积矣，所以贵早服。早服者，早觉未损而啬之也"。朱子这段话，阐发养生当及时，寿命长短与能量的消耗有关，欲健康长寿，必爱惜精气，减少消耗，使啬的德不断的积累。未损又重视啬养，则早得天道；已损而后补养，得失参半。未损而不知养，逐渐消耗以待尽；已损而不知养，过上加过，生命难保全。所以贵在早服重积德。

太极拳修炼，注重养而避免伤，修炼中遵照所入不轻出，所用不多耗的原则，惟啬之早服重积德养身修身。太极拳以松稳慢匀的方式修炼，减少精气神的消耗；以舒适、快乐、得意、自然的心情修炼，不仅能保养精气，还能促进精气的增长。拳谱云："完全松了就是养"，"松圆就能养"，全身舒松圆融，所有的经络血脉畅通无阻，任内气精血自然遍体流行，这就是养。

拳谱又说："要全身放松，无一处僵滞。松散圆就能使意气得到静养，最重要的是心气放松，排除一切私心杂念，不要思想紧张地去苦练，不要追功夫，练拳要像玩耍那样轻松，不要自己和自己较劲"。松稳慢匀能将生命活动的消耗减少到极点，就是所用不多耗，早服重积德。

人生精力的消耗在两个方面，一是形体的，一是精神的。形体的消耗在于妄动而用拙力，违背了用意不用力的原则，拳谱云："用意则能养，用力则伤"。妄动用力，尤其是动用蛮力，造成筋骨紧张，气血壅塞，增大内耗，不仅伤了筋骨，也伤了内气。精神的消耗在于痴妄而迷恋物欲，违背了清心寡欲的原则，心血消耗于杂念妄想，更消耗于声色贪欲，这种消耗能导致油枯灯灭。要早些警醒，早作准备，莫待消耗干净，补救不及。早服重积，啬之德，能免临渴而掘井之窘。

性命双修之功，形体与精神都得到完满的修炼。命功的修炼，重在炼形，身体达到柔弱无骨，回复到婴儿的纯真，天机自动，天籁自鸣。命功的炼精化气，炼气化神，使形体气化，肌肉若一，凡有所动皆为内气之动，毫无滞阻的畅通流行。啬，重积则为纯气之守，神气抱成一团，混为一体。有形有象之形体已升华为无形无象，已然全体透空，绝无壅塞滞阻之消耗。性功的修炼，重在炼神，心神达到空明净静，回归于大道之虚无，不存一念，不著一物，更无尘俗之耗损。经炼神还虚，炼虚合道之修，心复回为道心，神复归为元神，回归虚静无为之道，不垢不净，不增不减，到此虚空纯净的境界，从根本上就杜绝了消耗。

太极拳内功通过性命双修，早服而重积，是谓深根固柢。柢是根的尖，根尖坚定的向深处生长，吸收的营养丰富，就会枝繁叶茂，花香果甜。做什么事情，根柢深厚，基础牢固，必有很好的成就，这在太极拳内功的修炼中称之为筑基炼己。关于筑基，王沐先生在《内丹养生功法指要》中说："筑基一词，是丹经的比喻，如造屋建阁，必先奠基，使基础稳定，结构坚实，然后才能竖柱安梁，砌砖盖瓦。修炼内丹，也是同样道理"。深根固柢就是使基础稳固，结构坚实。修炼太极拳内功，是以身体为基，必须将此身精气补足，符合修炼的要求。为此筑基的任务有二：一是培育现有之精气使之充盈饱满，减少耗损。二是要求补足过去的亏损，得到康复。第一即是早觉未损而啬之，第二是已觉亏损而重补之，丹功修炼有补亏正法，又叫添油功夫，补足亏损而康复。

内功筑基，首先要打通任督二脉，使内气循环其中，称之为小周天，通过修炼，补足人体生理机能的亏损。关于任督打通的运转，张三丰先生在《无根树道情》中说："临炉际，景观前，采取全凭渡法船。匠手高强牢把舵，一任供波海底翻。过三关，透泥丸，早把通身九窍穿"。九窍是任督循环路上的九个重要穴位，即前三田，后三关，百会与上下二鹊桥。这首道情中特别提到两个窍位，海底与泥丸，深根固柢与这两个窍位有关。

泥丸又称为天门，也就是囟门，赤子之时本系开而不合，年龄日长，囟门日合，但仍可动可开。老子曰：天门开阖，能为雌乎。开启天门，吸取乾天纯阳正气，补充体内的生命能源，对于维持生命与练功修道都是非常重要的。太极拳之虚领顶劲，顶心如有绳系，或说有三尺萝衣，上挂无影树梢，这萝衣，这系绳都是比喻，也可说是深入天空的根柢，深深地吸取天空中的精华，《阴符经》中谓之盗。南怀瑾先生说："人的根源在于头顶，头顶以上的虚空，就好比是植物的大地"。虚空与大地都是生命能量的源泉，先天一气从虚空中来，营养水分从大地中来。

海底又叫会阴，阴跷。丹经认为此穴位是修炼功法的总枢纽，是人身气通八脉的总根，它的作用是调动青春的活力。瑜伽功修三脉七轮，称此处为海底轮，通过无念入静、忍耐、坚行的修炼，醒起拙火，称之为灵热，灵力，是修炼拙火瑜伽功的基础轮。内丹经又称此穴为"桃康"。曰"男女回九有桃康"，"桃核合延生华芒"，言在此下元极阴之地，孕育新生命，是生身受气之初，一阳初动在此，活子时在此。《性命圭旨》说此处为："天人合发之乡"。在传统武术中，有"君子时时炼桃康"之要诀。南怀瑾先生说："到了海底，是生命能的基点。这个基点，多数人一生未能发动，如果能发动的话，绝对可返老还童"。修炼太极拳内功，养炼这个总根，发动这个生命能的基点，得长生久视之益。

玄牝之门，是谓天地之根。泥丸天门是通向虚空的玄门，又称为天根。会阴海底是人身的总根，又称之为接通大地的地门。通过天地之门，天地人三才进行精气交流，气之轻清者，入地门，出天门，由此升腾上天；气之重浊者，入天门，出地门，由此而沉落入地。我身炼至全体透空，成为天地气息流行的大通道，天地因我而致局，我成为天地往来流通的枢纽，天地之精华，生命能源悉数来归。经此流通，我取其精华而吸收之，《阴符经》称之为天地之盗。天地也为我之盗，我之故浊皆为彼之至宝，腐朽神奇相互转换，当我之故浊被搬运干净之时，则同于大通，虚空纯净而近道矣。

关于根柢，上面提到人的根源在头顶，开通头顶之天门，向虚空吸取能量。南怀瑾先生还说："而人的两腿双足，等于是植物枝叶的颠末"，修炼中气机由会阴海底发动，循两腿经脉逐步逐节下行，直到两脚足心，两足心足趾都会发生暖、软、轻的感觉，走起路来犹如凌虚步空，自觉身轻如叶，这是内气流行畅通的征候。由于双足距天根最远，而内气在双足的流行，要经过拐点转换，如足阳明经下行之气通过足大趾交于足太阴经上行、又如足太阳经下行之气通过足小趾交于足少阴经上行等等。如此内气逆返通关会发生明显的感觉，有发热、发胀、甚至发麻的气感，将注意力引导向足部。由于内气的畅通，双足与内气之根源虚空相接，与天根贯通，因之有其根在脚，发于腿。劲起于脚跟，变换在腿的认知。

马长勋先生说："脚底下有漂浮感，真正有根儿了。脚底下是漂浮着，就像脚和地之间连着有层膜一样，没踩到地上，非常灵活，非常整。过去老先生讲"脚踩浮莲"，也是这个意思，这得身上松透了，松净了才有这个感觉"。这种凌虚步空，是全身通透，内气流行顺畅，所谓全体透空的体现。杨式太极拳有飘浮求奥妙，不接地根，空中屈伸的要领。

脚是漂浮着的，没踩到地上，不接地根，那内劲究竟起于何处。拳谱曰："发于中，形于外，达于四围"。当全身松透了，同于大通，得大虚空，归于大中至正之道，此际来自虚无之一气，充盈于通透虚空的形体，接受元神真心之调度。此元神真心即是中，有全体周身之大用，当有应对之事，拳谱说：内气落于接触之一点，而内气之供给来自全身。所谓“气之着人，落点虽只一尖，而摧此一尖之气，则在全体”。当然也包含有起于脚跟之劲，这种内劲是整体的，浑圆的，透空的，无内无外，一呼百应，就是太极一周身，周身一太极，太极就是这个根。

元神真心就是道，道大中至正，形而上无形无象，只能在作用上见。真心所生之真意，又名黄中真土，为天地人身三才之正中，这个真中无形有象。真中上下延伸通过天门地门与天地相接，称为虚中。发于中是发于这个真中和虚中，凡周身之肢体三尖六合都得合于这个中，叫作守中用中。所谓合即出，应对之时无论在身体那个部位接触，合上真中虚中就能发挥作用，是合上了根本，连通了劲源。形象些说，真中就是球心，虚中就是球的直径，炼到全体通透，有了球心直径，大气球自然而成。球面上无论在那一点接触，都直通球心，而气球全体内气都指向了接触点，因是浑圆一球，处处同一，有感全体皆应。摧此一尖之气，则在全体，这是太极拳之妙用，全体浑融的浑圆劲，一合全体气球无有不合，集中为球心，散开是全球。

六十、若烹小鲜

治大国者若烹小鲜。以道莅天下，其鬼不神。非其鬼不神，其神不伤人。非其神不伤人，圣人亦不伤人，夫两不相伤，故德交归焉。

小鲜指小鱼，河上公曰："烹小鱼，不敢挠，恐其糜也"。煎制小鱼，不能多扰动，多扰动小鱼就会弄乱。大道简明不繁杂，应用道的原则对待万事万物，清静无为，自然而然，万物皆能各得其所得。

修炼太极拳内功，亦若烹小鲜，清静无为，自然而然，才能近虚无之道。王芗斋先生告诫说："学者莫好奇，平易生天趣，反婴寻天籁，躯柔似童浴"。又说："按拳道之起初最简，而后始趋繁杂"。先生指明，形意拳当初只有三拳，且三拳为一动作，所谓践、钻、裹，若马奔连环，一气演为三种力之合一作用也。八卦掌亦如是者，初只有单双换掌。太极拳名为十三势，初起也只有三十七个式子。后因识浅者流，未悉此中真义，竟妄为编造，套路翻新，花样百出，拳学之精义不知尚存几何。一盘鲜美之小鱼，被炒成乱糜。

道，虚静、恬谈、寂寞、无为。纯一之心为道心，而尘欲多扰之心为凡心，一心虚空纯正则为仙为佛，一心贪欲邪恶则为妖为魔。常言说魔高一尺，道高一丈，魔的能量气焰有一尺高，而道的能量光芒高于一丈，十倍于魔，所以正能压邪；又说魔高一丈，道高一尺，妖魔作恶使出一丈的能耐，而道只用一尺的正功就能驱魔降妖，因为邪不胜正。以道莅临天下，魔鬼不敢兴妖作怪，他们在道的面前，妖术魔法起不了作用，伤害不了人。道虚静无为，虚空则无所不容，无所不化，一切万物在虚空中都同归于化，一切都混同如一。

清静则无所不知，无所不应，在纯净光明的道心前，一切都无从隐匿，道不藏奸，妖魔鬼怪将原形毕露，必须改邪归正。无为而无不为，让一切众生回归于大中至正，返璞归真，洗除一切尘污，复还本来之至善至美至真。善与恶，正与邪原来就在一念之差，一念之善，邪复为正，妖复为佛，先天道心永存至善之真。

返璞归真，心归为真心，意归为真意，气归为真气，身也就归为真身。前面已提到《得真法诀》，真者，自身真实的本原，本来面目。修炼太极拳内功，必须经脱胎换骨的修炼，炼凡体为真身，炼尘心为真心，炼妄意为真意，炼浊气为真气，身心意气皆复还其真实的本原，复还其本来面目。

有生命即有此身形，身形为生命之载体，珍惜生命必然要保护好身体，故有修生养生的功法，养护身体以保全性命。进入后天生活，如不知节制欲念，花红酒绿，情爱享乐，足以伤害身体，以至于痛病缠身，英年早衰。欲保全性命必养护好身体，欲养生修命必修补亏损。前面所说的命功修炼，养精养气，化精化气，使身形脱胎换骨，达到全体气化，炼化皮肉筋骨，洗涤干净后天的尘垢，补足后天的亏损。再通过离形去知，忘身忘形的修炼，使身形发生忘有入无的超脱，无形无象、全体透空，而与太虚同体，与元气合一。到此际，此身即是真实无妄之真身，自然清净之法身，此真身法身之得，有赖于肉身之无亏无损，筑基炼己，修养得法，则基础坚固。

心为一身之主宰，心情之好坏，直接影响身体之康健，欲修得身形脱胎换骨，必先修心。净化后天之妄心，寻回先天之真心，去妄才能见真。然而世间尘俗杂念，使尘心妄动难止，一事未至，先存幻想，是未来心；事已了结，犹存追悔，是过去心；一事当前，存心计较，患得患失，不能随应随忘，是现在心。于过去时，现在时，未来时心陷其中，无一刻休止。丹经曰："著此三心，即为道之障也"。必于过去、现在、未来一切时中，无思无虑，一念不生，才能见得真心。心无其心才是真心，是先天纯一明净之道心。

有真心才有真意，心无其心为真心，意无其意是真意。意由心生，妄心生妄意，游思杂念不是真意。真意是在一觉之后，只一心，无二念，不旁趋别径，唯一心内守，意发而心中仍无一物。用于太极拳之应对，全然出于无心无意，应对之前无意，应对过后亦无意，应对之际，因感而生，触而出良知，发而为良能，用过即无。此完全是先天自然之本能、虚静无为，偶感触发而为用，是真心真意之用。

有真心真意则能运真气，真气即真一之气，乃先天之元始祖气，生天生地生人，莫不由于此气。《中庸》云："肫肫其仁，渊渊其渊，浩浩其天"。肫肫其仁者，是气之发育无疆也；浩浩其天者，是气之充塞无间也；渊渊其渊者，是气之归藏无迹也。所谓放之则弥六合，卷之则退藏入密，无处不到，无微不入。先天一气从虚无中来，发育无疆；在虚空中聚，归藏无迹；是气充塞于天地之间，亦充塞于人体之中，所谓气者体之充也。实则此真气既在内，又在外，无处不入，无处不在，混然、天然、自然。人一身内外皆有此气，未尝一息偶离，离则生命无法维持。修身养性之功法，全依赖此气，离开了则什么都不是。必须一尘不染，一切放下，一念不生，一应虚无，这真一之气即在个中。经炼气化神，炼神还虚之修，此身与气同化，随之返归虚无，一路运载，全赖于此。

至诚修真，修得真身、真心、真意、真气，太极拳则阶及神明化境，至真至善至美之德交归焉，精诚专一之修炼者皆能得太极之益，有养而无伤。太极拳谦下不争，珍爱生命，追求的是冲淡平和的境界，无得失胜负之心，更不屑于争强好胜，绝无伤人之动机。太极拳以真心真意应对偶发事态，于不见不闻之际，先天之良知良能莫知而至，无为而成，能以最合理，最恰当的方式化解事态，保证自身不受伤害，所以人不能伤我。夫两不相伤，故德交归焉。

六一、以静为下

大国者下流，天下之交，天下之牝。牝常以静胜牡，以静为下。故大国以下小国，则取小国。小国以下大国，则取大国。故或下以取，或下而取。大国不过欲兼畜人，小国不过欲入事人。夫两者各得其所欲，大者宜为下。

大海居江河之下游，天下的水都交归于海。庄子曰："天下之水，莫大于海，万川归之，不知何时止而不盈，尾闾泄之，不知何时已而不虚"。大海浩瀚无际，不盈不虚，寒暑不变其水位，旱涝不见其增减，如此广大却甘居于天下最低洼卑下之地，所谓天下之牝。牝即阴柔之雌性，属于坤卦，易传曰："坤，地也，故称乎母"。坤有阴柔之德，坤阴的特性是至静的，厚德载物，含弘光大，顺天而时行。阳性的东西是好动的，而大道以虚静为本，虚静常能克制躁动，所谓以静制动，因为静为躁君，静是动的主宰，牝所以经常以安静胜过牡的雄强，就在于它柔静而谦下。

下流代表谦虚的德，平和、宽厚、包容，像水一样向下流。有道之大者，浩浩荡荡，如海洋宽广，包容万象，涵纳一切。之所以成其大，不是争来的，是自身道德的感召，小者自愿来归。古人云："水唯能下方成海，山不矜高自及天"。"天下之交，天下之牝"。天下的倾心归附，就像众水之归大海，因为那是一方善地，是天下最安静的处所。正因其善下安静，有母性阴柔慈爱之德，兼容厚载，含弘而光大，在此可以安居存身，让弱小者觉得安全适宜，所以赢得大众的归附。

柔弱之所以能胜过刚强，本章指明了原因，就在于"以静为下"，安静而谦下。大道以虚静为本，虚静能克制躁动，曰静为躁君，因虚静不失大中至正，得中定之正位。而躁动即有偏倚，即现奇正虚实，中正不能得守，休咎自生。以静为下，安守于卑下之位，无人来争，无庸俗事务烦扰，处境自然平静，正好一心修炼。

大者宜为下，是说为大者，宜于谦卑处下，效坤柔之德，甘居低下之位，静定自守。下面的基础总是庞大的，承载上部物体才安定稳固，下不稳则上不安，下躁动则上散乱，因为下是上的根基，基础稳固则上层安定。金字塔屹立数千年依然如故，就在于基础坚固而稳定。易经泰卦之小往大来，大者就在下面，如此而安定泰然。

一般来说，为领导的是大者，旧社会称为大人；普通群众是低层小者，在旧的小说中称为小的。以往君主专制，是这样定位的，现在新社会，领导者与群众一律平等。易经泰卦小往大来之论曰，大者在下在内为君主，运筹帷幄，指挥一切；小者在外在上为从属，服从命令，接受指挥而供驱使。大者宜为下，最英明的领导者，一定是深入基层，与群众亲密无间，同甘共苦，从不显其高贵。处处为群众设想，制定的计划方案必有利于群众，把自己放在群众之中，无上下尊卑之分。这样的领导者，一定能有辉煌的业绩，受到人民的拥护，因为他一直处于下游善地。

太极拳遵守以静为下，大者宜为下的原则，拳道之大者，为心神意气，而身形骨肉为小者，有意气君来骨肉臣的要诀。具体运用还有：神为主帅，以心行气，以气运身的原则。依本章宗旨，心神宜为下，心神虽居君主之位，必定怀坤柔之德，谦虚卑下。心用在下，指挥驱使身形是其职守，爱护保养身体是其责任，养得身体健康，驱使才能如意。本章指明，“故大国以下小国，则取小国。小国以下大国，则取大国。故或下以取，或下而取”。能处于卑下的善地，把心神用在下层，为弱小者作想，就能取得成功。无论大小，理皆如此，至于或下以处，或下而处，《读老子札记》中说：两者的意义有所不同。

太极拳四字秘诀，敷盖对吞之运用，应属于以大取小，此诀全以神气运作，神气居君主之位，为大者。诀云是以气言，气未到而意以吞，一旦与人相对，即以神气敷盖彼身，以大者敷盖小者。神气无边无沿，充塞六合而不足言其大；身形仅占得有限空间，相对不成比例。如此气势将对方全吞而入于化，敷字诀云：妙绝，妙绝。运用此诀，绝非以强力欺压，神气之运至柔至善，以静为下，内存忠厚仁慈之德。

撒放秘诀擎引松放之运用，也应属于以大取小，诀中含灵敛静整四字，寓神灵、气敛、心静、劲整之义，是为心神大者。彼来一相对，神气自然擎起彼身，气势如虹，彼随势飘浮，其根自断，此是以大擎小。接着用意气引之使前，用松空之术，让彼落空而放之。全在心神虚静空灵中不为而成，若以形体用力去擎去引则全非。

太极拳未至神明化境，引进落空或可有以小取大之用。彼大力攻进，不可顶抗，随其势而退，边退边以小力拨偏其劲路，逐渐使其失去目的而落空。此以小力对大力，所凭的是技巧，然所用的小力仍属筋骨之能，是为小者。此中虽然不离心意的主导，但未达神意君临天下之气势，非无为而成。

粘黏连随未至神明化境，所用者为肌肤之触觉，以身体之接触求得不丢不脱，顺人之势，从人而动，以小随大，此仍属小者之用。小者不过欲入事人，粘黏住人求其不脱，与人相连求其不断，随人进退以人之意志为意志，入事人之谓也。如果欲取大者，要在以静为下的虚静中做功夫，做到舍己从人，将身形下者完全忘掉，让人感觉所粘随者是一片烟云，一个虚影，丢之不去，甩之不脱，因之而心慌意乱，休咎自生，此以小取大转换成以大取小。或下以取者，大者宜为下，以德服人，能取得该取的。或下而取，小者谦卑处下，顺应自然，适可而为，取得其应取的。夫两者各得其所欲，大者宜为下，小者安于下，天下太平无事。

道生万物。具体某人欲保养生命，是以小者取大，必谦卑、诚信、慈爱、仁义，具有良好善性，才能得到道的赐予。故曰人之初，性本善，不善得不到为人的生命，此或下而取，取得大者的信任。道为万物的归宿，虚空浩渺，无所不容，无垢无净，一概收纳。归于虚空一律洗净污垢，干干净净，清清白白，复还至真至善至美的本来面目，因之取得万物的信赖，此或下以取。大者包容兼畜万物，小者以诚恳取得信任。

六二、坐进此道

道者，万物之奥，善人之宝，不善人之所保。美言可以市尊，美行可以加人。人之不善，何弃之有？故立天子，置三公，虽有拱璧以先驷马，不如坐进此道。古之所以贵此道者何？不曰以求得，有罪以免邪，故为天下贵。

道无所不容，无所不包，是万物归依深藏的地方。《中庸》曰："君子之道，费而隐"。就是说道包容一切，无比广泛，而本体却非常精微，非常深奥。无道就无物，无物则无法见道，道生万物，万物证道，道在具体事物中见。道是善人的至宝，善人本身就有道，因为有道当然就是善人。不善的人也求道保身赐福，也知道不可须臾离，离开了道则灾祸降临。道不舍弃任何人，也不舍弃任何物，只要不自弃，都可以得到道的庇护。老子曰："圣人常善救人，故无弃人；常善救物，故无弃物"，"人之不善，何弃之有"。经过道的感化，积德行善，不善可以转化为善，可以坐进此道。

坐进此道。南怀瑾先生说："坐是宁静下来，住于此道。坐而修养道德。坐进此道，通过心斋坐忘，以清静之心修道，道就在清静无为中。要在自己心中一无所有"。清静无为到极点，道就在自心之中。

道，不曰以求得。道是清静无为的，以有所求之心求清静无为之果，正是背道而驰。道不可以求得，不可以欲得之心，像贪求财物一样求道，这是尘俗有为之凡心，不属无为之道。道无所不在，处处皆有，充满宇宙，也充满人身，道心即至真、至善、至美之真心，善人善心常在。经曰："人心即道"，

"须从自己心上体认"，无须向外求索，光明的道就在自己心中。

郭象曰:"虚其心则至道集于怀也"。佛家认为，向心外去求法就是外道。南怀瑾先生说："道不是向外面求来的，是一个人自己内在本来的，道是要从自己里头找出来的，如想向外求就错了"。在内不在外，道就在自己心中，无为无求，虚静之真心自在，虚静之真心即道心，即是虚静纯一之道。经书曰："虚无即道"，心能虚极静笃，道自在其中，不必向外求索。

无为法属形而上者，是性命双修的性功，无欲无求，直指人心。在本原深处做学问，能顿悟成就，立竿见影，所谓立地成佛，坐进此道。而道家内丹功之性命双修，必先筑基炼己，修复亏损之体，炼好载道之器，炼形、炼气，逐步精进，不可越级躐等。命功以修命为主，改变身体之气质，求其柔弱无骨，全体透空。心外求法，求之不得，身中求法，不求不得，以形而下者之有为法，炼精化气，炼气化神，由修命升华至修性。

自身禀受于先天之精气神，与生俱来，为生命之至宝，只因陷入血肉之躯，进入后天生活，成为阴精、俗气、识神。经过性命双修，凝神调息，浑三宝于一炉，以三焦神火薰烹阴精，火候一到则化精为气。直待神融气畅，和合为一，于是气机发动，蒸蒸腾腾，阴精化为元精，元精化为元气，元气化为元神，离后天返回先天。元精所化之气，是长生妙药，经炉中精炼成纯阳之气，当炼至全体气化，又化为虚灵之神，有为法已炼至极致，脱有而入无。双修之功在有处而求其无，又以虚无而度其有，道就在此有无之间。

拳亦不可以有心求，有心求有，则偏离了清静无为之道。拳不可以无意修，无心意主宰，则执着于形体，违背了意气君来骨肉臣之主旨。修炼太极拳内功，既无心又有心，既无意又有意。前面反复说明无为之有益，为何又要有心作为？太极拳全凭心意用功夫，心神为一身之主宰，身形脱离了心神则无所适从，必须由心主导运筹，修炼太极拳必定要以虚静专一之心，诚心诚意求真。为何又要无意？拳谱曰，无意之中是真意，有真意才有真知灵知，才有真觉灵觉。此意绝非妄意，非浮思杂念之尘意，无意即是无尘意妄意，真意是虚空纯净所生之意。所以必须认识清楚，何为有心无心，何为有意无意，这一有一无之间，修炼的真诀即涵藏其中。

筑基炼己之修，必须有心有意，以有为法求有形有象的招式套路。这一阶段是求有，用有为之功法，修补后天之亏损，复还后天之缺失。要一天又一天的站桩、静坐，独立而不改，周行而不殆；要千万遍的重复练习套路，拳练千遍，身法自然；拳炼万遍，神理自现。勤苦的修炼，化僵滞为柔软，化阻塞为通畅，全身达柔弱无骨，所以说，功夫要从套路出。将松散通空的功夫练上身，将拳理拳法通过实际演练娴熟于心，如此这般将有为的功夫炼到了极致。筑基炼己的功夫，是坚固基础之修，是深根固柢之修，有了坚实的根基，才可能脱有入无。有能够复还先天固有之真心真意，激活先天之良知良能，须知，良能是经过千万遍的重复操练而激发。千万遍的重复操练，唤醒了潜藏于深秘内在的固有之良，这是筑基炼己的作用。

修炼太极拳筑基功夫，拳架姿势，其手眼身法步必须遵守拳谱要求，规规矩矩，精准正确。基本功的反复操练，为的是触发潜藏于性命隐秘深处的遗传因子，开发出来即先天之良知良能。基本功精准正确，则能与潜在的基因合符对号，有如对号的钥匙打开玄妙之门，一经开启，良知良能自然显现。基本功荒疏偏差，钥匙则对不上号。所以拳谱要求练拳必须要方圆规矩之至，尺寸分毫不差。拳谱有《太极尺寸分毫解》，有《太极正功解》，详论拳术之阴阳无偏。

《太极正功解》曰：“太极者圆也，无论内外、上下、左右，不离此圆。太极者方也，无论内外、上下、左右，不离此方。夫圆者出入，方者进退，随方就圆之往来也。方为开展，圆为紧凑，方圆规矩之至，其孰能出此以外哉”。太极拳者，一阴一阳，方圆即阴阳。就其拳架姿式而言，运行要圆，落点要方；动者圆，静者方；劲要圆活，形要方正。运行为柔化，落点为粘打，处处能随方就圆，即处处能顺随粘依。就其拳理而言，圆为乾天，刚健而运动不息；方为坤地，柔顺而沉静厚载。太极拳圆中有方，方中有圆，方方圆圆，亦方亦圆，乱环法术随用而生，然必守中正安舒之规矩。方圆者，乾坤也，动静也，刚柔也，开合也，总归为太极阴阳之理，现隐显微，探幽钩沉，开发潜能，一切神明奇妙尽在其中，无规矩不成方圆。

六三、图难于易

为无为，事无事，味无味。大小多少，报怨以德。图难于其易，为大于其细。天下难事，必作于易；天下大事，必作于细。是以圣人终不为大，故能成其大。夫轻诺必寡信，多易必多难。是以圣人犹难之，故终无难矣。

创一番大业，要从一件件小事做起，所以说天下大事，必作于细。着手解决困难的问题，要先从容易突破的地方开始，所以说天下难事，必作于易。重视困难，大处着眼，小处着手，小心谨慎，脚踏实地，才能得到成功。为大于其细，大事是小事的积累，做每件小事都要慎重。前贤云："祸患常积于忽微"，任何一微小的疏忽，都会酿成严重的后果，导致大事的失败。千里大堤，毁于蚁穴。

《道德经注》曰："天下之事，始易而终难，始细而终大，终之难起于始之易，终之大起于始之细。故图之、为之于其易、细之始，则其终可不至于难，可驯至于大，而不劳心劳力，所以能无为也。若不早图之、急为之于其始，则其终也，易者渐难，细者渐大，心力俱困，无为其可得乎"。虽说是始易、始细，但要当成难事，大事来做。万事开头难，把开始的事情用心仔细做好，有困难即时解决，不留后患，后面的事就好做了。这就是早图之、急为之，终可不至于难的道理。

修炼太极拳内功，是身心性命之修，是对生命的自我把握，以证道得道为目的，是一件不平常、不简单的大事。按照天下成事的规律，应图之、为之于其易、细之始，然后步步前进，渐入佳境。先易后难，先细后大，筑好基础，《太极拳谱》正是如此指导。如拳谱《太极圈》说："退圈容易进圈难，不离腰顶后与前；所难中土不离位，退易进难仔细研"。诀中就提出了难易的问题，要求仔细研究退易进难之理。

太极圈是太极拳运动的基本形式，太极者，圆也，运动以圆圈为模式，周而复始，循环不已。前人将太极拳之运动称之为乱环，环即圆圈，乱者言其复杂多变，有大有小，有正有斜，有实有虚，环环相套，连绵不断，变化无穷，要在进退难易中仔细推求。诀云："乱环法术最难通，上下随合妙无穷"。研求乱环法术，最难者在于通，在于中土不离位，此两者皆是太极拳最基本的功夫，很难练好，必须予以高度重视，从易细之始图之。中土不离位，即中定、守中土的功夫，守而不失则不难，守不住则很难。通是周身畅通，内气遍体流行无滞，能全体透空，周身如一，无滞障寸隔，才算通。这也是很难练成的，必从松散的基本功开始练起，由易到难，逐步精进。万法由心，守而不失是心中不失，通畅无滞首先是心意之通畅，心到则易，心不到难上加难。

一阴一阳之谓拳，进退、粘走、化发、开合、攻守，皆为太极圈之基本运行，组成上下随合之势。退圈何以易？进圈何以难？退圈多用于退让走化，是从人而动。太极拳以顺随为法，随人而动，人起我起，人落我落，人进我退，人刚我柔。在退让中因势而走化来力，通过听劲懂劲而能真觉真知，所谓来脉听真，转关不难，所以说退圈容易。这种不难，还在于太极拳以不争谦下为宗旨，所修者，粘黏连随，舒少卷多，以防守自卫为主，宁退一尺，不进一寸。反之就难了，进圈多用于攻击，要把握好进退转换的机势，粘黏得法，听准对方的劲端劲源，而自身无偏倚缺陷，确保不为人所乘。须知一击不中，满盘皆输，所以难。

方宁先生在《谈太极功》一文中，提出退圈进圈标志着太极拳功夫的层次。其大意是说，化劲阶段是退圈功夫的阶段。开始时圈力多而化劲少，接着化劲渐增而圈力渐少，这是着熟的标志。到了能以化劲为主，则渐悟懂劲，能做到以走圈柔化任何强力的进攻。由开始的勉强退圈，进入到自然退圈，不丢不顶，圆转柔化已成常习，进入真正的懂劲的阶段。

功夫再增长，进入进圈阶段，是积柔成刚的阶段。所谓进圈不是单纯的化圈进或化圈退，而是在化圈的过程中，内含螺旋缠绕，圆转滚动。在粘黏中形成螺旋圈，以双手而言，如左手顺旋进，则右手逆旋退，粘走化发同时进行；以一手而言，走圈如螺旋丝杆，一边化，另一边发，所谓牵动往来，只在一转。有一触即发之妙，得其劲点即能发劲，因化圈螺旋内劲已曲蓄有余，勿须蓄后再发，这时的听劲懂劲能力已非常精妙。

完成了进圈功夫的修炼，进入无圈阶段，周身无处不柔，无处不刚，处处能化，处处能发，挨何处何处有，所谓周身无处不弹簧。以太极圈而言，已是太极一周身，周身一太极，无圈即无形无象，走圈已微小到无形迹可觅，动之至微，圆圈与圆心合而为一，小而无内。就在那个原点，那个起始点，即能完成一圈的粘走化发，一发如火星爆燃，至骤至烈。至此太极拳功夫已接及神明阶段。

初阶是外圈化，中阶是内圈化，到中阶的高段是贴身化，即上段所说的，一接手边化边发，即化即发，一触即发。到达高阶是无圈，能不化而发，沾着就有，一接就是对方的中，得点即是，说柔即柔，说刚即刚，变化莫测。到此再向上攀登，即可达神明化境。这一路进阶，一阶比一阶难，也一阶比一阶奇妙，但应用起来则一阶比一阶简明。到后来无圈无点，可圈可点，一触就有，一羽不能加，蝇虫不能落。

拳谱《太极圈》的下半段说："此为运动非站定，倚身进退并比肩。能如水磨催急缓，云龙风虎象周全。要用天盘从此觅，久而久之出天然。"太极圈之进退，倚身比肩而行，所谓上下随合妙无穷，粘走协调一致，均整平衡又灵动活泼。灵动在于心意，心意灵则圆活，所谓意气须换得灵，乃有圆活之趣。太极圈周而复始的循环，灵动如同传统的水磨，水急则急转，水缓则缓转，随缓就急，象征太极拳的粘黏顺随，缓急随势而行，毫无沾滞。太极圈之进退，有如云龙风虎，忽隐忽视，能刚能柔，有弛有张，当缓则缓，当急则急，包罗天地万象。云起天边，风生山林，无所不能，无所不应。太极拳着熟、懂劲、神明三层功夫，有称之为上、中、下，或天、地、人三盘，天盘是最高层的成就，神明化境，是最难攀登的。如同九天揽月，以前只是幻想，经过科学家的努力，终于成为现实。欲登上天盘的神明化境，如拳谱所指明，修炼好太极圈，先打好基础。从容易处开始，先易后难，锲而不舍，沿着这条路走下去，久而久之，自然功到而成。是以圣人犹难之，故终无难矣。

六四、慎终如始

其安易持；其未兆易谋；其脆易泮；其微易散。为之于未有，治之于未乱。合抱之木，生于毫末；九层之台，起于累土；千里之行，始于足下。为者败之，执者失之。是以，圣人无为，故无败；无执，故无失。民之从事，常于几成而败之。慎终如始，则无败事。是以圣人欲不欲，不贵难得之货；学不学，复众人之所过。以辅万物之自然而不敢为。

数人合抱的参天大树，由细小的嫩芽长成；九层高台，是一筐筐泥土堆积起来的；千里的远途，是脚下一步一步走到的。由弱小而壮大，由低微而高耸，由近而致远，日日新，又日新，终显奇观，贵在积累之功。欲成就一番事业，必慎终如始，坚持一贯，锲而不舍，书曰："慎厥终，惟其始"。决定了要干，就始终如一的向前进，不畏缩，不中辍，直到成功。每见功败垂成，皆因不能慎终如始，不能坚持到底，不能像开始时那样劲头十足。事情到快要成功时，最为关键，一不小心，将至的成功会冲昏头脑。一松懈麻痹就容易出问题，所以有行百里半九十之说，虽然只剩下十分之一，但要当成还有多半路程，要一鼓作气。

这是修炼太极拳内功必须重视的问题，修炼过程，举步维艰，一步不慎，或步入歧途，或走火入魔，远离了预定的目标。王宗岳先生说："斯技旁门甚多"。一开始要准认方向，一路前行绝不迷失，"慎终如始，则无败事"。毫末、累土、足下，是大树、高台、千里的发端，是根基，要走好第一步，夯实基础。应遵循大自然之规律，不拔苗助长，不偷工减料，不贪图捷径，不求速效，不计近功。金玉有磨而心志不磨，春秋有变而精进不变，功到自然成。若不遵自然之道，企图速成，则为者败之；牟取小利，则执者失之。

根基关系到最终能否有成，道家内丹功修炼，首言筑基炼己。何为炼己？炼己是修炼自心，心为一身之主宰，心回归为真心道心，一身内外皆随之得其真，得真诀已有论。按纳甲法，己属离，离为心，故言己即是言心，炼己即是炼心。内功致虚守静，排除杂念就是练己，丹经曰：己即心中之念，能一念不生，此心即如明镜止水。

太极拳修炼的基础，首在站桩功。王芗斋先生说："欲知拳真髓，首由站桩起"，还说："站桩、站桩，体认功能，收视听内，训练神经"。王先生认为，站桩功是拳学的根本，通过站桩功的修炼，收视听内，训练神经，改造生理，以体认人生固有之良能，所谓欲复故原始。

站桩功是中华祖先遗留的传统养生健身功法，《黄帝内经》中载有："提挈天地，把握阴阳，呼吸精气，独立守神，肌肉若一，故能寿蔽天地"的论述。《老子》一书在第二十五章也提出："寂兮寥兮。独立不改，周行而不殆"。以上两论是站桩功最原始的理论依据，站桩之要在于把握阴阳，负阴而抱阳。通过独立不改，独立守神而调节精气，使周身精气畅通流行而没有滞阻。寂兮，是精神无比清静，没有游思杂念；寥兮，是心境无比旷达，悠远而漫无边际。内气为阳，外形为阴，把握阴阳即是内气、外形兼修，神形同炼，为性命双修之学，站桩形式简单，而内容非常丰富，是修炼本原上的功夫，求心神中的学问。达到能参赞天地之化育，与天地精神往来，长生久视而得道。

独立不改：王宗岳先生提出了根本性的原则，"立如平准"。站桩形体要像天平秤那样，中正不偏，感应灵明，分辨丝毫分厘不差。修练太极拳首要是立身中正安舒，包括尾闾中正神贯顶，中土不离位等要诀，都体现了道大中至正之本性。丹经说："阴跷泥丸，一气循环，下穿地户，上拔天关"，说的就是中正，由百会到会阴，一线贯穿，是人身正中之主轴。在上百会为天门，在下会阴为地门，通过天地之门，人身与天地精神相往来，所说的提挈天地即是。独立不改者，不改其大中至正之道，谨守此中，守而不失。

独立守神：《内经素问》云："恬淡虚无，真气从之，精神内守，病安从来”。精神不外游，虚静、恬淡、寂寞、无为，是先天元神之本性。站桩修炼，要坚守心神之虚静，凝神于虚，合气于漠，无思无虑，坚守老子的六字真言，致虚极，守静笃。通过返观内照，清除散乱的忘心忘意，收敛归一，去妄心而回复真心，灭妄意而还归真意，以真心真意，守护先天之真我，回复本来面目。本来面目的真我，即先天元神，丹功修炼之后天返先天即此。元神本来虚无清静，致虚守静，即守护了先天本来之元神真我，也就是道。

周行而不殆：任继愈先生释周行而不殆为不停地循环运动，站桩功外形是独立不改，就是不动的，不停地循环运动是内气。太极拳要求，气遍周身不稍滞，要遍体流行，一定继续不能停，内气在体内健运不息。这表明了站桩功的特征是，外静内动，形体静，意气动。周行不殆，内丹功称之为周天运行，由任督二脉之畅通，组成循环不已的河车路，然后带动奇经八脉的畅通，以至百脉通畅。如此内气能遍体顺畅的流行，拳谱说是乱环法术在于通，通则无滞无阻，在体内打通了所有关窍，修筑好内气流行的通道，心意一到，内气随之而到。通过站桩，修补亏损，改造机体，达到全身空灵均整，任内气畅通流行，永不停滞。

肌肉若一：一是太极，是元气，元气充满周身，经过炼精化气，全身肌肉筋骨通为元气所化。如此之气化形，形体清虚脱换，全体透空为一团氤氲元气。内功经说人在气中，气在人中，在太极拳则形成一充满元气的大气球，也就是一太极圆球。这大气球处处均整若一，内外若一，其特征是空虚散，无边无沿，无内无外，太极拳之应对就在于这大气球之运转。

站桩，形体独立不改，站住中定不偏不倚；而内心通过返观内照，进行着各种借假修真的意念活动，同时内气配合着心意，自然流行不已的运动，这是外静内动，形静意动。拳谱云：“动中求静是万能，静中求动是根本”，站桩是静中求动的修炼，是太极拳内功的根本。在静定的站立中，形体不动，所谓离其形，外其身，忘记了有形体的存在。而内心惺惺不昧，运用慧眼默察细胞系，用意念穿透骨节起锋棱。和谐而有序的内心活动，调养全身，修饰全身，促使全身脱胎换骨的气化，改变后天亏损憋屈的机体，回复到先天原始固有之清虚纯真。

站桩功的静中触动，通过一系列的有为设想，借假修真，是有为之修。当得到真心真形，先天之固有得以回归，则要脱有入无，进入无为之修。有为是基础的修炼，是改换气质的功夫，以形体为对象，是修命。当有为功夫练到极致，已达无形无象，全体透空之境地，形体已不再是累赘，则进入无为之修，以心意为对象，修炼后天之尘心妄意，使之返回先天，回复为真心真意。有为修炼虽是初阶，不离形象，却是入道之基，必不可缺，站桩功有桩功五字诀，引导完成有为之修。五字诀为：吊、较、笑、觉、泡。

吊：虚领顶劲是太极拳首重的要诀，虚无空灵的领起顶心，心神灵明不昧，意在悬空间。前人描述为：如三尺萝衣，上挂无影树梢；王芗斋先生则说："犹如云端宝树，上有绳吊系"，"顶上力空灵，身如绳吊系"。想象头顶如有一线领起，将全身悬吊在大气之中，双脚悬空。用心体验顶上悬吊的提领力与脚下地心之引力的相互作用，此二力上下相争，对拉互拔，好像每一个骨节，每条筋脉，每一块肌肤都被拉开了、松散了。全身像一支放飞的多节风筝，大气伴作微风在骨节间穿透缭绕。

有内家拳将这种吊劲作为基本劲路，与太极拳的掤劲相类。关于太极拳掤劲，拳谱曰："走掤劲，食指吊臂"，"食指为力，中指为意，两指吊着肘腕"，说明掤劲之意在吊。食指何以吊臂，是借顶上虚灵的领吊之劲，虚灵顶劲，领起全身，当然包括了手指。用意将手指与头顶绳索相合，手指也挂上了云端宝树，空灵之吊劲由手指，而肘腕，而肩臂一串领起。掤劲则似烟云，如轻风，羽何能加，蝇何能落。

较：当身形未达均整同一之前，必有偏倚，亏损憋屈潜藏于机体之中，有待修整。欲修补亏损，必先找出病根，站桩功运用较字诀，返观内照，在宝镜中对比排查，发现差异。比较舒适者何以舒适，憋屈处何以憋屈，寻找合理的解答，然后以舒适者为镜，化憋屈为舒适。通过全身的对照类比，排除潜藏的滞障寸隔，使周身同一舒松，同一均整，无滞无障。要充分发挥心智，眼神向内巡视，耳韵向内聆听，精细入微，相互比较，排除阻塞。心愈清静则愈灵明，不遗漏一处隐患，使全身同一透空，同一纯净。

笑：轻松的微笑，不仅说明心情美好愉悦，也说明身体舒展放松。古人云：“神仙无别法，只生欢喜不生愁”。微笑、愉快、喜悦，用这种心情站桩，全身心都将得到良好的调理与休整，能充分享受大自然的温馨，体验天人合一的妙趣。“舒适更悠扬，满身空灵意”，陶醉于问道的快乐之中，不仅面部在会心的微笑，全身都在轻松的微笑。面部因微笑而彻底放松，全身也因微笑而彻底放松，在愉悦中驱散了憋屈，解开了愁结，身心都无比轻松舒展，如放飞的小鸟，自由自在地飞翔。若问如何能放松，就愉快的微笑吧，做个快乐的神仙，忘掉一切尘俗烦恼，无牵无挂，无忧无虑，快快乐乐，轻轻松松的站桩。

觉：站桩是全凭心意用功夫，心意集中专注于某一设想，别无他念，叫作精义入神。这专一的用心，不是轻易能做到的，后天的凡心，浮思妄念接踵而生，扰乱心神的专注。欲望贪念，使志动情摇，不能专一做功夫。丹经曰：“念起是病，不续是药。不怕念起，就怕觉迟”。张三丰先生说：“念头起处，醉而复苏，有个灵觉，当下觉悟。”当妄想使人沉醉于情欲贪念之时，应能即时觉悟，从欲念中警醒，斩断妄想，回复正念，这一觉为真觉，灵觉。

先天道心元神，有觉知之灵。道心虚静无为，在虚极静笃，清净纯一中，时至神知，神以知来，先天固有之真觉灵觉得以复归。真觉灵觉有如透亮明镜，能照见一切，身心五蕴皆被照得通明透亮，游思杂念一出现当即觉知，当下排除。道心清静虚空，则真觉常在。黄元吉先生说：“以真觉为用，道不远矣”。

泡：太极拳内功修炼，有空中游泳的假想，假借空气为水。人在空气中，想象是泡在水中，举手投足都有如在水中游泳，感觉受到了水的阻力与压力。毕竟空气的质量远小于水，给与人的压力、阻力也远小于水。人在假想的游泳中，将所感受的阻力、压力放大，以四两为千斤，如此觉知能力随之放大，提高了感触知觉的灵敏度，听劲懂劲的能力更精微灵敏。

对这种空中游泳术，王芗斋先生说：“舒适更悠扬，悠然水中宿”。“反婴寻天籁，躯柔似童浴”。又说：“就以有形而论，如空中旗，飘摇无定，唯风力是应，即所谓与大气相应合。又如浪中鱼，起伏无方”。风力吹到水面即生波浪，游鱼即是人身，泡者，如泡水中，设想空气的流动，好似水浪翻滚，拍击人身，此应彼合。如此借假修真，虚中求实，无中生有，王芗斋先生说："象其形，会其意，合乎精神假借之法则"。久久以为习常，弄假成真，极其细微毫末的变化，都能被显微放大，如气流之轻微流动，被放大成巨浪洪波，听劲懂劲能力被提升到神明之境。

泡还有一层意境，如泡温泉，全身都感受同一的温暖浸润，由外入里，浸透肌肤，以至融化筋骨。借助这种假想的温暖，得暖以至得乐，在暖融融、乐陶陶的心境中练功，在温暖中融化，在快乐中脱换。脱有入无，有为的站桩向无为之修转化。

桩功站式有无极桩、混元桩、两仪桩、三才桩等等功法，各家各式都有著作介绍，且不多述。

六五、善为道者

古之善为道者，非以明民，将以愚之。民之难治，以其智多。故以智治国，国之贼；不以智治国，国之福。知此两者亦楷式，常知楷式，是谓玄德。玄德深矣，远矣，与物反矣，然后乃至大顺。

前面已有大成若缺，大盈若冲，大直若屈，大巧若拙等的论述，后来又被阐发有大勇若怯，大智若愚之说。天下事物都本相反相成之理，事物总是向相反的方面转化，转一大圈又回归到原位。事物以其相对立而成在，孤阴不生，独阳不长，一阴一阳，相生相克，这是最普遍的原则。本章说明"知此两者亦楷式，常知楷式，是谓玄德"，认识到事物有相对立的两面，永远要把握这一原则，这叫作深远的德。深远而且广泛，无处不在，无时不有的玄德，往往会在具体事物的反面出现，因为有此玄德的作用，然后能得到最大的通顺。

本章提到智愚的问题，智者聪慧，愚者笨拙。智又有奸诈，狡黠之嫌；愚也有诚实，忠厚之意。最无奈的是，自作聪明，卖弄学问，做出些使人啼笑皆非的事，还无伤大雅；做出些是非颠倒的事，可能酿成大患。对于这样的人，他不用智是福，用智是祸。真正的智者，掩藏着聪慧，含蓄着光辉，看起来笨笨的，其实是厚道、温良、叫作大智若愚，大巧若拙。

太极拳含蓄着智慧的光辉，不露锋芒，和其光而同其尘，功夫阶及神明而人莫能知。金庸先生说得好："如果说以智胜力，恐怕还是说浅了。最高境界的太极拳，甚至不求发展头脑中的智，而是修养一种冲淡平和的人生境界”。用智巧去求克、求胜，是把太极拳看浅俗了，太极拳主旨是无为、不争。以柔克刚，以弱胜强，以静制动，这些克、制、胜，只是太极拳修炼着熟、懂劲的一种方法，几步阶梯。过此以往，上升到神明化境，求的是虚静，恬淡，超以象外，得其环中。对那些克、制、胜的技巧，已然忘怀，已然空舍。这时已没有争的必要，无克无制，也就无智无愚，无巧无拙。神明化境近于道，唯道集虚，虚空什么都没有，道生万物，什么都能有。

混混沌沌，看似傻傻笨笨的人，最有希望将太极拳修入化境。这种人认准了一个理，一心一意不会更改，一门心事的傻炼，傻站，也不怕吃亏，天道酬勤，所以能成功。而好用心智的人，心眼很活，从不亏吃，一山看着一山高，总想攀上更高枝，贪图便宜，走条近道。结果挑花了眼，在挑肥拣瘦中蹉跎光阴，在自鸣得意中笑话别人傻。愚公移山即是证明，智叟认为不可能，愚公却移开了大山，实现了理想。事物的现象与实质有时不相一致，说的与做的结果有时也不一样，看似愚笨却涵藏大智，外表聪明其实糊涂，所谓大智若愚，大巧若拙。玄德深矣，远矣，与物反矣。

舍己从人是太极拳应对的法则，在舍己与由己的运用上，也存在智愚两者的楷式。拳谱云：“从人本是由己”，又说“先以心使身，从人不由己，后身能从心，由己仍是从人。由己则滞，从人则活”。一曰从人本是由己，一曰由己仍是从人，应该如何把握。自以为是者，持自是之智，把自己摆在第一位，以我为主，持着从人本是由己之说，处处主动，抢占先机，争强争胜，一点也不舍。自以为得拳道者，持自矜之智，不抢人先，退居人后，看重由己仍是从人之说，任人摆布，处处被动，舍得干干净净。此两者各走极端，皆非一阴一阳之拳道。

太极拳以顺随为法，有坤柔顺从之德，用于应对以舍己从人为要诀，舍弃争胜之心，从人而动。须知有个根本不能舍，指导舍己从人者，是我之心神，心神灵明清醒，主宰着一切，有先天固有觉知之灵。知人之进，指导顺之而退；觉人之退，行令随之而进。这个顺之，随之，是我之心神作主发出的指令，是从人中的由己，这种由己是为了从人。如果把这个主宰的心神都舍弃了，把能知能舍的主人翁都舍弃了，那就成了被戏要的玩偶，不是太极拳之应对。

事物有时会从一个极端走向另一个极端，物极必反，中和之道则不走极端，把握恰到好处的时机，是谓玄德。舍与不舍，或说用与不用，自有其一定之原则，所谓知此两者亦楷式，应常知楷式。拳谱有《太极拳指明法》曰："用力不对，不用力不对，绵而有刚对。丢不对，顶不对，不丢不顶对。沾不对，不沾不对，不即不离对。浮不对，重不对，轻灵松沉对"。指明太极拳以阴阳相济为法，无论形体、动作、意气都不得走向极端，不失中和之道。无所偏倚谓之中，合理合法、有序有度谓之和，《中庸》指出：中是天下最大的根本，为道之体；和是天下共行的普遍准则，为道之用。达到了中和、天地万物就各得其所。又曰：和者，天之正也，阴阳平也，如果阴阳二气不中和，事物便不能产生和发展。舍己从人，从人由己，不失中和之道，为常知楷式。

太极拳之要，用意不用力。杨澄甫先生说："全身松开，不使有丝毫之拙劲，以留滞于筋骨血脉之间，以自束缚"。全身筋骨血脉不能有丝毫之紧张，不使用硬力拙力去制造紧张，所以说用力不对。因拳法有不用力之要求，故意为松而松，为不用力而不用力，虚伪造作，弄得飘浮无着，如此的不用力也是不对的。两者皆偏于一端，病在刚柔不得其中。绵而有刚，即是在松柔绵软中不失韧劲，有弹簧之力。极轻极松极空灵，柔韧绵软寓阳刚之内气，则合一阴一阳之拳道。

不丢不顶，是太极拳接手应对必守的原则。丢是丢弃了知人的契机，舍过了头，无粘黏接人之功。主要是神意气未能接上人，中有间隔断离，断离则使人有隙可乘。所谓逢丢必打，在于不能顺随运用听劲而知人，不知人则必然挨打，所以丢不对。丢的反面是顶，用拙力与人接触，相互较量劲力，全然不知粘依顺随。一顶将自己的神意气劲形全都暴露给人，授人以可乘之机，所以顶不对。正确的方法是既不丢也不顶，轻灵的接人之内气，触人之皮毛，所谓刺皮不刺骨。轻则灵，充分发挥听劲的能力，能知人内外全体之动静虚实，所以不丢不顶对。

沾不对，不沾不对。沾是相接而附着上，如水沾物。沾与粘不同，粘是有黏性的结合，如粘贴。而沾是附着，沾不对是附着于人，形成依赖，受人摆布，丧失了主动，故不对。不沾不对是毫无沾贴之意，不能运用触觉而听劲，放弃了知人的机会。恰当的是不即不离，没有过分的附着，但也不脱离接触，始终不丢弃听劲知人的意气。

浮不对，重不对。浮是飘浮不落实处，是在故意擎着劲，不是自然放松，给人以虚浮不实之感。重是用力下压，让人感到僵硬。这两者都是将力用在自己身上，跟自己过不去，给人以借力反制之机，所以都不对。轻灵松沉对，是因其出于自然，无主动用力之意，轻重浮沉随用而生，毫无勉强做作之弊。

熟知阴阳相济之理，执其两端，用其中间，不生偏倚，不走向极端。太极拳守中用中，守的是中正安舒，用的是占住中定，发无不中，蓄无不正，此寻道所必由之路径，舍此何为。

六六、善下不争

江海所以能为百谷王者，以其善下之，故能为百谷王。是以欲上民，必以言下之；欲先民，必以身后之。是以圣人处上而民不重；处前而民不害。是以天下乐推而不厌。以其不争，故天下莫能与之争。

大海能容纳一切河流，由于它处在一切河流下游。大海居在世界上最低的地方，且安于这个最低，认为这是个善地，低湿卑洼的地方没有谁来争。但是一切江河都来汇集于此，水流归大海，大海从不拒绝众水的来归，低洼的善地能容纳天下的水流，从不盈满，大海并没有争夺之意，是众水自愿归附。大海具有善下的品格，安于低下之位，接纳流注的一切，来者不拒，安守本分，从不自大自满，从不越过一定的高度。

如此善下不争，也是太极拳的品格。太极拳追求无的境界，舍己不争，效大道之虚空明净，什么都没有，所谓空无所空，无无亦无，湛然常寂。要争也只能争个什么都没有，那还有什么好争。太极拳修炼的所有功法，都是为了实现这个终极目标，不得已之因应对待，仍旧是清静无为。所以无故加之而不怒，骤然临之而不惊，来争者什么也得不到。

在追求这种境界的修炼中，有粘黏连随四字诀。用此四字应对，顺随从人，不即不离，不丢不顶，任人往来牵动，只要粘黏得宜，可保平安无失。用此四字诀接人，有听劲知觉之灵，拳谱云：“要知人之知觉运动，非明粘黏连随不可，斯粘黏连随之功夫，亦甚细矣”。拳谱说明，此四字是知觉运动听劲的前提条件，而听劲又是懂劲的前提条件，有了灵明精准的听劲懂劲，彼之一切尽为我知，我可以用恰当合理的方式应对，以谦卑善下之德，达到人我双方共同愉快。

粘：粘指含有胶性的作用，一接手就粘上人，如胶似漆，让人甩不脱，丢不掉。在相粘的接触中，能充分运用触觉，知觉人细微的动向。更能由表及里，深入人的内部，透过其形体感知人内部的意气活动。达到彼心意之微动我都能感知，内外一切均表露无遗，机势尽为我所掌控，其余就看来者如何作为了。拳谱云“以己粘人，必须知人，乃能不先不后。”又曰“粘依能跟得灵，方见落空之妙”。说明粘乃从人中的由己。

黏：粘合得更为密切，接触处彼此胶合上，使人无法摆脱，通过密切的接触，我与人难离难分。粘有我去贴人之意，从人中之由己；黏则使人来贴我，从人仍是由已，不得不就我之范。充分运用已然深知人的心意劲路，在人摆脱不掉的情况下，得我顺人背之势，牵制人妄动之心意，使其不得出手发动攻击。如此之黏称为黏劲，黏劲是我意气的入里透内、不离不脱所形成的，是内劲的一种表现形式，运用精妙时，一黏就能起人之根。

连：与人相连不断，以粘黏之劲与人相连不离，我之手方挨彼之皮毛，意气已入彼之骨里。彼此粘连在一起，相互都受到牵制，关键是我连人而不让人连我。拳谱有混劲之说，两人相接，劲混在一起，纠缠不清，非顶即抗。用连劲是我能混人之劲，而我劲不让人混，我混人之劲，人被我连，受我牵制，这就是从人中的由已，以我为主。有名家论劲，提到彼此呼吸成一体，彼此之呼吸相连，一定是以我之呼吸影响人之呼吸，让人之呼吸合上我的节拍。

随：顺随是太极拳应对的基本方法，拳论云：“拳有万法皆为假，唯独顺随一法真”。粘连住人之后，随人而动，人进我退，人退我进，绝无抗逆丢脱之现象发生。我顺从人意，如影随形，如神附体，让人无可奈何。如人欲发劲，必定蓄而后发，彼欲蓄必先收，我因粘黏而已觉知人意，顺随其收蓄而跟进，人为应付我之跟进而不得蓄劲之机，也就发不了劲，不能形成攻击。人欲逃脱，必图丢离开我粘黏之劲，而彼此已相连成一体，人劲已为我所混，只有随我摆布。无论彼欲发劲而回蓄，或欲逃脱而丢离，我均可随其回收而顺势跟进，称为打回劲。

粘黏连随四字，运用是一整体，一接手粘上人，觉知人之运动。当人不让我听清而摆脱，我则加强粘合之意，形成黏劲，黏住人使之无法摆脱。有黏劲的粘黏，使我与人相连不断，连成一气随人而动。如此能牵动往来，听懂人的意气劲路，限制人的肆意妄为，使无法出手攻击，彼能知难而退就有圆满的结局。

运用粘黏连随，须去顶匾丢抗之病，拳谱云："要知，于此四字之病不明，不但粘黏连随之功断，且不明知觉运动也，初学对手，不可不知也，更不可不去此病"。

顶：人以力来，我以力对，形成二力相抵，如顶牛之状。太极拳不用力，拳谱指明，人以刚来，我以柔往。顶则是以刚对刚，双重之病未悟耳，阴阳不相济，粘走不能相生，应在阴阳虚实中痛下功夫。

匾：不圆满，多生棱角。拳谱要求："勿使有缺陷处，勿使有凹凸处，勿使有断续处"，就是要做到周身一家无散形。过与不及皆导致身法散乱，给人以可乘之隙，拳法圆活之趣未得也。

丢：粘黏无功，人能轻易离开。我之神意气劲形有一不到位，即生缺陷，不能圆活顺随，粘依走化不灵。拳谱云，逢丢必打，人可趁机发起攻击，或者脱离所受之牵制。无过不及，不丢不顶，才能随曲就伸，粘依得法。

抗：顶是相当的二力相抵，抗是以小力对抗大力，仍然是在用力，以力对力，是应对无法的表现。所谓抗争，是弱者奋力对抗强者，出于不得已，不得不争。太极拳不用力，以弱对强，凭的是粘走柔化，引导彼之强力落空。彼力再大，我粘走相生，避冲逃直，斜行偏闪，化开人的力头，粘随人的力尾，彼力有穷尽之时，我意无断续之弊。

粘黏连随无功，则生丢顶之病，丢顶皆为断病。丢表现为与人断离，其意易明；顶则是顺随之意断，不用力之意断，仍属断病。郭福厚先生说："丢偏顶抗之外，以断字为害最甚"。拳谱《太极字字解》曰："断接俯仰，此四字关乎意劲也。断接关乎神气也；俯仰关乎手足也。劲断意不断，意断神可接；劲意神俱断，则俯仰矣，手足无着落耳。俯为一扣，仰为一反而已矣，不使扣反，非断而复连不可。对待之病，以俯仰为重。时刻在心，身手足不使断之无接，则不能俯仰也。求其断接之能，非现隐、显微不可。隐微，似断而未断；现显，似接而未接。接接断断，断断接接，其意心、身体、神气极其隐显，又何虑不粘黏连随哉”。

该解指明：对待之病，以俯仰为重。劲意神俱断，则俯仰矣。失中则生俯仰，病同偏倚，前俯后仰，左偏右倚，离中定之位曰断。既生断离之病，补救者非断而复连不可，解中称为求断接之能。断接之能关乎心神意气，有心神之主宰，守中不失，绝无断续之弊。然对待之际，用劲粘黏连随不当其可，则断，劲或有断，心神绝不可断，故曰，劲断意不断，意断神可接。解中提出，现隐、显微有断接之能，也就是知觉运动，有真知灵觉之听劲懂劲，运劲如抽丝，连绵不断，纵断即连。心神能精准觉知，神意始终得人之中心，控制人劲源之意没有断，所谓似断而未断，隐微者神意也。显现于外之手足，屈伸开合，有心神之主宰，动静皆有着落。接而不顶，随而不丢，不即不离，似接而未接，未接而仍接，心神始终是灵明关照的。

太极拳接手，其原则是不与人混劲，接手歌诀云：“接手分清敌和我，彼此之劲不混合”。人我之间皮毛虽接，而心神在接触点之间，如有气垫，将人我之劲分开。纵使入里透内，我劲渗入人之骨髓，无有入于无间，也不与人之血肉发生牵连。拳谱曰：“如手由低处举高处，做无数一举想”。依理手与人发生连随，当作无数一接想，谓之“千招变化如新接”，这就是该解中所说：“接接断断，断断接接”，极尽运用之妙。有真灵觉知神明之主宰，又何虑不粘黏连随哉。

虽说接接断断、断断接接，隐微现显有接断之能，仍是病生而后补救，非太极神明之境。太极拳要求：“勿使有断续之处”，“周身节节贯串，勿令丝毫间断。”大中正至，周身一家，节节贯串，根本就不容许产生断病。太极拳运劲如抽丝，连绵不断。此劲为神意气化合之内劲，根源于虚无所生之元气，与太极同体，供应源源不断。而主宰者为灵明常在之元神，元神用事，不增不减，不生不灭，觉照一切，运化一切。有此元神，即有灵明常在之真意。故知太极拳阶及神明之境，劲与意均不断。

太极拳效法大海之常居善地，中土即是太极拳的善地，拳谱有守中土，中土不离位的要领。中土又叫真土，还有多个寓意的称谓，如黄中，正位，黄庭，净土等等。中土窍位在人身正中央，故称为正位。太极拳修炼成一大气球，中土即是大气球的球心，通过球心的竖立直径，贯通百会与会阴，为人身之虚中。守中用中，即守此中土与虚中，中土球心向两端延长即虚中，虚中两端向中心收缩即是球心，二而一，一而二也。守住中土为中定，太极十三势以中定为根基，一切拳法皆由中定出，所以说有中定才有十三势。拳谱的立身中正、尾闾中正、中正安舒等，都是围绕着守中土、中定提出的要领。中土这个善地，有坤阴柔顺静定之德，宽厚而能容载，善下而不争，曰中土安仁，是太极拳的根基，太极拳永守这个善地，守而勿失。

六七、我有三宝

天下皆谓我道大，似不肖。夫唯大，故似不肖。若肖，久矣其细也夫！我有三宝，持而保之：一曰慈，二曰俭，三曰不敢为天下先。慈，故能勇，俭，故能广，不敢为天下先，故能成器长。今舍慈且勇，舍俭且广，舍后且先，死矣。夫慈，以战则胜，以守则固。天将救之，以慈卫之。

道可道，非常道，道不可言说，可言说者不是道。说道大，好像不大准确，因为道超越一切，无方无体，无边无际，不是一个简单的大可以形容。南怀瑾先生说："因为形而上的道体太伟大了，超越了精神与物质两重世界，而人都拿物质世界和自己的心理思想去推测道，所以越想越不像了"。道无法形容，不可言说，但却真实的存在于天下万物之中，且不可须臾离开，可离开的就不是道。

就像太极拳是伴随着中华文化的传承一样，有悠久的历史，经过了无数先贤智者的接力发展而到如今。要说是某个人发明创造的，则似不肖，一个人不可能有如此博大精深的智慧。若肖，那不是太极拳，或者只是名叫太极拳，名称是人叫出来的，称谓而已。

道什么都不像，什么都像，若只专像某个具体的东西，那就不是道。这样玄奥，人们如何能认知道呢，老子给出了一种求索的方向，持守把握住三宝，慈、俭、不敢为天下先。真正的太极拳几近于道，持守三宝是其内在的品格。

一曰慈：爱出于心，恩被于物谓之慈，叫慈爱，仁慈。佛家讲慈悲，曰，以爱护心给予众生以安乐名慈，大慈予一切众生乐；以怜悯心拔除众生痛苦名悲，大悲拔一切众生苦。总归为有大爱之心，也有仁慈的宽厚，能宽容则能爱人。道家以无疆之大爱，爱一切众生，众生能得到一次生命很难，能得到一次为人的生命尤其难，能得到今生今世如此之缘分亲情更是难上加难，能不倍加珍爱？长生不老，永住仙乡不可期盼；强身健体，益寿延年，却是可以求取得到的。道家提出我命由我不由天，通过虚静无为之修，以求长生久视，自我延长生命，于此道家做出了突出的贡献，是最大的慈爱。

人进入后天生活，一天天消耗着生命，损伤着精气神，当消耗殆尽之时，即生命结束之日。虽说结束是另一回的一开始，又岂能预料下一次是如何开始，是怎么样的开始。所以珍爱现有的生命，精心养护，修补亏损，才是对生命的大爱，大慈大悲。道家提出，衰老原来有药医，精气神三宝，即是益寿延年的大药，人人具备，只是不知爱惜，更不知运用。世人只要依照道家的功法修炼，寡欲清心，勇于自爱，形体精气内外兼修，即修性命双修之学，精诚所至，必收效益。道不弃物，更不弃人，大慈大爱，广佈遍施，巨细不遗，即佛家说的众生平等，众生皆能得到道的眷顾。天将救之，以慈卫之。

慈，故能勇，有仁慈大爱，故能勇于忠孝，见义勇为。为拔除民众灾苦，能舍生成仁，杀生取义，万死而不辞。文天祥就有如此之大勇，大爱系于心，正气集于身，在民族危亡关头，挺身而出，面对凶顽，大义凛然。相反，舍慈且勇，无仁义慈爱之心的勇，非正义之勇，是残暴，是疯狂，视人命如草芥，以屠杀为乐事，这种侵略屠夫必遭天谴。本章指明，慈悲大爱，用于正义之战，一定能胜利；用于正义的防守，一定能成功，因为有天道的救助，有仁慈大爱的护卫。

二曰俭：前面提到啬，与俭相通，啬俭是爱惜万物，爱惜生命、爱惜精气神。天下万物为人所用，不可浪费，要有珍爱怜惜之心，培养生长，才能持续发展，才有物可用。人生在世，应守啬俭的原则，爱惜精神，蓄养精气，是日常生活的原则，也是延年益寿的功德。珍爱生命，若不知惜精蓄气，肆意耗损，纵情贪欲，必至精枯气竭，生命不保。精气神三宝，比任何珍宝都贵重，一定要啬俭珍惜，使之细水长流，作为延生保命的种子。有此种子，再经内功功法培育，日日浇灌，求其发芽生苗，开花结果。达到精饱满、气充足、神灵明，往日之亏损得到填补，生命之花愈开愈旺。

道生长万物，德育养万物，有上天之阳光雨露，有大地之肥水沃土，生命得以维持成长，天地给予生命以大爱，人也应还天地自然以爱心。道家重天人合一，天清明爽朗，地洁净无染，人能健康成长。《太极拳谱》云：“要知天人同体之理，自得日月流行之气”。人赖天地以生长，天地赖人经营致局，人有保护天清地净的责任，珍爱自然环境。向天地索取滋养，应守啬俭的原则，不可暴殄天物。爱心能得到爱心的回馈，所谓善有善报，人保护了环境，环境给人以健康。

三曰不敢为天下先：即有谦让卑下、柔顺随从之德。太极拳舍己从人，让人在先，甘居卑下，遵从道无为不争的原则。太极拳之舍己，有不可先，不能先，不敢先三层意思。

不可先：太极拳哲理深奥，拳艺精妙，经过历代先智的锤炼，已达神化之艺境，居于绝顶巅峰。近代大师比拟为十三层宝塔，穷毕生之精力智慧，也只登上半程多一点。后学者欲继续攀登，有更高的成就，必沿着先辈的足迹，接受先辈的经验教训，依序顺次而行，一步一个台阶的上升，不可躐等，不可离开明师的指导。自作聪明者自以为已领先于人，或许是走入了旁门歧道，先贤有“任你聪慧似颜回，不遇真师莫乱猜”的告诫。太极拳所蕴藏的奥秘，是猜想不到的，必须有明师为你打开智慧之门，不经名师传授，只能是个野狐禅。

不能先：太极拳修炼，致虚守静，静中求动，动中求静，以虚静为第一要旨。求虚静必须放下一切，放下尘俗之心，心有稍许先动之念，即不清静。弃浮念于已过，止游思于未至，不先不后，守纯和之中道，道家提出了忘忘，连忘却之念也要忘掉。坐功是坐忘，站功是站忘，行功也须行忘。当套路练习过千万遍，已能自动演进，已无须心意在先引导，每次行拳，任套路自然、自在、自行流动，内心忘掉了在行拳，忘掉了动作，一心只守虚静，不知手之舞之，足之蹈之。如此动中之静，不受任何干扰之静，是真虚静，心神自然返归，触发原本之固有，唤醒潜藏的良知与良能。这种境界，只能在无思无念、无动无静、无知无识、无先无后中自然而生，所以不能先。

不敢先：舍己从人，就是让人在先，随从于后，太极拳之奥妙在于以顺随为法。拳谱释顺随为彼走此应，彼走在先，我应在后，妙就妙在舍先且后。先动虽抢得了先机，但虚实奇正，暴露在先；后应则可清楚了解对方，根据对方的虚实，抓住其弱点破绽，予以合理的应对。老子曰："吾不敢为主而为客"。主动先进，必然承担风险，本章指明，舍后且先，死矣，所以不敢为先。拳谱还有彼忙我静待之说，让人先忙起来，我看准了再作道理。

太极拳谦让，不争，不主动去攻击人，这是太极拳的宗旨，不敢为先即不得违背这一宗旨。所谓以柔克刚、以静制动、后发制人的克与制，不符合慈、俭、不敢为先这三宝。彼以刚来，我以柔往，因来而往，先来后往，都是顺随于后的应对，而且是柔和的应对。希望有不克之克、不制之制，不争而得的善果。善胜是彼此都能接受的、不伤和气的和平双赢。

六八、不争之德

善为士者不武；善战者不怒；善胜敌者不与；善用人者为之下。是谓不争之德，是谓用人之力，是谓配天，古之极。

真正善战的智者，不逞勇武，更不暴躁，是静若处子，心情平静如水。曹焕斗先生在《注张孔昭先生拳经序》中说：“盖先生拳法，发如美人之采花，收如文士之藏笔。诸葛君之纶巾羽扇，羊叔子之缓带轻裘，差可仿佛，夫岂有圭角之可寻”。全然一派儒雅文士之风，毫无勇武暴戾之气，曼妙如美女采花之柔婉，优雅如文人藏笔那样闲适。大敌当前，镇定自若，能如诸葛孔明先生，羽扇纶巾，瑶琴一曲退虎狼之兵；又像羊叔子一样，缓带轻裘，从容应对强敌，如闲庭信步。张孔昭先生的拳艺，如此优雅文明，没有圭角形迹可以寻觅。

老子提出的善为士者、善战者、善胜敌者、善用人者，此四者，诸葛亮当之正好。先生用兵如神，奇谋妙计随用而生，不与对方以任何可乘之隙。先生谦恭待人，礼贤下士，据记曾为庞统，许靖下拜。其《诫子书》中说：“夫君子之行，静以修身，俭以养德，非澹泊无以明志，非宁静无以致远。夫学须静也，才须学也，非学无以广才，非志无以成学”。从书中可见其高尚的品德情操，先生《诫子书》中的澹泊明志，宁静致远，成为我中华学者的座右铭。刘备敬重诸葛亮，为之三顾茅庐，诸葛亮为报知遇之恩，为之沥胆苦心，鞠躬尽瘁，创建了蜀汉之辉煌业绩。先生是善用人者，也是善为人用者，后人对于诸葛先生，无不由衷敬仰。

不争是老子推崇的德，老子说：“以其不争，天下莫能与之争”、“天之道，不争而善胜”。老子这一理念，指导着太极拳，太极拳效法道之虚静无为，主旨在于追求无的境界，要练得什么都没有。什么都没有，当然也没有争，于世事无争。依无为无不为之理，太极拳争取得道，争取虚空静净，是最终极的争，是不争之争。为争得这最终的究竟，历代先贤创造了一些有为的不争，如舍己从人，顺随谦下，从人之意，随人行动，以此不争之德，作为修业精进的阶梯。

将自己放在卑下柔弱的地位，对人不顶不抗，不逆不亢，以宽厚包容之心应对来者。在习练之初阶，尚有以柔克刚，以弱胜强，以静制动的守弱自保之术。当阶及神明之境，从根本上不用招数，不讲克制，不求胜负，以不对待为对待。一心只守自我之中正安舒，占定中土，不离中位，因为道大中至正，守中即是守道。不争则不离环中，不离环中则不生偏倚，无缺陷破绽，不予人任何可乘之隙。老子曰，为者败之，执者失之，不争则无为无执，也就不失不败，此为天道不易之理。

用人之力，在太极拳称之为借力，拳谱有诀为：“机由己发，力从人借”。在应对中，沾走相生的契机要由自己掌握，这是自身听劲懂劲能力的发挥。而沾走的动能，必须因应顺随借助对方的来力，是谓用人之力，而后引进落空，四两拨千斤。从太极拳虚静无为的宗旨来说，这仍是舍己从人之德。太极拳用人之力，包括了用天地万物之力，主旨在于养生，自养而同时养人养物，养一切众生，是谓配天，古之极。这里说的力，是能、是生命之原动力。

太极拳有推手之术，借用对方之力以自炼互炼，自养互养。推手又叫作擖手、打手，二人粘黏不离，彼来此应，彼牵此引，彼走此化，阴阳、虚实、刚柔、急缓互变，相生相克。拳谱有《打手歌》曰：“掤捋挤按须认真，上下相随人难进；任他巨力来打我，牵动四两拨千斤。引进落空合即出，沾连粘随不丢顶”。用掤捋挤按四劲互推，称为四正推手；用采挒肘靠四劲互推，称为四隅推手，又称为大捋。方式有单手推、双手推、定步推、活步推以及乱踩花等。在互推中或平或竖、或正或奇、或大或小、或虚或实，走成各种圆环，环环相套，相因相应，有无穷无尽的变化。拳谱有《乱环诀》云："乱环法术最难通，上下随合妙无穷。手脚齐进横竖找，掌中乱环不落空，欲知环中法何在？发落点对即成功"。二人上下相随，不丢不离，不顶不抗，随合而动，大圆、小圆、平圆、竖圆，相机而生，层出不穷，彼呼此应，妙趣横生。

推手的妙趣在于往来的摩荡中，彼此相互打通气脉，排除滞障寸隔。拳谱要求"气遍身躯不稍滞"，气血之遍体流行，关键在于通畅，一通则百病消除，百体灵动。拳谱说"乱环法术最难通"，难就难在滞障寸隔的排除。二人粘黏不离的随方就圆，随曲就伸，如同相互按摩，化掉凹凸棱角，在外形上流利圆转，求得柔弱无骨，敏捷灵动；在内求得百脉通畅，气行无滞。如此内外兼修，也就是阴阳双修之功，相互间以己为阳，滋人之阴；以人为阳，补己之阴，如此阴阳互参，互补互益。在推手中，我用人之力，人亦用我之力，彼此间互信互助，相互补养，这种相互的关爱与天道契合，人类自远古就留传下这种道德规范，利人利己，是太极拳所传承的配天之德。

推手，或是老师带着学生，传授心法；或是师兄弟、挚友之间切磋技艺，总要亲密无间，彼此信任，彼此爱护。相互轮流喂劲、喂招，设难、设巧，检验松柔轻灵是否得宜，粘黏连随能否恰当，捉摸如何能将拳理要诀贯彻到实践之中，寻求太极拳道之真谛。拳谱说的彼以刚来，我以柔往；彼以柔来，全在称量。相互间体验刚来如何能柔往；柔来如何去称量。引进落空，四两拨千斤，也要相互体验，如何引，如何拨，如何落空。在推手中加深理解，练习纯熟，到应对时才能随用而生。推手是助人亦是助己，利人亦是利己，志趣相同，共同进步。前人云，怠者不能修，忌者畏人修，不妒忌人之进步，自己才能进步。

有的人将推手用作争胜的手段，不研究太极拳道，只是凭力量互顶互抗，如同牯牛对顶，或者脱手打击、摔跤、擒拿无所不用，完全没有随方就圆，粘黏连随的趣味。更有的阴谋使诈，欺哄诱骗，只求得胜，不讲道义，这完全不是太极推手，盗用推手之名而已。推手是阴阳双修，互帮互助以打通气脉，提高听劲懂劲能力。所以推手没有输赢之分，但有对错之别，不符合太极拳的原则为错，用力者错，争强者错，伤害身心者更错。不仅无益于养生之道，于听劲懂劲等太极拳技艺之提高也无助益。

用人之力，将这个原则放大，用物之力，用天地之力，都属于配天之古德。人与天地万物之间，本来就存在着共生共荣的关系，一荣俱荣，一损俱损，叫作天人合一。仅以人与草木为例，草木吐出氧气，是人所需的营养，人吸收滋养全身；人呼出二氧化碳，正是草木的营养，吸收以繁枝茂叶。道无弃物，废宝之间相互转换，人与物之间相互周济。天人合一之理，也正是天地人之间共生之理。《阴符经》曰："天地万物之盗，万物人之盗，人万物之盗，三盗既宜，三才既安"。盗在此为相互吸收，相互补益之意，天给万物以阳光雨露，万物供给人以衣食营养，人得之以生；人给万物以种植制造，万物得以生长成形。《阴符经》曰："立天之道，以定人也"，"天人合发，万化定基"。相互为用，是谓配天，古之极。

六九、退而为客

用兵有言："吾不敢为主而为客，不敢进寸而退尺"。是谓行无行，攘无臂，扔无敌，执无兵。祸莫大于轻敌，轻敌几丧吾宝。故抗兵相加，哀者胜矣。

舍己从人，即不为主而为客，让人主动占先，自己从后顺随而行，坤阴柔顺之道。《太极拳解》云："须要从人，不要由己。从人则活。由己则滞"，行拳要圆活，应对更要圆活。先动者，虽占得先机，但动静虚实也暴露在先。后随者，虽是被动，但能认知先动者，可避实就虚，乘隙而入，造成我顺人背之势，怎样顺就怎样随，故从人则活。反之，由己动在先，机势未审，未知彼之虚实，茫然进攻，轻敌则祸生，必为人制，故由己则滞。

《太极拳解》又云："彼不动，己不动；彼微动，己先知"，进一步说明从人不由己，从人是让人为主我为客。对方不动，我静定以待，充分运用听劲感知觉察，准确的摸清人的意向。拳谱《结论》篇曰："与人交手，只听人劲，务要由人，不要由己，务要知人，不要使人知己。知人则上下、前后、左右自能引进落空，则人背我顺"。听劲懂劲是应对的根本，在静待中我能听清人，从而知人。我动在人后，人已动，我随动，我心意始终是静定的，故人不知我，这符合《太极拳论》人不知我，我独知人的原则。我知人，我能随机而变，故圆活；人不知我，行动盲目，手足失措，故背滞。

《太极拳解》还说："以己依人，务要知己，乃能随转随接；以己粘人，必须知人，乃能不后不先"。进一步论述从人与由己的关系，依人即从人，从人时要清楚知道自己所长所短，发挥长处，收藏短缺，保证自身不出任何问题，随着对方的转变而转变，合理应对。粘人是我去牵制人，是由己，由己时必须全面了解对手，避其所长，制其所短，有把握的去应对，接应变换，不先不后，恰到好处。知己是关键，是否有柔弱无骨之松软，意气是否能灵活转换，基本功有无欠缺，自己一定要了然于心，要有自知之明。李亦畬先生说："先以心使身，从人不从己；后身能从心，由己仍是从人"。以心运身，身从心运，这一主从关系是不可改变的，要运转变化灵活。但己心为客，人之心为主，必顺随人心之所向。己身一定是服从己心之驱使，而己心之依从人心，是为深入了解彼心之意图动向。己身之动，是己心已深知人心，因人之动而做出的反应，形式是从人，内容是由己。

务要知人，不要使人知己，做到人不知我，我独知人。又说到以己依人，务要知己。上一句说的是不要让人知道自己，下一句说自己一定要清楚地知晓对方，更指明一定要有自知之明，全面透彻地知道自己。既慎重对待人，也慎重对待自己，本章曰：祸莫大于轻敌，轻敌几丧吾宝。拳谱云："彼忙我静待，知拍任君走"。在静待人先动之际，处中待变，中正安舒，心静如水，于虚静无为中，触发先天之真知灵觉。以心观心，以身观身，听其内气，察其外形，彼欲攻击必先动其心气，再动其形体。彼内气外形皆因动而生偏倚，显其虚实，授我以觉知之机，其运动节拍尽为我知，无可藏匿，此即不敢为主而为客之真意。尊重对方，绝不轻视对方。

舍己从人，不先入为主，没有成见，客观的认清形势，适应环境，自然顺随，则无咎失。舍己从人是太极拳应对的原则，但并非终极究竟。太极拳所追求的是虚静无为，要炼得什么都没有，达到什么都没有的境界，也就没有什么可舍了。全体无形无象，虚空纯净，一羽不能加，蚊虫不能落，到此以不应对为应对，不舍而一切皆舍，一切皆忘。

不为主而为客，客观的认清形势，知安危所在，能避开危险，确保平安。拳谱有言："练拳全为保身计"。道家以重生为玄德，以最大的慈爱敬重生命。因此不仅要保护自身的安全，也要保护对手的安全，自己不涉险，也防范对方弄险。客位在后，处于守势，防守为生机，能统观大局，从容避开危险，也知对方的虚实安危。拳谱要求，接应变换，无仇为良，以大慈大悲之爱心，阻止对方涉险，引导对方转危为安。如此胸怀，只有太极拳能做到，因其不争，不计输赢，只讲慈爱。

不敢进寸而退尺，主动攻击则进，争强争胜则进。太极拳以不争为宗旨，不违宗旨，故不主动进，一寸也不进。退一步天宽地阔，为自己提供了宽广的活动余地，提供了生机。退是容让，是宽厚，是谦下，是坤阴柔顺之德。而攻防进退为拳法之要，作为武学，应知进退之机，进不轻进，退不轻退，见可而进，不得冒失；知机而退，步步为营。其进气势一往无前，但要关顾照应，不失中正；其退从容不迫，沉着冷静，不与人以可乘之隙。拳学的进退，在于气势，而不在形式，气定神闲，中土不离位，进退顾盼皆由中而发。欲进，形未动而意气先动，已敷盖人之气势，穿透人之肺腑，制人于无形无象。欲退，先以意气封闭住人的门户，使其运转不灵，行动受阻，我乘势而退，不留形迹。无论进退，皆不失中定之位，占住中定，顾盼关照，蓄藏封闭，动静虚实不令人知。拳谱有诀云：“常收时放是操持，舒少卷多用更奇，一发难留无变计，不如常守在心头”。常守中定正位，退守卷蓄，保证安全。进攻者一击不中，难以挽回，应变无计可施，所以不敢为主，不敢进寸。

行无行，攘无臂，扔无敌，南怀瑾先生说：“这就要晓得太极拳了。太极拳把对方挡开了，而对方还不知道，这才是善于运用。手都不必动，已经把人挡开了。这是要真功夫的，看不出来的道理，也无人可敌”。太极拳求的是无的境界，无形无象；讲的是无拳无招，无法无为，以无招应有招。拳无定式，法无定法，无意之中有真意，以真意发动良知良能，不经意间已解决问题，得到了善的成果。这正是汪永泉先生所指导修炼的无的境界，什么都没有。真正能炼到什么都没有，虚空透明，则无中生有，什么都有了。这种有由虚无而生，超越了形象，是一切生命之本原，是蓄藏于天地间的潜能，在人身为固有之良，自然而有。用于应对则不期而然，莫知而至，不知如何开始，也不知如何结束，一片神行，所以南怀瑾先生说是“看不出来的道理”。

七十、有宗有君

吾言甚易知，甚易行。天下莫能知，莫能行。言有宗，事有君。夫唯无知，是以不我知。知我者希，则我者贵。是以圣人被褐怀玉。

大道至简，老子的话非常平易简明，也容易做到。竟然少有人知，弄不懂也做不到。由于一般人好舍近求远，舍易求难，以远者难者为高贵。殊不知，最平凡，最简易的，才是最深奥的。任何一门学问，到最高处就是平易，所谓“学问深处意气平”。最高深者最平凡，最平凡者最高深，大智若愚，大巧若拙。一般人热衷于卖弄聪明，炫耀自己的才智，不屑于平凡简易，是与道相逆而行，愈行则离道愈远。

言有宗：宗为宗旨，修炼太极拳之宗旨在《十三势行功歌》中指明：“详推用意终何在？益寿延年不老春”。拳谱《十三势》记：“欲天下豪杰，延年益寿，不徒作技艺之末也”。其宗旨为对生命之大慈大爱，通过太极拳修炼，养护身体，增强体质，祛病补亏，以期益寿延年，此即老子所提倡的长生久视之道。拳谱中有言：“人身为太极之体，不可不炼太极之拳，本固有之灵而重炼之，良有益也”。通过太极拳的修炼，致虚守静，复还先天固有之良，真觉灵知得以复归，先天潜藏的良能得以开发，将从根本上改变身体的素质，所谓良有益也。

太极拳之修炼，养气炼气是关键。先天一气即元气充之于人身，是生命的基本元素，在拳则称内气、内劲，是太极拳的根本，无元气则无生命，无内气则无拳术。这元气在体内顺行则益精，逆运则化神，元气在体内之顺畅流行，内用气化全身，达到清虚脱换；外用应对武事，以大气球防身护体。此气其作用重大，必善加养护，拳谱提出，气以直养而无害，益养而不可危害。拳谱《太极拳表解》其主旨篇重在论气：“气宜直养而无害——养先天之气。养气则顺乎自然，故无有穷尽”。直养即是顺应自然，不加干预，搬运操弄则为害气。该《表解》还说：“非运后天之气，运气流弊增大，是有穷尽”。孟子曰：“浩然正气，至大至刚，充塞于地之间，以直养而无害”。

拳谱曰：“养气者纯刚，尚气者无力”。任气之自然流行，拳谱所提出的要求，都在于善养元气，如“气遍身躯不稍滞”，“遍体流行不能停”，“气宜鼓荡”等。鼓荡即流动之意，养气就是要让气无滞无阻，畅通不停地流行。如何让气能畅通流行呢？拳谱指出：“腹内松净气腾然”，松是舒松，无憋屈，不憋气；净是纯洁、干净，不留杂物堵塞，空空净净，元气自然顺畅流行。不仅在腹内腔子里，要周身无处不松净，松净则无滞阻障碍，气能遍体顺畅流行。如此养之以直，不助不长，不迎不将，得乾天健运不息之道，成刚健纯阳之体，故曰纯刚，纯刚则周身无处不充，无处不畅通流行。

尚气者无力，尚者崇尚、注重之意，元气即太极，太极拳以元气为根本，一切拳理拳法均以内气为主导。拳谱《十三势行功要解》所论，其核心就是论气，以心行气，以气运身，行气如九曲球，意气须换得灵等要领，要解中均有精论，体现元气为拳之灵魂。太极拳之纲领是意气为君，为主宰，而意即气也，意就是气，拳论之用意不用力，就是用气不用力，这就是尚气者无力的真意。有的拳谱中是说有气者无力，有了元气的主导运使，排除了拙力的出现，太极拳是用内劲，绝不用拙力。汪永泉先生说：“松散通空，培养内气，全身透空，能够百病不生，延年益寿”。这是太极拳养气、尚气的主旨。

事有君：君是主宰，统领。黄元吉先生说：“夫宗者君者，即人身之中也”，此人身之中，合大道之大中至正，不偏不倚、不增不减、不垢不净，为天地万物的主宰。太极拳宗法大道之中正，规定有立身中正安舒、尾闾中正、中土不离位等等守中的原则。无论动静开合，始终要占中定之位，指明有中定才有太极十三势，这个中就是道，就是拳，无中则无拳。中是天理，流行则为一气，为道所生，大中至正，故称之为中气，此中气是孟子称道的浩然正气，至大至刚。太极拳得此中正之元气，刚柔得中，阴阳调和，循正道直道向大道之殿堂行进。

中即道，守中即守道，于理而言，为喜怒哀乐未发之中，此理在心，理光明中正，心亦光明中正，心无尘俗贪欲之偏，无游思杂念之妄，如此人欲静净，则天理流行。于拳而言，为屈伸开合未发之中，此理在身，理中正身亦中正，占定中土正位，无俯仰倾斜之偏，安舒而支撑八方，拳理拳法皆得中正。形体之中正不偏，得心神中正不偏之主导，君臣统领的关系不可偏。

心神之本体虚静无为，合大道之体；身形之本体亦是虚静的，为大道之用。神形虽曰都本虚静，却有本质的不同。心神之虚静，灵明不昧，天理常存，大智大慧，有感而遂通、时至神知之灵。身形之虚静，虚而不明，静而不灵，无应感之觉知，是无油之灯，无马之车。心神虚静之本体，其作用发号施令，有调动驱使之能；外形本体之静，不能自动，其作用之动，必赖心神之驱使，为被指使者，所受的命令完成后，仍回复原来无知之静。

心神内气为乾阳，身体外形为坤阴，心神统领外形，符合天健地顺之德，为阴阳相济，天地相交。依易理，天地交为泰，泰有平安吉祥之意，易理曰：天地交而万物通也，上下交而其志同也。卦象下卦为乾，上卦为坤，组合成为泰卦，乾天之气下降，坤地之气上升。有上统下，下承上之义，意气为君，骨肉为臣，上下同心，万事通顺。

《太极拳谱》云：“彼以刚来，我以柔往；彼以柔来，全在称量。”易理规定，乾阳刚为大，坤阴柔为小。刚来是大者来，柔往为小者往，合泰卦小往大来之象，曰吉亨，吉祥通顺。太极拳的阳刚，指的是纯阳之内气，至大至刚，健运流行，本具虚静柔顺之德。而彼以刚来，非太极拳之舍己不争，为刚硬显于外之拙力，当以坤柔走化之，即我以柔往。如果对方舍刚用柔，我听清彼劲，以更柔应之，我仍处小者谦卑之位；彼若更柔，我则以真觉灵知，应之以虚空，虚空即气，天下没有比意气更柔者，我依然处谦下之小位，仍得吉亨。反之因我之修为不足，未通太极拳之真义，彼以柔来，我以刚应，以强力欺人，小来大往，为易经否卦之象。否者，闭塞不通，阳气泄于外，阴气潜于内，外强而中干，危殆之象也。太极拳任何时候都不可用强，老子曰："强梁者，不得其死"。唯谦卑自小，永葆安泰。

阳健阴顺为中华传统武学之主旨，吴越春秋载《越女论剑道》，就论述了阴阳兴衰之理，越女答越王而曰："道有门户，亦有阴阳，开门闭户，阴衰阳兴。凡手战之道，内实精神，外示安逸；见之似好妇，夺之似惧虎，布形候气，与神俱往"。开门为迎敌，闭户为防守，此一迎一守，一往一来之间，讲求的是阴衰阳兴，阳兴即提起精神，内气遍体流行，健运不息。阴衰即形体柔顺，服从调运，顺随心意。内实精神，即内气充盈，精神饱满，君主运筹有方。外示安逸，形体静而不躁，舒松安详。心神主宰一切，心运身才动，心静一身皆静，布形候气，与神俱往之义也。

太极拳之有宗有君，即一切拳理拳法都应遵守心神为主宰，身形为作用的宗旨，有内主外从，在内不在外的原则。例如对含胸拔背这一要领，颇有争议，有执行这一要领的，形成窝胸驼背，美其名曰黾背。更见龟背中间是凸起的，追求将背脊骨凸出，将背绷得紧圆，说可以抗打。以窝胸为含胸，以驼背为拔背，压迫胸腔，憋屈内脏，将身体弄成畸形病态，有失中正不倚之道。究其病因在于舍本逐末，只在外形上运作，不明在内不在外之理。含者，内含、含藏之意，胸腔内含藏有心肺肝胆，必使之宽松舒适，所谓宽怀大度，心肺肝胆得以正常工作。老子要求"无狭其所居"；河上公曰："谓心居神，当宽柔，不急狭也"。拔者，提拔，对拔，通过虚领顶劲的提吊，将背部胸椎逐节拔开扩大其间隙，相连于胸椎的肋骨也一同扩大了间距，此为拔背。胸肋的间距扩大，即胸腔的容量增大，肺活量也增大，心肝胆都有宽松的工作环境，宽容舒松，无狭其所居也。

修道首在修心，经曰"心若在腔子里，念不出总持门"，心安居于胸腔，则无妄思杂念，所谓"若能长守弯弯窍，神自灵明气自充"。有洗心退藏于密的功夫，谓艮其背不获其身，原因心属火，而藏于艮背之水，与心火相济，以清心寡欲，为洗涤之义。心居于前，而藏于艮背之后，退后又有密藏之义。

故心不可紧束之，以免烦躁火炎之患，所以当宽胸广怀。又人之能得天地之正气，由于肺之呼吸，所呼者，体内之浊气从中而出；所吸者，天地之正气从外而入。天人于此相交，呼吸之间可夺天地之正气，肺活量愈大，体内之元气愈充盈。正确执行有宗有君之原则，能养生健身，违逆则伤身害生。对于太极拳之修炼要领之执行，如气沉丹田，虚领顶劲等等，都不可偏离此有宗有君的总原则，且略而不述。

七一、知病不病

知不知上，不知知病，夫唯病病，是以不病。圣人不病，以其病病，是以不病。

世间的事，千头万绪，千变万化，个人经历有限，能够知道自己所知甚少，不知的太多，那是上等的明智。对于不知道的，自己冒充知道，那就有问题了，不知装作知，是不正常的病态。摈弃那种不懂装懂的毛病，诚实不欺，就不会出现问题。明智的人，有自知之明，对待事情深思熟虑，多听多问，不轻率发表意见，好像很愚钝，这叫作大智若愚。河上公名本章为“知病”，知而如若不知，上智之人，聪明睿智，守之以愚，故曰上。不知而以为知，下愚之人，自欺欺人，故曰病。知道了这样是病，乃可不犯这种病，防病于未然，是醒世救人的良药。

不健康为病，错误、弊端为病。以其病病，是以不病。知道了某种病，有针对性地加以预防，就可以免患这种病，如打了预防针，所谓有病早治，无病早防。太极拳修炼，有健康的正道，也有不少的旁门，王宗岳先生说：“斯技，旁门甚多”。不得正道，会出现很多毛病，在《太极拳谱》中，指明了那些是不正常的病态，也指明了去病的正法。

首先，王宗岳先生在《太极拳论》中就指出：“双重则滞，每见数年纯功，不能运化者，率皆自为人制，双重之病未悟耳。欲避此病，须知阴阳。阳不离阴，阴不离阳。阴阳相济，方为懂劲”。《太极拳论》中指明双重是病，是习练太极拳最易犯的毛病，也是危害最深的病。习练者要清楚地知道双重是病，明白何以产生双重之病，就可以在习练中避免这种病，不犯这种病。

何为双重之病？《太极轻重浮沉解》曰：“双重为病，干于填实，与沉不同也”，双重之病的病根在于填实。何为填实？因用拙力，僵硬而紧绷涨满，俗称为用死劲，被死劲填满，无松散空灵之意。表现在拳技上为顶、为抗，不合松散通空之要旨。何为双重？双者，双手同时用拙力，双脚同时占煞，上下、前后、左右不分主次，同时一齐用拙力，皆为双重。王芗斋先生曰：“均衡非呆板，稍板则易犯双重之病”，呆板即滞塞不通，填实则呆板。又曰：“双重非指两足步位而言，头、手、身、足、肩、肘、胯、膝、以及大小关节，即或一点细微之力都有单双、松紧、虚实、轻重之分别”。就是说任何一处都有阴阳，都要分清阴阳，双手同时平均用力，是有阳无阴，犯独阳不长之病。应对中双方对顶、对抗亦为双重。拳谱曰：“双重则滞”，“滞在双重”，双重之病，使周身滞阻不通，堵塞憋屈，气血不能畅通流行，肢体不能灵活运转，既不利于应对，更有害于养生，实为太极拳之大病。

王宗岳先生说：“欲避此病，须知阴阳”，李亦畬先生说：“如自己有不得力处，便是双重未化，要于阴阳，开合中求之”。拳谱云：“单轻则灵，偏沉则随”，单轻，偏沉，阴阳虚实分明，无含混不清之弊。若以重者为阳，双重有阳无阴，成为孤阳，孤阳不生，无运化之生机，为滞塞填实之象，故为病。拳学之道，一阴一阳，阴阳相济，相反相成。若出现双重，如两边同时用力，则将一边放松去力，让这一边回复轻灵，则成一轻一重，一虚一实，一阴一阳之势，谓之偏沉、单轻，有顺随灵活之趣。

拳谱云：“半轻半重不为病，半者，半有着落也”，一半轻一半重，化填实为轻灵，有虚有实，轻重各占一半，阴阳得以相济，故无病。拳谱云：“虚实宜分清楚，一处有一处之虚实，处处总此一虚实”，虚实分即阴阳分。以双手而论，同时平均用力为双重，病在齐出而阴阳虚实不分，形式呆板，没有变换之灵，在这种滞塞填实状态，用力不对，不用力也不对。所谓“意气须换得灵，乃有圆活之趣；精神能提得起，则无双重之虞”，轻重、虚实转换灵活，不呆板僵滞，则无双重之病产生。提起精神，虚灵不昧，不忘一阴一阳之道，则阴阳无偏，无孤阴独阳之虞，双重之病也就不生。杨澄甫先生说："太极拳术，以分虚实为第一要义。虚实能分，而后转动轻灵，毫不费力；如不能分，则迈步重滞，自立不稳，而易为人所牵动"。所以去双重之病，要在能分清虚实，须知阴阳。

《太极轻重浮沉解》还说："双浮为病，只在缥缈，与轻不例也"。双浮是双手或双脚都飘浮，是故意造作的不用力，没有内劲作后援，有如断线的风筝。若以浮为阴，双浮有阴无阳，有虚无实，犯有孤阴不生之病。欲去此病，仍然是阴阳相济，去掉人为的造作，自然而然，求其天然之轻灵，做到半有着落，半轻半重。此外，偏轻偏重为病，偏无着落，必失方圆。半浮半沉为病，失于不及。偏浮偏沉为病，失于太过。半浮，偏浮，半沉、偏沉，是心神主导有失中正中和，意气于轻重浮沉之分辩未能精准，出手非过则不及，非顶则丢，仍应在听劲觉知上提高。偏重、偏沉是有硬力存在其中，有力则为过，松柔轻灵不足之弊。

《太极轻重浮沉解》曰："夫双轻不近于浮，则为轻灵；双沉不近于重，则为离虚。故曰上手。轻重半有着落则为平手。除此三者之外，皆为病手"。在此指明了拳术身法的准则，天然虚灵的轻而不浮，自然舒松的沉而不重，半轻半重，五阴五阳，虚实得中。所谓离虚，易理之离卦，上下为阳爻，中间为阴爻，谓之离中虚，在此有虚灵在中，无填实之弊。离卦象征心，心虚灵中空，则一身皆虚灵，无偏轻偏重之病。有此离虚之轻灵，双手齐出不用力对，用力也对。双轻、双沉、半轻半重为太极拳之正法。

身手之无病，其要在心神主宰运化之正确，该解指明，内之虚灵不昧，自能治外。气之清明，流行于肢体之间，肢体顺从于意气之驱使，自无散乱妄动之弊。双轻者，太极拳食指吊臂，腕肘随虚灵之吊劲而屈伸，而食指之吊统属于虚灵之顶劲，归于顶上绳线之吊领。此虚灵之吊劲，为肢体屈伸之源，无丝毫拙浊之力，故尔轻灵。至于双沉，全身由顶上绳线吊起，所有肢体都感受到地心的吸引力，自身愈舒松，对地心吸引之力愈灵感，此即我全身沉劲之源，无故意造作之沉坠下压，如此之双沉不近于重称为离虚。离中虚，是指心神之虚无空灵，指挥调度一切，全凭心意用功夫，不受外因干扰，既虚且灵。

轻重半有着落，半轻半重，符合拳道形用半之理。拳论曰健顺参半，健者阳刚，顺者阴柔，健顺参半即阴阳无偏，适得其中。拳论云："太极阴阳，有柔有刚；刚中寓柔，柔中寓刚；刚柔相济，运化无方"。轻者柔韧，重者刚健，轻重参半，则刚柔相济。论云："四肢发动，气行诸外，而内持静重，刚势也；气屯于内，而外观轻和，柔势也。用刚不可无柔，无柔则环绕不速，用柔不可无刚，无刚则催逼不捷。刚柔相济，无不得其自然矣"。拳道讲内刚外柔，内蓄阳刚之元气，外有阴柔之形体。内持静重，则以气运身有源源不断之根；外观柔和，说明内气遍体流行通畅无滞。刚柔相济，轻重半有着落，则无不得其自然。

《太极拳谱·对待无病》之论曰："顶匾丢抗，失于对待也，所以谓之病。既失粘黏连随，何以获知觉运动。既不知己，何以知人"。顶匾丢抗之病，病在失于对待，即应对无方，不能正确贯彻太极拳之原则。太极拳之应对，以粘黏连随接待人，能粘黏连随，则能得知觉运动之良，发挥听劲懂劲之功能，知己知彼。所以该论指明："不以顶匾丢抗相对于人，要以粘黏连随对待于人也。能如是，不但无对待之病，知觉运动亦自然得矣"。粘黏连随为听劲懂劲之基础，而懂劲是步进神明化境之阶梯，更是医治顶匾丢抗病之良药。关于粘黏连随之要义，前已有介绍，不再重复。

顶匾丢抗之病，郭福厚先生说："实质不外过与不及两种情况"，细究之，顶抗均在于过度用力。顶是二力相持，以力对力互不相让，属双重之病。抗是以小力对大力，力大者以强凌弱，力小者拼命支撑，虽实力有别，于当下弱者奋力抗争，两者暂时相持，也是双重之象。顶抗虽内涵有别，表现都是以力对力，相争不让。失于对待是不知粘走柔化，不能在走化中引进落空，刚柔相济、阴阳虚实之理不明所致。

丢是不能粘黏连随，不能随屈就伸，与人脱离接触，有逃离，躲避之嫌。拳谱云：逢丢必打，丢开了粘黏人的机势，授人以隙，给人以可乘之机。凡我之神意气劲形，有一方疏于粘黏连随，皆为丢，丢掉了听劲懂劲的缘由，不能知人，不能防止人之猛打猛冲，得咎难免。

匾是自己不圆满，不均衡，偏倚失中。拳谚云：前俯后仰，其身不正；左歪右斜，皆身之病。不中正、不圆满、不均衡、不协调，皆为匾，皆是病。从根本上说，是修为不够，不是失于对待，而是根本无条件对待。必须定下心来，好好用功，将功夫练到位。

太极者圆也，必圆满无缺；太极者方也，必方正平稳。拳谱要求："勿使有缺陷处，勿使有凹凸处，勿使有断续处"，缺陷、凹凸、断续，皆有失太极之圆融方正，非过则不及，为病。纠正之方，拳谱有明示：中正安舒神贯顶，身成一家无散形，周身无处不松静，气遍周身不稍停。

七二、居心宽广

民不畏威，则大威至。无狭其所居，无厌其所生。夫唯不厌，是以不厌。是以圣人自知不自见，自爱不自贵。故去彼取此。

民不畏威，则大威至。所谓大威，是天威、天理所最不可逆犯者。诗曰：“畏天之威，于时保之”。若不知敬畏，行为恶劣，甚至丧尽天良，违背天理，则天网恢恢，天罚不贷，凶灾不免，性命难保。大威为死亡之隐语，不畏威则大威至，不敬畏天理，是不珍惜生命，到天理不容的地步，大可畏的死亡必将到来。明白自爱重生之理，敬天顺天，永保天良，诗曰：“敬天之怒，无敢戏豫；敬天之渝，无敢驰驱”，则可与天地同其悠久。

无狭其所居，无厌其所生。所居指心，居心当宽广，精神旷达，心胸不要狭隘，适宜天下之广居，游心于太和之宇，所居必大。要珍爱生命，享受长生之乐，河上公曰：“人所以生者，为有精神，托空虚，喜清净。饮食不节，勿道念色，邪僻满腹，为伐本厌神”。伤害了根本，壅蔽了性灵，纵欲贪得，是自绝生路。居心仁慈宽厚，精神清虚恬淡，为长生久视之道。无狭其所居，修心神之宽广，宁静以致远；无厌其所生，修身体之康健，益寿而延年。淡泊寡欲，一志清心，夫唯不厌，是以不厌，因为对生命敬重珍爱，所以生命得以永葆青春。

修炼太极拳内功，其主旨在于珍爱生命，强身健体，益寿延年，是其初衷。太极拳内功，是道家证道精修的功法，通过诚敬专一的修炼，借助天地的护佑，吸收天地之精华，填补亏损，脱换尘俗，逐步通往大道之殿堂。在修炼过程中，体验生命的价值，享受生命的乐趣。有诗曰：“人心本自乐，自将私欲缚。私欲一萌时，良知还自觉。一觉便清除，此心依旧乐”。通过灵觉真知，去掉尘俗杂念，将自身从私欲中解脱出来，此心本然快乐。

太极拳为性命双修之学，亦即内外兼修，内修心神意气，无陕其所居；外修身躯外形，无厌其所生。形体为生命之载体，心神之所居，载体宽广舒适，居士安宁愉快。太极拳外炼形体，内修心神，由形而下而臻于形而上，先筑基炼己，终练虚合道，稳步精进，有为而无为。

拳谱云：“身虽动，心贵静”，动者外形，拳术之套路招式；静者心神，坐忘站忘以至忘忘。身形经修炼而松柔通畅，给心神以安居的环境。居所的安宁舒适，有利于心神的静修。一动一静，一阴一阳，动静相因，阴阴相济，此道家重性命双修之要义。无身形之健康，心神何以安居；无心神之宁静，身体何以健康。此二而一，一而二，身心康泰，性命双修，由此而证道达道。

修命功，求身体之脱胎换骨；修性功，求内理之明心见性。命功为形而下，有为之修，由套路招式之操练起步，守中用中，松散通空，渐至骨柔筋弱，肌肉若一，使身体素质有了根本性的改变。当套路练过万遍，神理自现，进入动中求静阶段，心神已无须注意套路身姿，任其自然流行。至此阶段只守一静，一念不生，达到心如止水之境。而形体的逐渐气化，成为一大气球，为元气所充，元气虚空无形，功夫已进入脱有入无，进入形而上的性功修炼。命功有为之修，虽形式多样，招法姿势复杂多变，在证道过程中属于初中阶，相对较为容易。性功属虚静无为之修，动作相对简明平易，却是很难炼成。因为是头脑中的功夫，本源上的学问，要克服重重困难，面对诸多魔障，唯有意志坚定，精诚专一者，或能成功。

性功之修，致虚守静，求其明心见性。明心见性是性功修炼的核心，道家佛家对其有诸多阐述。所明之心，非生理之心，而是人们对境生起来的念头和思想，是因受色声香味触法的影响所生，曰集起为心。就是说，这心是由于外物环境集合起来而产生的，即所谓思想是客观事物的反映，这个思想意识就是心。

什么是性？性是生起心意后面的主导者，是心的本原，是起心动念的能量。没有性这个能量，对境生不起心来，也就动不了念，所以性是思想意念的原动力。性又称为元神、真心、真我、真如等等。性为体，心为用；性是理，心是事。

何为明心见性？心是客观事物的反映，按照佛家的观念，四大皆空，一切物质终究都是虚空的，所谓色即是空，空即是色。所以说，心不自心，因物故心；物不自物，因心固物，心物俱虚无而不可捉摸。我人一旦梦醒，了得身心世界本来虚空，这就是明心。在这个本空之境，了了虚明，寂然不动，无象之象，无状之状，即不生不灭之真如自体。识得这个真如，谓之亲证本来面目，这就是见性，是亲切深彻的体会与神领。故明心见性，乃打破妄知妄见，止息妄心妄意，于身心俱忘之际，彻见之真我。

性为体，心为用，体无形象，非用不显；性无状貌，非心不明。起用正为显体，明心方可见性，离心，性无可见，离开了作用，本体不显不明。世界上一切文明，思想，学术皆是心的作用。太极拳之修炼，亦是心的作用，太极拳通过心神之修，虚极静笃而见性，复归本来面目。于恍兮惚兮，不失不忘，浑浑沦沦，不离不弃，虚空静净之际，求得明心见性，非见其外表形式，乃见其精神内理。性体真空，无有形象，无象之真空，方是性体。经云："一切事相，皆性之显现"，性于何处见，在事相中见。有如明镜必然现影，无影不为明镜；现影必用镜照，无镜不能现影。明镜有如心用，现影即是见性，于万象丛中显露真身。

道家认为：先天之心即性，先天之性即虚无元气，性一虚而已。我心之虚，即本来天赋之性；外来太空之虚，即先天虚无之性。明心，心何以明，唯虚则灵，灵则明。唯虚是修炼求道的最高境界，炼虚合道，唯道集虚，真虚才可以明知真心。知道了这个真心，一念操持，一念归真，到得浑浑沦沦，无人无我，何地何天之候，有真觉真知显现，即真正见性。所以心空无物，即明心见性。

心性乃人生本原，身形有坏，心性不坏。但能心中无物即是性，一心无二即是心，明之见之，必返观内照而后知。此心此性，人人具足，只要去其闲思杂虑，心性即在。能真正明知这个真心，识得这个真性，太极拳之性功修炼，也就有了成就，可进入炼虚合道的终极修炼。

炼虚合道是性命双修的最高阶段，也是最难修炼的阶段。虚者，心中不着一物，空无所空，忘无所忘，纯纯净净，什么都没有，为心性之本然。然而身内身外，有形无形，总有魔障干扰，惑乱心神，毁败修为。为保求道修炼之不受干扰，内丹功以宝镜慧剑护法。有铸镜，铸剑之功。

功到无人无我，何地何天之境，始而忘人，继而忘我，终而忘法，以至于忘忘之极，乃为究竟。炼虚之功如此，其功乃自炼心性发端，炼心即是铸镜，心明则镜明。心若为尘欲杂念污染，不清不净未能虚静，镜未磨光。心以真觉灵知为用，不许有一丝半蒂之微尘，则灵台之宝镜大放光明。于混混沌沌中忽然一知，不复他知，忽然一觉，不更他觉，此一刻中即洞彻光明，洁白晶莹如玉，即是灵台宝镜。经宝镜朗照，任何邪魔都将原形败露。

欲将邪魔扫除净尽，当其现露魔形之时，当以慧剑斩除之，铸就宝镜还须铸成慧剑。经书云："铸剑无他，即由平旦之气直养无害以至于浩然刚大，斯神剑成而锋芒利，可以斩妖断邪"。此慧剑之造成，须直养浩然正气，纯阳至刚即是，自有坚韧不拔之志，一心精诚之功。只恐工行不深，或作或辍，不肯当下立定脚跟，坚持一贯。

炼心即铸镜之功，养气为铸剑之法，宝镜慧剑铸就，有明镜朗照，妖恶难藏，有慧剑高悬，邪魔立斩。自此一念把持，守而勿失，大功可以告成。关于宝镜慧剑，经书又云："养我慧光，铸我慧剑"。在天为日月，在人即两目，平时收摄眼中神光，返照于丹田气海中，久之虚无窟子内自然慧光发现，即明镜高悬。在天为风雷，在人为神气，凝神聚气，到得先天精气圆足，神光如电，即慧剑之锋芒四射。

七三、不争善胜

勇于敢，则杀，勇于不敢，则活。此两者或利或害。天之所恶，孰知其故？“是以圣人犹难之”。天之道不争而善胜，不言而善应，不召而自来，绰然而善谋。天网恢恢，疏而不失。

勇于敢则杀，勇于不敢则活，这两句话寓意深远。勇是有胆量，有气魄，见义勇为，智勇双全是优良之品格。而敢与不敢有很深的学问，勇于敢则杀，为什么？敢在此是指轻率、冒失，不经过思考就行动。老子曰：“祸莫大于轻敌，轻敌几丧吾宝”。轻率行动，盲目冒进，结果是丧失。勇于不敢则活，不敢不是不行动，而是考虑周详，三思而后行，行动之前作好规划，不做无把握的事。事先观察好形势，绝不仓促应对，不慌不忙，沉着冷静，多考虑一下就是勇气，所谓大勇若怯。敢于决断，不进寸而退尺，退一步多思考思考，能干则勇敢的干，不能干则勇敢的退。此两者或利或害，要用智慧来审度，正确的选择是，趋利避害，免祸求福。

勇于表现强硬的人，难得善终，强梁者不得其死；勇于表现柔弱的人，能保全性命，柔弱者生之徒。此两者同样是勇，结果完全相反。上天厌恶横暴，在冥冥之中，有个不可知的力量，说不清楚，孰知其故，但报应不爽。至于何时受到报应，那是气数，是命运，圣人也难以预料。有的人做了坏事，很快就破了案，受到制裁；有的人侥幸逃匿，十年二十年后仍然归案，难逃法网；就算能躲藏到死，一生的精神负担，一生的畏惧惊恐，也是报应。祸福无门，唯人自召，天网恢恢，疏而不失。

天之道不争而善胜，道生长万物，生而不有，长而不宰，从不与万物争，任其自由自在生长。但是天下万物都在道的庇佑之下，离不开道，道不可须臾离也，形而上的道，其能量就是如此之伟大。万有最终要还归于无，都归还到他那里，道也从来不争，是自然而然的归依，如果说这是胜，那就是最美好的胜，最慈善的胜。无为是老子哲学的根本，不争则是无为用于应对世事的原则。无为，无图谋、无念向、无故意、无故作之操弄，一切自然而然，纯属天理。当进则进，进得合理合度，恰到好处；当退则退，退得合理合度，恰如其分，进退皆是天理，天理绝无差失，无失无差是最好的胜。应对间胜与败都不重要，人若不急于争胜，不过分贪得，奉尚无为，也不会有什么失败，和平双赢是最好的胜。

不言而善应，天道无言。道无声无言，听不到他语言声音的表达。不是不表达，而是人们听不到，因为大音希声，天道之心声，唯虚静无为者能知。天道是有灵感的，所谓寂然不动，感而遂通，时至神知，是神明的灵觉灵知。天地宽广宏大，包罗万象，凡万事万物的生灭，道无所不知，无所不明。常言人在做，天在看，且有回应，说有求必应，不求也必应。天道之回应避不开，躲不脱，善者有善的报应；作了恶事，想求上天保佑不受惩罚那是妄想，恶有恶报，待时而已，时候一到必报。

不召而自来。祸福无门，唯人自召。都是自己召来的，善恶必然有报，是自己的言行所造成的。积德行善，善报自来，运气来了挡不住。恶贯满盈，恶报自来，躲也躲不掉，老天只是还你一个公道。有人依仗有靠山，胡作非为，有恃无恐，有人佑，但天不佑，躲过了初一，躲不过十五。

绰然而善谋，绰是宽缓。宇宙之大，天地之广，万事万物天道无所不应，但有轻重缓急，现在人所习惯的要排队。等排到你那里时，可能显得有些缓慢，不要性急，耐心等待，相信天理是公正的，是合情合理的。善谋就是有真智慧，大智慧，以之应对万事万物则无所不宜，无所不通，全都恰到好处。每个人得到了怎样的报应，都是自己造成的，回首过往谱写的历程，其中就有答案。老子说“天网恢恢，疏而不失”。

太极拳不主张轻率冒失，凡有应对，必先知己知彼，运用听劲懂劲之功夫，听清楚了，明白了，然后才决定如何行动。老子教导，不进寸而退尺、轻敌几丧吾宝。绝不轻率冒失的进，在退的过程中，充分发挥听劲觉知的能力，洞察对方的一切，细心体认，退一尺若不够，再退一尺又何妨。这种退不是躲避，更不是逃脱，而是运用粘黏连随的功夫，从从容容有目的的退。在退的过程中化解对方的攻势，诱敌深入，引人入胜，引进落空，引到身前劲始蓄，太极拳的退是有内容的，这就是缂然而善谋。当一切都安排妥善了，我顺人背，得机得势，然后再作决断。

为了不犯勇于敢的错误，太极拳有完整的应对方略，如舍己从人、让人占先、顺随为法、谦卑处下等等。不敢为主而为客、不敢为天下先、勇于不敢，这些个不敢，实为大勇。南怀瑾先生说："人生最高的勇气是慢一步，事先问一下，有没有把握，多考虑一下。多考虑一下就是勇气"。一事当前，应对之际能舍己、能容让，真要有大勇，大勇的后盾是大智慧，是缂然而善谋。从人不是被动挨打，而是让人在主动攻击中暴露虚实，引导人一击不中而落空。人因落空而惊恐，在人方寸已乱之际，我谋而后动，动必有成，这是拳谱说的，"彼忙我静待，知拍任君走"。柔弱谦卑，勇于不敢则活，不冒失进入凶险之地。争强好胜，勇于敢则杀，强梁者不得其死，走向不归路。

道虚静无为，没有什么可争，在《老子》一书中，多次阐述了不争的理念。不争一词最早出现在第三章，曰"使民不争"，引导人们不为私利争夺，保有纯朴自然的天性。后面又说"夫唯不争，故无尤"，因为不争，才不犯错误，没有过失，这是老子无为思想的体现，无为故无败。人们为何要争，不外酒色财气，名利地位，要去争得，争得自己所想要的东西，贪得无厌，越贪越想贪。老子曰："咎莫大于欲得，祸莫大于不知足"，知足者不贪，不知足拼命去争，什么伤天害理的事都做得出来，结果是天理不容，难逃法网。

太极拳不争，虚静无为是争不来的，越争离得越远。争是有为躁动，心有贪念，身有妄行，违反了致虚极，守静笃的六字真言。本章所阐述之不争、不言、不召、缂然为天之道，太极拳奉天之道，于虚极静笃之中，先天固有了良知良能显现。遇有应对之事，无须思虑召唤，良知良能不期而然，莫知而至，自然而然的自行处理。这种应对，宽缓而从容，单纯而平和，解决问题而不留遗憾，不违大道之仁慈，不造成任何伤害，故曰善胜。

七四、勿代匠斫

民不畏死，奈何以死惧之？若使民常畏死，而为奇者，吾得执而杀之，孰敢？常有司杀者杀。夫代司杀者杀，是代大匠斫。夫代大匠斫，希有不伤其手者矣。

斫是砍削加工，大匠是有技术有经验的专业技师。比如加工木材，制成器具，是要经过专门培训的，没有专业技能，就去代替专业技师砍削木材，那是会砍伤自己手的。各行专业，都有其专门的技能，由熟练而精益求精，达到至高的艺境，成为本行的状元。如庄子所说的庖丁解牛，其技术就达到了出神入化的境界。庖丁经过十九年的修为，技进乎道，踌躇满志，从解牛而领悟依乎天理，因其固然，顺应自然之理，庖丁的神技，令人叹为观止。庖丁十九年修炼，技进乎道，为太极拳修炼者提供了极好的借鉴。

观看庖丁解牛的过程，像欣赏一场美妙的舞会，又像聆听了一曲优雅的音乐演奏，文惠君赞叹道：好极了，技术怎么达到这般的奇妙。庖丁回答说："臣所好者道也，进乎技矣"。庖丁所爱好的是修道，用道的理念来研究技术，就能够超越形而下的具体形象，进入到形而上的无为境界，无为而无不为，技术就可以达到出神入化的意境。唯道集虚，这个境界是虚无，不受具体事物的影响，进入神妙的化境。

如何达到如此超凡的技艺，庖丁曰："以神遇不以目视，官知止而神欲行"。他的技术已超越了具体形象的局限，在他的眼前没有一条完整的牛，用不着去看，五官的功能已停止了作用，到了视之不见，听之不闻的程度。完全是凭心神去感知，用心神意气去感觉所触所遇，这种神遇是先天固有的灵知真觉，神以知来，跟着心神的感觉走。这是听劲的功夫，是用心神在听，用心神感知牛内部结构。如是当行则行，当止则止，行之不得不行，止之不得不止，丝毫没有偏差。当心神极度虚静空灵之际，则能有此灵明的觉知，也能有微妙精巧的行止，是先天固有良知良能的必然。这与太极拳之拳道相合，以神遇，官知止而神欲行，即拳道以心神的觉知灵感，运行内气，驱使形体，拳技亦进乎道。

技艺如此之微妙精巧，庖丁说是依乎天理，因其固然。道生万物，给万物以各自独有的个性、各自本具的物理结构，这种组织结构决定了某物的特征特性。牛之所以为牛，是有为牛的生理构造，这是天理之固然。天理是道生物成物之理，固然是道给予每一物特有的个性，所以万物莫不尊道而贵德，遵照道所给予的特定个性，发挥各自的能力作用，这理就是道。拳谱有《太极体用解》说："理为精气之体，精气神为身之体。身为心之用，劲为身之用。身心有一定之主宰者，理也；精气神有一定之主宰者，意诚也。理者天道，意诚为人道，皆不外意念须臾之间。要知天人同体之理，自得日月流行之气。其意气之流行，精神自隐微乎理矣"。此解言明，理为天道，也曰天理，是精气神的主宰、本体，有了这个本体主宰，才有一身精气神之大用。精气神人生之三宝，来自虚空无为的道，聚于人身，分而为三，涵三归一，根本仍归于先天元神。顺行而生，神生气，气生精而有形体；逆行而化，精化气，气化神，还归虚无。立意精诚为人道，为身形之主宰，太极拳之体用，依乎天理，诚心诚意以心神统领周身，因其固然，以意气之流行运使周身。

庖丁解牛，以无厚入有间，恢恢乎其于游刃必有余地。庖丁的刀，锋利若没有厚度，而牛的生理结构必有间隙，以无厚的刀刃，进入有间隙的结构，感觉无有阻碍而行动自如，所谓游刃有余。虽说无厚，仍有厚，有刀的刃口，只是比间隙小很多而已。太极拳神化之用，为无有入无间，更见神妙。太极拳之用，心神依乎天理，指挥意气流行，意气无形无象，为形而上者，是无有。无具体形状的意气，可以穿透没有间隙的物体，叫作入里透内。意气可渗透进入人的肌体，影响人的行为，这是入于无间。汪永泉先生说："是把本身的神意气化合归一，融合在一起，形成一种轻灵圆活的劲，它的本质是气，是虚空散的，这就是太极劲，先天劲"。这种太极劲无形无象，能渗入没有间隙的物体，以无有入无间，比庖丁的用刀更上一层。

庖丁用刀游刃有余，其刀刃在骨节间游走，颇得粘黏连随之功。曰："批大郤，导大窾，因其固然，枝经肯綮未尝微碍，而况大軱乎"。刀刃顺着牛身上的自然纹理，进入筋肉的间隙，随着自然的结构，贴着骨节的边沿，好像有条通道，连经络交结之处都没有一点妨碍，何况大骨头。刀刃如此游走，将顺随的功夫用到了极至，有间隙则进，遇阻碍则避开，迂回环绕，绝不发生顶撞。这是懂劲的功夫，庖丁通过以神遇的听知，清楚的懂知了牛的自然纹理，所以游刃有余。太极拳粘黏连随功夫的运用，真要效仿庖丁之解牛技术，刀刃在间隙中，眼睛看不到，所以不以目视；全凭感触的知觉，所谓以神遇，跟着感觉走。其听劲懂劲能力精巧且细微，将牛体内的情况了解得清清楚楚，官知止而神欲行，斯粘黏连随之功夫，亦甚细矣。

庖丁解牛的技艺进道，积十九年的经验，解牛数千头，而每次解牛绝不掉以轻心，曰："每至于族，吾见其难为，怵然为戒，视为止，行为迟。动刀甚微"。每当遇到筋骨盘结的地方，知道不容易下手，一定谨慎小心，面对困难，精神专注，行动慎重，不慌不忙，刀刃缓缓前进，到了关键时刻，一动刀问题就全部解决，整头牛就如同泥土溃散落地一般。庖丁如此谨慎敬业，亦缂然善谋者，技艺越来越高超，刀子用了十九年还像新的一样。

"善刀而藏之"，事情做完了，问题解决了，将工具收拾干净，好好的收藏起来。一切回归于平淡，好像什么事情都没有发生，环顾四周，心志有无上的满足感，如此而已。修道者有事如无事，善刀而藏是最舒心的满足，精彩过去依旧归于平淡，虚静、恬淡、寂寞、无为才是最高的追求，修道者就是这个样子。

七五、有为难成

民之饥，以其上食税之多，是以饥。民之难治，以其上之有为，是以难治。民之轻死，以其上求生之厚，是以轻死。夫唯无以生为者，是贤于贵生。

历史上汉朝尚无为而治，人民得到休养生息，社会就繁荣昌盛，是我国历史上最强盛的朝代。因此汉这个字也就成了中华文化的标志，如汉语、汉字、汉学等等，中华民族也称之为汉族。当统治者想卖弄聪明能干，搞些花样明堂，老百姓就要吃亏了。汉代中期的王莽，后期的董卓，倒行逆施，谋权篡位，弄得天下大乱，民不聊生。老子曰："以其上之有为，是以难治"，统治者居心不善，胡作非为，就是要将国家社会搞乱，在乱中浑水摸鱼。平民百姓不希望乱，只想能平静的生活。这是有为与无为的区别，老子曰："圣人处无为之事"，"无为故无败"，"为者败之，执者失之"，"吾是以知无为之有益"。

太极拳尚无为之修，以虚静、恬淡、寂寞、无为为宗旨。修炼者诚心诚意，依此宗旨而修，一定能有所成。然而，练太极拳者成千成万，能成功者，代不数人，何以如此，皆因多作有为之修，是以难成。

有为之难成，其病在于有，有所求也。有所求是有欲望，欲弄得秘诀，奇货可居；欲捷径速成，坐收名利；欲名满天下，财源滚滚，总归为欲得。欲得即是贪求，外贪荣华富贵，内贪长命百岁。既有贪求，心神不宁，患得患失，念虑纷杂，违背了大道之虚静无为，背道而驰，愈行离道愈远，所以难成。王宗岳先生说:“斯技旁门甚多”，一但偏离了无为正道，为舍近求远，极容易落入旁门，想回头更是难上加难了。黄元吉先生说:“凡物之易就者不美观，急成者非大器，我能循循上造，弗期近效，不计浅功，久于其道，自可大成”。

有练者，勇武好胜，不信太极拳不用力之有益，偏好强力硬功。与人交流即以大力相对，硬顶硬抗，弄得血脉贲张，筋僵骨硬，气滞神呆。如此蛮干，好强争胜，木强则折，老子曰:“心使气曰强”，以后天之妄心，强迫消耗自己的精气神，强迫自己表现得雄壮有力，实际上是快速消耗自己的生命，所谓强梁者不得其死。如此之有为，身心都受到摧残，怎么能够成功。太极拳要求不强用力，用意不用力，拳论曰:“察四两拨千斤之句，显非力胜”，用力不是太极拳。

有练者，心猎奇巧，醉心于花哨的姿式，偏爱于奇巧快捷的招法。这山看着那山高，今日学个新招，明日学一路新拳。虽然拳是好拳，招是妙招，但无千锤百炼的精修，虚浮不实，弄成花拳绣腿，中看不中用。把人为编造的架势当成秘传绝学，全不知法无定法，拳拳服膺之理，认识出了偏差，也难以有成。太极拳非技巧果敢之列，以从容淡泊为功，拳论云:“观耄耋能御众之形，快何能为”，求的是无招胜有招。

有练者，知蛮力之可恶，花招之无用，又知太极拳要用意。误解无意之中是真意的主旨，专以后天之识神妄心，调动妄意，如此一想把人甩出丈外，如此一想将人抛上屋顶，想得天花乱坠，石走沙飞。中华武术为神形合一之学，内外兼修，拳谱曰:“内有文理而无外数，徒思安静之学，未知用差微则亡耳”。一旦遇上强力，毫无应对方法，受其压制，难保安全。此种妄意，完全偏离了无为之真知真意，初始或有某种小效，终究成为大患，以妄为真，离道甚远。

《太极拳指明法》曰:"用力不对，不用力不对，绵而有刚对"。用力指有意识使肌肉紧张、努力使气的硬力;不用力指故意为轻而轻，虚浮无根之散乱。两者都是有为的用力，一偏于刚硬，一偏于虚浮，纯刚易折，纯柔无根，刚柔不能得中，阴阳不相济，所以都不对。绵而有刚者，得中和之道，于松沉中见舒展，于刚健中见柔韧，天然轻灵，自尔腾虚，以纯和之内劲内气为用，太极拳之正法。

关于招，是身姿手势、外形的肢体动作，是外表的、有形的、容易识别的。有些是前人经验的总结，有的则是人为想象，应对中能否适用还在两可。况且己用招，人亦能用招，或可用更奇的招，招与招争，乃是顶抗用力之变象。争力大，争手快，争技巧，有形有象，有为有作，全属于片面局部的东西。

用招要以术为主导，招中有术，招术结合，才合乎一阴一阳之拳道。术是内功，是神意气化合之内气内劲，是拳法的君主。外形姿势必须由内气内劲主导，以意行气，以气运身。内气内劲经心神的灵智运化而为术，术是无形的，是纯阳刚健的。外形姿势的招必具坤阴柔顺之德，阴阳相济，在此就是招术结合，招要有术的驱使才能发挥作用，术则通过招把意气通出去，以发挥内气内劲的功能，招中有术，以术用招，这是拳学神形合一的要义。

用意必须区别真意与妄意，拳谱云：拳无拳，意无意，无意之中是真意。所谓无意是无游思妄想，真意生于虚静无为，于虚极静笃之际，心空无物，无浮尘杂念。当机会相触，偶尔有知，一觉而心仍无有，清清净净，才是真意。太极拳之应对，在于先天之良知良能，事前无意，事后亦无意，当下有感而生，时至神知，即是真意之应对，是没有应对的应对。

妄意则是后天凡心人为操弄的结果，后天有为有作，夹杂私欲贪念而生妄心，妄心所生之意念为妄意。妄意预设一既定之目标，务求得一称心的结果，有为强求，不得不休。欲望之膨胀，使之想入非非，痴迷而不悟，癫狂不自觉，已落入旁门邪道，有害无益。

正如招不离术，外形不离内气，同理意不离形，形体为载道之器，离开外形，内气何所依载，皮之不存，毛将焉附。形体为载道之舟，心意为操舟之人，所以太极拳的最高境界是神形合一。修炼是性命双修，内外兼顾；应对是神形兼备，招术并用。合乎一阴一阳之道，阴阳互不相离，离则非道。唯有沿着“意气君来骨肉臣”这一正道前进，有乾天之健运，有坤阴之顺随，纲纪有序不乱，自然无为而无不为。

七六、柔弱处上

人之生也柔弱，其死也坚强。万物草木之生也柔脆，其死也枯槁。故坚强者死之徒，柔弱者生之徒。是以兵强则灭，木强则折。坚强处下，柔弱处上。

初生的婴儿一身都是软绵绵的，柔软得像个圆球，摔爬翻滚不会受到伤害。老子称之骨弱筋柔而握固，要求人能回归到婴儿状态。唐顺之先生赞峨眉道人高超的功夫是："百折连腰尽无骨，一撒通身皆是手"，对拳家的身形要求是柔弱无骨。婴儿骨弱，因富涵生命能量，精气神旺盛充沛，河上公说是"含和气，饱精神，故柔弱也"。

其实骨骼是坚强的，富含骨原胶等物质而有弹性，构成人身体的支柱大梁。所以能够百折连腰者，关键在于骨节之间的缝隙润滑灵活，连接骨节的肌腱、韧带俗称为筋的更要柔软有弹性。如此关节灵活，活动范围大，屈而能伸，伸而又屈，百折千回，好像没有骨头一样。所以在武术的修炼中提出了，宁可筋长一分，不使肉厚一寸。韧带能增长一分，骨节的灵活性就不止增加一分。

修柔弱无骨，有抻筋拔骨的锻炼方法，抻筋就是拉长韧带，即练筋长一分；拔骨则是拉开骨节间的缝隙，也就是扩大骨节的活动范围，使其灵动有圆活之趣。有的骨关节能练得像万向节，能做多角度的转动。其功法是用吊字诀，再配合关节的活动锻炼。

柔顺为坤阴之德，形体属于坤阴，柔弱顺随正如地道之随天应时，顺从天道。形体顺从于内气，即坤阴之德，内气不动，外形绝不妄动。以气运身，外形由内气驱使，内气运之向前，形体绝不会后退，此柔弱顺从，保证了太极拳神为主帅，身为驱使，意气君来骨肉臣的主旨得以实行。

坤道厚德载物，含弘光大，胸怀宽广能包容万物。太极拳效坤阴柔顺之德，宽容谦下，以舍己从人应对事变，以顺应随从为技法。这顺从首先是精神上的柔顺，从人不违逆人意，随之俯仰。让人占得先中先，自处卑下；人进寸，我退尺；人以刚来，我以柔往。处处柔顺示弱，只求保证自身的中正安舒，不受伤害，因柔弱者生之徒。

王宗岳先生的《太极拳论》，是指导太极拳运动的经典理论，其用于应对的方法，多属于坤阴柔顺之德，以柔弱顺随化解刚强的攻击。拳论云："动之则分,静之则合；无过不及,随屈就伸"。太极拳致虚守静,因应机势而变化,彼忙我静待，动分静合全在顺应机变。分是阴阳分，合是阴阳合，阴阳包涵了人身一切相对的要素,也就是一动无有不动,一静无有不静,所谓周身一家。人屈我随之而伸，人伸我顺之而屈，随人之动，不即不离，不丢不顶，不快不慢，不多不少，契合如一，所谓无过不及。与人一接，运用粘黏连随之功，与人相连不离,人想离离不开,想丢丢不掉,如此随屈就伸,有如影随形之妙。

"人刚我柔谓之走，我顺人背谓之粘"。将人粘黏住使之不可丢顶，彼以刚来我以柔往，彼用力我不用力，以柔软顺随之法牵引走化，在走动中改变对方用力的方向，使之失去目标。用粘走相生的功夫，粘着对方走，所谓粘即是走，走即是粘，粘走中转换顺背之势。由我在粘走中牵引对方，拨动对方，用微微连续的拨动分解对方的来力，这个粘走就是化，化解了对方的强势，消化了对方的硬力，是顺随从人中的由己。在走化中，彼之力被分解，彼之方向被偏离，彼之目标被改变，彼由主攻换为背动。彼背则我顺，完全在按照我的意志行动，如用胶粘黏住，彼不得不就范，如此粘走相生，进行阴阳颠倒转换，以实现太极拳的以柔克刚、以弱制强。

"动急则急应，动缓则缓随"，这是顺随功夫的基本要求，体现随屈就伸，无过不及的运动特点。人快动我快应，人慢动我慢随，必须满足两个基本条件：一是自身弱柔无骨，运动快慢变换从心所欲，意气须换得灵，乃有圆活之趣。一是听劲知觉已达真觉灵知之良，能准确听知人之动静虚实，能听知人之形欲动，听知人之心念动。如此人之快慢缓急我都能了然于心，应变则随缓就急，无不如意。

“左重则左虚，右重则右杳；仰之则弥高，俯之则弥深；进之则弥长，退之则弥促”。坤至柔其动也刚，极柔软而后极坚刚，守弱为强，有不争而善胜之德。左虚右杳至弥长弥促六句，包括了六合一统的立体面，含有粘走相生，顺应随从之拳艺。虚者、杳者，元气之无形无象，太极圆球为一气所充斥，人来所触及皆虚空杳茫，无可着落之处。我为一团元气，人高来则高应，气飘得更高；人低来则低应，气沉得更低。彼进则前路弥漫，远不见尽头；彼退则雾气茫茫，看不到归路。“陷敌深入乱环内，上下随合妙无穷”；“妙手一着一太极，空空迹化归乌有”。此圆气球应对之景象。

本章指明坚强处下，柔弱处上，柔弱充满了生机。太极拳尚柔，以柔顺应对事态，拳谱中多处阐明了刚柔应对之术。“彼以刚来，我以柔往；彼以柔来，全在称量”。以柔应刚，寓柔弱处上之意。彼也用柔不用刚，纯太极功夫之对待，那就看谁的听劲懂劲更精准，称量即是听劲的功夫。听准对方柔弱到如何程度，我能否更柔弱应对之，不能则宁退一尺，沾走以求变化。拳谱曰：“遇刚则柔，而刚要紧在其后”，以柔应刚，是太极拳之常，而柔弱之形体要以阳刚之内气为主导，气者体之充，刚健内气紧在其后，刚柔相济，有变有常。拳谱又曰：“刚在他力前，柔乘他力后”。此诀所谓之他力，为彼坚强之硬力，彼来我以柔顺应之，合乎刚来柔往之要旨。何为刚在他力前，此刚即上句所说的纯阳刚健之内气，一相对，我纯刚之内气即敷布彼身，盖在彼力之上，所谓“气未到，而意已吞”。

关于应对，拳谱还有一种说法：“彼有力我亦有力，我力在先；彼无力我亦无力，我意在先”。这句诀要可能会引起误解，彼此都有力，以力对力，非顶即抗，为双重之病，太极拳之大忌。为释此疑，原文在此句之后说：“此全是用意，不是用劲”。太极拳没有用拙力之旨，所用者在内为真意内气；

在外为柔弱形体。言我之力，实指心意内劲。彼以力来，我应以内气，气动神速，绝对先于筋骨之动。彼无力则较难应对，可能是对方尚未发动攻击，或根本就不欲进攻，我则意定神闲，虚静以待；也可能彼功夫已臻化境，内气中和在抱，完全没有棱角显露，对待如此高人，唯有以不应对为应对，以真意守我之虚灵。

言柔弱无骨，虽曰无骨仍有骨，心意上的脱有入无，以松软柔弱为主旨。谭峭先生曰："道之用也，形化气、气化神、神化虚、虚明而万物所以通也"。庄子曰："通天下一气耳"。形体化为一气，谓之气化，气充一身，遍体流行，健运不息为之通。大通即虚空，虚空即一气，一气往来循环无穷，气虚而待物者也。形体由柔弱无骨升华为清空一气，合乎万物同归于化之理。气者，柔之不可再柔，弱之不可再弱，到此境界，何只一羽不能加，何只蚊虫不能落，微尘纤毫皆不容，虚空纯净通透，岂容得微尘。我心神如此纯净通透，人若要来，尽管自来，不将不迎，我若拒绝，是不随和；我若迎进，是不宽厚。须知，彼若进入，只有落空一途，恰如抛石击空，必自坠落，理所当然，所谓不争而善胜，太极拳就依这个理。到此阶段，本慈爱之心，怀重生之德，谦卑处下甘愿为客，容让厚道善应来者。道家慈爱，爱己即爱人，爱人一如爱己，己不欲受到伤害，也不欲别人受到伤害，"柔弱者生之徒"，"柔弱处上"，老子这样说。

七七、损益之道

天之道，其犹张弓欤？高者抑之，下者举之，有余者损之，不足者补之。天之道，损有余而补不足；人之道则不然，损不足以奉有余。孰能有余以奉天下？唯有道者。是以圣人为而不恃，功成而不处，其不欲见贤。

夫道大中至正，不偏不倚，就像拉弓射箭瞄准靶心一样，要中正平稳，不高不低，不左不右；用力要均整匀称，才能射中靶心。天道对万物都是中正公平的，从不偏袒任何一方，以减少有余来补给不足，维持天地万物均衡的正常运转。老子将如此公正之天道，比之为张弓射箭，抑高举下，善加调和周济。射箭之技，合乎天道。

昔列子学射，历经数年苦练有成，关尹子曰："子知子之所中乎"？列子曰："知之矣"。关尹子曰："可矣，守而勿失也，非独射也，为国与身亦皆如之"。关尹子问列子知道为什么每箭都能射中，列子说知道了。究竟是知道什么，没有点明，是说不清楚，还是故意不说。关尹子说，你既然懂了，可以了，要守住这个原则，不可以丧失了，守而勿失也。南怀瑾先生说：守而勿失也，这一句是核心要旨，守而不失，是定心守住不可丢失。射中射不中关键在于心，在于养心之道，一心清静也就是定，心不能杂乱，不能犹移，要将心神定守于虚静无为的境界，永远要守住，这是守而不失的要义。不仅是射箭，创立事业，修养身心，都要守住这一原则。

太极一动阴阳生，凡一动必生偏倚，即生阴生阳。身一动即有顾盼，心一动即生是非，有失大中正至之道，必须借冲气以为和，进行中和调剂，以回复其中正。一般的人，心在是非之中，身存偏倚之形，如此日积月累，为致病之由。养生之道，守中抱一，纠偏去非，亦如张弓之理，中土不离位，守而勿失。

太极拳所炼之动静功法，其核心是守中抱一，中与一必守而勿失。在修炼中以中和之气调剂，高者抑之，下者举之，用较字、觉字二诀。觉字诀是于虚静恬淡中，以先天之灵知真觉，返观内照，觉知一身之景况状态，觉察微末之隐，分辨毫厘之差，提供准确的讯息。真中真一即真我本来面目，于守而不失中得，得之亦守而不失。较字诀是以中正为镜，比较分别偏倚差失，排查凹凸缺陷，予以调整，使偏倚者回归中正，凹凸者复还其圆满。在比较中有余者损之，不足者补之，达到无过不及，不增不减的大中至正，如此中正得守，亦当守而勿失。

人生之初，原是纯阴纯阳，至平至正，中和之体。自有生之后，心火居上，肾水居下，水火不相交，是以阴邪有余，正阳不足，纯水每为邪火所伤。故人心杂念愈多，天心正气渐蒙，以至元精元气日丧，生生之机渐衰渐微。天之道不足者补之，有余者损之，太极拳效法，行性命双修、取坎填离之功，补正阳之不足，损邪火之有余。火居上使其照下，水居下举之润上，如张弓之高者抑，下者举，以阴火之有余下补阳水之不足。既补阳水之不足，阴火之有余也得到抑制，此即火水既济，坎离相交之理，达到水火自运，阴阳相济的自在无为。

损有余而补不足，为天道之自然，亦须人为之修持。虚其心，实其腹，即水火自运，坎离相交之正功。虚其心为损有余之功，后天凡心，为情欲贪念所充斥，游思杂念不断，颠倒梦想丛生，邪火旺盛，必损之又损，将凡心中的尘垢扫除干净。寡欲清心，祛除邪火，让心空无一物，干干净净，虚无恬淡。实其腹为补不足之功，腹内肾水，受贪欲败坏，邪火煎熬，日渐枯绝，必补而益之。行补亏填精之功，让心火下降温养肾水，心因离火下降而空虚，肾因水火相交而充实。经书云："虚心以养神，实腹以养气"，神养而气生，气养而精生，气性虚而精本实，精气神三宝都得善养，人生三宝充盈于一身之中，则修道有本。

弱其志，强其骨，亦为损有余补不足之功。志者，心意之所向，后天凡心所向者食色，食色者性也，正当的向往合乎于天理，生活所必须；过分的向往则为贪欲，为病。贪美食则伤身，贪美色则乱性，同为追命之毒药。一定要扫除贪欲的情志，回复其正常的心态，此为弱其志。强其骨者，骨骼支持人的形体，保护内部器官，供肌肉附着，内经曰："骨为干"，是人身之主干，骨强则身体强。而骨为肾脏精气所充养，所谓肾主骨，肾精亏损则骨病滋生。补肾填精，则能供骨骼以充足的营养，骨骼健康坚强，则身体健壮。

拳谱有《太极补泻气力解》，宗损有余补不足之理，论补泻之法在对待中的运用。对自身或补或泻以补救其欠缺，对人进行补泻为扩大其欠缺。其解曰："补泻气力于自己难；补泻气力于人亦难"。气指神意内气，力指外形身姿，不足则补之，过盛则泻之，保持其中正均衡。所难就在听劲懂劲能否洞察一切，如有先天之真觉灵知，则不难。"补自己者，知觉功亏则补；运动功亏则泻，所以求诸己不易也"。自己的知觉为心神内气所主，知觉功能有了欠缺，则应补足内气，提高心神的知觉灵性，根本在致虚守静。运动能力在于形体，用力过盛，以至肌肉僵硬，气血滞阻，运动呆板不灵，则应泻掉过盛的气力，清除滞障，使之轻灵。

"补于人者，气过则补之，力过则泻之，此胜彼败之由然也。……夫过补，为之过上加过；过泻，为之缓他不及，他必更过于人矣"。对于对方，彼用气已经偏盛，我则促其更添加其气，让他过上加过。如使彼有功成在望之感，持着于气可补而不可泄，更加上一股气以图成功，实则内气已然亏空，亏上加亏。彼力已用过仍不及目的，我则泻其力使彼更加不及，彼为达目的必再勉强添力，则用力更过，这过上加过，是促使人亏损累积，无法填补。

《太极补泻气力解》最后说："补气，名曰结气法。泻力，名曰空力法"。结为凝聚，集合，气聚于落点为结，《贯气诀》云："气之落也，归于一处"，此落点集结之气，纯刚而健，雄健之极，全身内气收结归于一处，能发挥摧枯拉朽的作用。此结即内气之凝敛，在于心神之调运，《神运经》曰："气虽结而神自扬”，《太极拳解》曰：“气须敛，神宜舒”，心神安舒而畅扬，运气而行无不得宜。《贯气诀》云：“气之来也，不自一处”，经心神适宜调运，内气顺畅的向一处集结，所集结的气来自全身，心意一动，如众水流向大海，所有的内气向一处集结。内气阳刚本性健运不息，在体内遍体流行而不稍停留，凡心意有集结之调运，奔至落点即有气刚健之用。补气之为结气法，是由全身源源不断向结点补给。此集结之气能由结点通出，渗入人体，截断人之气流，造成彼壅塞而不通。

泻力为空力法，有空我力与空人力不同的运用。空我力者，用意不用力，修松散通空之功，化掉自身所有之憋屈滞障，炼得全身什么都没有，纵有筋劲骨力也空松虚灵，必将炼成一虚空大气球，应对则一气之虚空。空人力为使人力落空，使之找不到目的，寻不着依附，我什么都没有，人什么也抓不着。引进落空之术，既空我力，亦空人力，先用力引之使来，佯为彼之支撑，机得即空掉我力，撤除支撑，人必失凭，力尽而落空。我妙手空空，虚静无为以待，人之力来必如高空坠石。

《太极轻重浮沉解》，合乎损益之道。双重为病，干于填实，过实为用力有余，当泄其过实，变为双轻或单轻，为损有余。双浮为病，只如缥缈，为虚浮不足，当补其不足，使之为天然之轻灵，为补不足。偏轻偏重为病，偏者过与不及之象，过于轻则为浮，当补之；过于重则为滞，当泻之；通过补泄使之适中。半浮半沉为病，失于不及，虚浮一半不及轻，仍不够轻灵，当泄掉残留的一半；半沉不沉，未达天然之松沉，当补上不足的一半。用补益损泄之法，去病而归真。

《太极四隅解》也是论损益之道，解曰：“是则四隅之所以为用者，乃因失体而补缺云云”，既缺则当补。十三势之八法，依八卦之理，有四正四隅之分，掤正北、捋正南、挤正东、按正西，占四正方之位；其余采、挒、肘、靠四劲，则在四隅角之位。太极拳之用堂堂正正，举止端方，舍己从人，谦虚容让，应对以四正手而方圆适中。由于修为不足，未达神明化境，或有轻重浮沉之病，四正之功出隅，生偏倚俯仰之病，不得不用四隅手补救之，使归于方圆中正。该解曰："弗辨轻灵方圆四正之功，始出轻重浮沉之病，则有隅矣。譬如：半重偏重滞而不正，自然为采挒肘靠之隅手。或双重填实，亦出隅手也。病多之手，不得已以隅手扶之，而归圆中方正之手"。偏离了方圆中正，或轻重浮沉不得其要，皆为失中而致病，以隅手而补之，是以隅补正。偏倚生则出隅，为过、为有余，当损其有余；过余者损弃，或生缺失之憾，无自返中正之功，即以隅手补之，为补其不足，此亦合损益之道。

七八、柔弱如水

天下莫柔弱于水，而攻坚强者莫之能胜，其无以易之。弱之胜强，柔之胜刚，天下莫不知，莫能行。是以圣人云：受国之垢，是谓社稷主。受国不详，是为天下王。正言若反。

老子推崇柔弱的水性，在老子一书中有九章都论及水。水有如下的特点：柔弱、顺随、谦卑、处下、不争、兼容、清静、安止、纯洁等，老子说上善若水，水包括了几乎所有的美德。

上善若水，太极拳充分吸取了水的善性。孙禄堂先生说："道本自然一气游，空空静静最难求。得来万法皆无用，形体应当似水流"。拳者，一内气，一外形，内气归于自然一气游，外形则应当似水流。水性柔弱，太极拳之于外形，是要求修炼到柔弱无骨，无骨是水的特征，也就是形体要柔弱得像水一样，能随方就圆，随屈就伸。所谓得来万法皆无用，形体应当似水流，拳谱有：拳有万法皆是假，唯有顺随一法真之说。两相对照，可知顺随一法之真，在于形体应当似水流，似水即若无骨。形体能如水流之柔弱善应，则能顺随外物作无穷之变。

水的流动是连续贯串的，如把水分子看成一粒粒的小水珠，则水流是粒粒水珠贯串而行。水珠前后相随，没有间断，直则直随，曲则曲跟，若有外力扰乱，乱后立即就能连接，所谓抽刀断水水更流。太极拳之运动，以水为法，拳谱《十三总势说略》中就提到："犹须贯串一气"、"转接要一线串成"、"周身节节贯串，勿令丝毫间断"。在一篇两百多字的短文中，竟有三次说到贯串，还有一处说到“勿使有断续处”，勿使断续也就是贯串，足见如水流之贯串，是太极拳身形之根本法则。拳术运动不外起承转合，形成一定形势的运动轨迹，或叫作招式，其根本的要求是一线串成，没有丝毫之间断，如此运动才算圆满。周身节节贯串，大者全身有三百六十五个骨节，节节都视为一颗圆珠；小者每一个细胞，都可视为一粒小珠。一动起来，如水流一般，节节贯串，一线串连，前后相随，无丝毫之间断。以水流为法，如此就圆润了、柔软了、连续了、轻灵了，没有了缺陷破绽。

王宗岳先生的《太极拳论》云：“太极者，无极而生，阴阳之母也。动之则分，静之则合；无过不及，随屈就伸。人刚我柔谓之走，我顺人背谓之粘。动急则急应，动缓则缓随。虽变化万端，而理惟一贯”。太极动分静合均依一而贯之理，太极未动是浑沦未分之一气，太极一动阴阳生，分为阴阳二气，阳刚阴柔，阳清阴浊，二气相反相成，一而贯之，互不相离。一静则阴阳合，回复为一气，合太极之体，守中而抱一。过与不及，皆为失中，失中不合大中至正之道，有中和之气调停，不至于偏阴偏阳。一气之流行，无有入于无间，纯任自然而然，方圆宽窄皆适，急缓皆能随机应对，虽千变万化，太极执一以应，以一而贯之，得其一万事毕。

上段是以气而言，气无形无象，不可捉摸。今以水喻之，使之得以切近观摩，世上万物，水性最近于气性，上善若水，水性亦近于道，故曰，有形似流水，无形为大气。水一静则合为一体，常以寒潭止水喻之。水一动奔腾激荡，分支流淌，随弯就直，随方就圆。平顺则缓，陡峭则急，无论缓急之流动，水花散乱仍能断而复连。水流有千万形态，总不失一线贯串之理，以之比喻太极拳之运动。

水与气，简单而言，一稠密，一稀疏，稠密者有形，稀疏者无象，有形者能直接体验，无象者凭心神感悟。故太极拳之修炼，每以水喻气，如空中游泳术，即是以空气为水，在空气中练拳，想象如在水池中游泳，用心意将空气的阻力放大，每一动都如在水中划游。静功的泡字诀，也就是拟空气为水，站在空气中，想象如浸泡在水中，周身处处都有水力的挤压与浮托。如此放大空气的阻力、浮力，为的是提高自身知觉的灵感，以毫厘为千斤，久久习练，则能知隐显微，明察秋毫。

太极拳之八门劲别，也仿效水之性象，如《八法秘诀》中言："掤劲义何解，如水负行舟"；"按劲义何解，运用如水行"；"挒劲义何解，浪卷如旋纹"等等。

掤：拳谱《八法》曰："掤，向上托的意思，承而向上"。如船在水中，无论船大船小，水面敷贴船底、均匀的将船浮托起来。如说水负舟行，则不是单纯的浮托，而是多种力量的综合，仅以水言，对于行舟还有推力与阻力。此外还有舟的重力、动力、风力等，对这些力的综合利用，该借的借，该避的避，也就是损益得当，使船能顺利前行。操作技艺高超者，即使是顶头逆风，船也可以向前行驶。掤劲又称为圆掤劲，能圆活顺应各种来力，有无穷的变化。

捋：《八法秘诀》曰："引人使之前"，向自身侧后牵引之。若说掤劲如波浪托物而起，捋劲则似浪退，卷物而还。大浪退落之时，随着水流退落之力，将物卷裹而退，物随水浪流泄，完全不能自主，所谓大浪淘沙，顺流而下。如此有引进落空之意，有四两拨千斤的妙用，将人引领着走，在走中化，走中拨，如物在退浪中翻滚流淌。用捋劲有四项原则，顺人之势，借人之力，屈己从人，引进落空。

挤：拳谱《八门五步说》曰："前手手心向里，手指朝外；后手附于前手腕旁，由怀前向外推出，当推出时，前一手成半圆形为挤手"。（注：原文中前手指右手，后手指左手，依拳架姿势而言）。说明挤手之形在前手，而挤出之劲在后手，后手由怀前向外推出前手，此劲如江水流动，后浪推涌着前浪走。《八法秘诀》称之为间接反应力，如击球撞壁，表现在球，而劲不出自球，劲出自球后之手。如果是单手用挤劲，则是肩摧肘，肘碰腕发寸劲，劲源在后面，后浪推着前浪走。

按：按劲含在其他七劲之中，每种劲里都有按。《八法秘诀》说按劲运用如水行，是如同卷起的波浪。波浪涌起，诀中说遇高则膨满，是一掀起之劲，如掀箱子盖，这一掀将内劲蓄足，膨胀而饱满。浪头然后下落，诀中说逢洼向下潜，手如波浪的滚动，向前向下按出，有形容为扶栏往下瞧。诀中还说：波浪有起伏，有孔无不入，由浪起到浪落，走了一个立圆，劲随浪卷，有掀、有推、有按，柔中寓刚，势如浪卷。

采:《八门五步说》曰:"以手回抓为采"，采桑、采果，从树上采摘回来。拳谱有"采天靠地相应求，何患上下不既济"之诀，说明采劲是由高处往低处用。《八法秘诀》曰："如权之引衡"，权为秤之砣，衡为秤之杆，挂上重物秤杆高高翘起,在秤杆适当位置用上秤砣,则秤杆下落至水平。秤杆被采下，重物被提起，谓权之引衡。此秤砣下落之劲为采，其势如瀑布之下落，可以转动水车，推动石磨。

挒:《八法秘诀》曰："君不见漩涡，浪卷如旋纹"，按劲走的是立圆，由起而落。挒劲走的是平圆，如飞轮之旋转，投物于飞轮之上，即被抛甩而去，用的是离心力。又如流水的涡旋，落叶坠其上，倏然便沉沦，用的是向心力，凡落入流水涡旋之中，愈沉愈深，绝难浮起。拳谱曰，挒要惊，力发突然，用在紧急之时。

肘:《八法八要》曰："肘要冲"，曲肘而使，肘尖指向对方，劲从肘尖虚射而出，直指对方的中心，如同泉水喷射而出，有强大的冲击势头。肘有横肘、竖肘，阴肘、阳肘多种变化，《八法秘诀》说："方法有五行，阴阳分上下，虚实须辨清，连环势莫当"。肘劲变化无穷，劲势猛烈，贴身近用，更见威力。

靠:《八法八要》曰："靠要崩"，《八法秘诀》曰："一旦得机势，轰然如山崩"，靠劲一出有惊涛拍岸之威，堤岸不堪冲击而轰然崩塌。靠打一阴返一阳，用肩向前、向后、向外都能使出靠劲，如向前之迎门靠，向后之背折靠，似惊涛骇浪，来回起落都有摧枯拉朽之能。

太极拳上善若水，形体应当似水流。重要的原则是在内不在外，在意不在形，形体似水流，其根源是心意如水流。万法由心，有如水之心意，才有如水之形体。建立起水性的境界，视大气如流水，人在气中，如浸泡在水中，开合鼓荡，应合自然。拳谱言太极十三势，如长江大河滔滔不绝，八门劲以水为法，前言水有七善，今言水蓄八劲。

掤如浪头托舟起，捋似浪退舟飘移。挤劲后浪推前浪，按如卷浪拍岸壁。

采水一瀑山前挂，挒如涡流旋转急。山泉喷出肘虚射，惊涛澎湃靠用奇。

七九、有德司契

和大怨，必有余怨，安可以为善？是以圣人执左契而不责于人。有德司契，无德司彻。天道无亲，常与善人。

调和了大的怨恨，如果还留有未平的余怨不能释怀，这不能算是好的调解。好的调解是化解怨恨，促使双方平和让步，不留后患，要劝说双方能相互宽容、相互礼让。如同手执别人的借据，以前称借据为左契，有德的人，执有别人的借据，就好像没有一样，忘掉了这些借据，不仅不去向人讨还，有的还主动免去借债。古时有位贤者当众烧毁所有的借据，皆大欢喜，不留一点余怨，这叫作有德司契。无德的人，拿着借据作为欺诈逼迫人的手段，以至到无恶不作的地步，这叫作无德司彻。天之道给而不取，施恩惠与天下万物，就像无事一般，生而不有，为而不恃，功成而弗居，忘记了自己做的善事，有德司契就是如此的善忘。

修身之道，如同有德司契，忘记有契约的存在，有来合契者如实应付，不来合契则一如无事。修道者就要修这个忘，无心于事，无事于心，无欲无求，这是忘身，忘心以至于忘忘的境界。道本至虚，本来就一无所有，修道要修得什么都没有，什么都忘干净了，何止一纸契约。

修道所修者在于一气，这一气来自虚无，无形无象，无声无臭，而万物之生长在此一气。人生天地间，有气则生，无气则亡，长生久视亦在此一气。气生精、精化形体，形体之成长，在于一气之充盈；形体之衰弱，也因一气之亏损，所以养气为健身之本。因之有养气、练气之功，其大要为致虚极，守静笃的无为之修。世间也流传有呼吸吐纳，升降搬运的有为功法，有明师指导，用功得当，一样有益。若不懂火候则流弊百出，甚至走火入魔，未能养气，却在害气，这也叫作无德司彻。

要知养气之道，亦在于一虚，不违一气之本然。虚无一气，远在天边，近在眼前，隐在自身虚无腔子里，未尝一息偶离，离则失去了生命的能源，何以为生。欲不离此气，必善养之，一切放下，一丝不挂，一尘不染，也就是忘却了一切，这虚无一气即在，这是后天精气神的根本，也是先天精气神的作用。能打扫干净闲思杂虑，忘记一切起心动念的欲望，平时于寂然不动之中，以神光内照形躯，照见体内干干净净，光明透亮，此气则氤氲流行于其中。当其有朕之际，恍惚杳冥，其中有精，略有可觉知者，其实仍无所见。生天、生地、生人者此也，所谓放之则弥六合。虽无量无边，而仍不离方寸，所谓退藏入密者此也。此即生于虚无，藏于虚无，本性虚无的一气，欲证得此气，必于忘中炼，炼中忘，彻底忘干净了也就成功了。

修炼太极拳，修身、修心、修拳、修法，有修的对象在，是在修有。拳由著熟而懂劲而接及神明，欲达神明之境，必忘身、忘心、忘拳、忘法，忘却了修的对象，这是要修无，忘不干净则修不成道。既然都要忘干净，为何又要起修？须知修道求道之路，先由无入有，筑基炼己，补亏为盈，有了根基；终脱有入无，为道日损，以至粉碎虚空。道本虚无，却生养了万物，由无中生有。万物有生，又不可永生，由壮而衰、而老、而亡，脱有还无，万物都在这有无之间循环轮回。物极必反，反者道之动，万事万物都在向自己的反面转化，正复为反，反复为正，变化无穷，生生不已。修炼太极拳也不违此理，初起时无拳，要学拳、练拳，历尽千辛万苦，好不容易有些成就，着练熟了，有了听劲懂劲能力了，常说身上有了东西了。进一步向神明化境攀登，却要求忘掉以前之所学、所练，妄干净了，丢干净了，拳就真正进入了神明化境，也就成功了，得道了。就怕忘不干净，丢不干净，干净就是虚空。

忘身，太极拳由炼形修身入手，修补好形体亏损，通过行、住、坐、卧之修，将身形炼至柔弱无骨，舒松灵敏，全体通透，肌肉若一，为先天一气提供蓄藏之舍。元气进入形体，以其虚无之性，同化形体，为炼形化气之修，身形气化的过程，也就是忘身修炼的过程。有形之血肉身躯，也是自我之累赘，一切贪欲享乐，多因身形而有；一切病患灾祸，多由身形而生。老子曰："吾所以有大患者，为吾有身，及吾无身，吾有何患"。道家之修，要解决有身之大患，有坐忘、站忘、行忘的功法。堕肢体、离形去知，忘记有身形的存在，建立无的境界，炼得什么都没有。太极拳炼至真正的忘身，无形无象，全体透空，才算是真正的舍己，身形复归为清空一气，成为一无内无外的大气球。

忘心，修心是太极拳根本上的修炼，六字真言致虚极、守静笃，是修心的要诀。先天之道心，本来虚空清静，所修之心为后天之凡心、妄心。人进入后天生活，心随物转，受七情六欲之诱惑，凡心无一时清静。物欲动其心，心动愈贪欲，精气为之耗损，身体因之衰败，过早落于生灭之轮回。欲健康长寿，必须断绝贪心欲念，将心从妄想杂念中拔脱出来，寡欲以清心。欲使心地清静，则应远离物欲贪念，彻底忘掉引起贪欲的尘物，忘掉多动的妄心，忘干净了，透空了，清静无为的道心才能回复。心的由无入有，是凡人的成长生活，道心沦为凡心。心的脱有入无，是修心求道，致虚守静，使凡心回归道心。回归之修必须忘掉凡心妄念，妄掉凡心对世俗的依恋。

忘拳，张三丰先生曰："学太极拳为入道之基"，太极拳有十三总势，有练功十要，有成套的拳法，招式。"学者须于动静之中寻太极之益，于八卦，五行之中求生尅之理，然后混七二之数，浑然成无极"。修炼者寒暑无间，勤学苦练，经十年苦修不出门，练得周身一家，节节贯串，无处不弹簧，拳术招式都有所成。这些是有中练有，练得浑身解数，这是有为的功夫，并非中华武学之究竟。拳本无法，拳到无心始见奇，要练至什么都没有的无为之境。将拳练上身，练得身上有东西不容易，下了十年苦功；再要将这些东西练得没有，练化，更不容易，在心意中要将拳法招式忘记得干干净净。常说无招胜有招，无拳胜有拳，将一些人为编造的东西都丢掉、忘掉。不受固定程式的拘泥，不被人造的架式束缚，应对时才能不期而然，自然而然的发挥潜能。这个忘、这个舍弃的功夫，比练拳上身更不容易，却是进入神明化境的必由之路。

忘法，在练拳过程中学了术，学了法，最终要忘掉那些术与法，因为本来就是法无定法。王芗斋先生说：“凡有方法，便是局部，便是片面，非整体之学也”。既有方法，便有一定之方式，有一定之规矩，而方式规矩皆人为制定。既是人为制定，就是人为的限制，终成为阻碍先天自然良能发挥的桎梏。初学时，这些方法为加深对拳学的理解，促进功夫的长进，很有必要。既已懂拳理，已得拳要，就不要再受人为方法的限制，让自身的能动创造力、先天的潜能有广阔的发展空间。所以要忘掉那些法，那些术，也就是解除束缚。“拳本无法，有法也空。一法不立，无法不容”。忘掉了人为固定的方法，才能有生生不已、应感而生、层出不穷的法。

“知而不用是功夫”，是有德司契，手中握有别人的借据，但忘掉了这些借据，烧掉这些借据，身心不为借据所累。知道了拳，知道了法，但不去用它，不为其所累，也就是忘掉了它，这是忘的功夫，是不受拘泥能应感而生的功夫，这种功夫才能应无穷之变。忘身、忘心、忘拳、忘法，最终连忘都要忘掉，忘无所忘，以至于空无。到得空无所空，虚空粉碎，才是修道之究竟。

八十、安居乐俗

小国寡民。使有什佰之器而不用；使民重死而不远徒；虽有舟舆，无所乘之；虽有甲兵，无所陈之。使民复结绳而用之。甘其食，美其服，安其居，乐其俗，邻国相望，鸡犬之声相闻，民至老死，不相往来。

这是一理想之境，像上古一样纯朴，自给自足，自得其乐，太平安逸的生活。老子曰："知足之足，常足矣"，常足则常乐。人人都感到满足，吃的觉得甘甜，穿的觉得美观，住的觉得安逸，习惯于本乡本土的风情，怡然自得，轻松愉快。苏辙说："内足则外无所慕，故以其所有为美，以其所处为乐，而不复求也"。这种境界是最纯朴的养生之道，知足常乐，安享生活。《内经素问》曰："是以志闲而少欲，心安而不惧，形劳而不倦，气从以顺，各从其欲，皆得所愿。故美其食，任其服，乐其俗，高下不相慕，其民故曰朴。是以嗜欲不能劳其心，淫邪不能惑其心，愚智贤不肖不惧于物，故合于道。所以能年皆度百岁，而动作不衰者，以其德全不危也"。阅读了这段，知"内足则外无所慕"之理。内心知足，一切都觉得顺心，外面的东西不值得羡慕，更没有必要去追求。如此知足之足，常足常乐，志闲少欲，德全不危，这种精神境界，是道家养生长寿之所宗。

修道养生，恬淡虚无，精神内守，则真气充盈于身。修道是个人的自修自炼，曰炼己，炼自己的心。在修炼过程中要耐得住寂寞，远离市井的繁华喧嚣；要守得住孤独，杜绝红尘物欲的引诱。在心神上做到一尘不染，寡欲清心，必清必静才能有得。所以有的修士，入深山，进老林，寻人迹不到之处，不闻鸡犬之声，避免视听官感受可欲之惑乱，作离世之修。

古云:“养气于山林,炼己于尘俗”。人生活在社会之中,自有其责任担当，为道义之所在。山林虽然清静，人不可绝世而逃避，所以还是要在尘世中修炼,作入世之修。在闹市之中会有诸多烦恼,车水马龙,人声鼎沸,事物萦扰，心易烦，气易躁。此时如能用至诚之毅力去习定，动中求静是根本，所得之益更胜于离世之修。古云:“人遇闹时,正好著力回头”,当前了照,蓦然一觉，撞开个中消息。须知身在尘俗，心在道德，处欲无欲，居尘出尘，此方算得真修。大道所患者，立志不坚，不能常常具一觉照之心，若能时时返观内视，在在提防，无论视听言动，处闹处喧，皆不离方寸。行动应酬，常持以觉照之心，自觉有至纯至净、至真至灵之道心主宰。此外一切事物皆是过眼烟云，虚幻假象，何以能动摇真心。身处闹市，心在山林，寂然不动，平静如水，虽车马喧嚣，充耳不闻；灯红酒绿，视而不见，此为入世之修。

太极拳三分练技，七成养生，是性命双修的功夫，修命功，培养骨肉身形之康健；修性功，培养心意精神之康健。性是形而上者，丹经曰：“先天之心即性，先天之性即虚无元气，一虚而已”。又曰：“心中无物即是性。我心之虚即本来天赋之性，太空之虚即未生虚无之性”。可知性本虚无，无形象、无动静，也就是我本来之元神，先天之元神与性相合，修性，即是养此先天之元神。命是形而下者，有形有象的身形即是，天赋的生命由身体承载，形而下者谓之器，身体是载道之器。修身重在调养，丹经曰：“调则平，平则和,我身之和,即我身受天地之命;太和一气,即未生以前悬于天地之命”。人受气以生，承天之命，故元气即命，人欲固命，不可不固此气，养此先天之气，谓之修命。

修炼命功其基础还在于炼形，柔弱筋骨、肌肉若一，以至内清虚，外脱换，气化周身，达到全体透空，筑固入道之基，由有为而步进无为。关于炼形，王宗岳先生在《太极拳论》中提出了基本原则:“立如平准，活似车轮”。立如平准为身形之体，是静修的总则，拳谱有《太极平准腰顶解》，论之甚详，指明“下尾闾至囟门为一垂线，歌曰：上下一条线”。在拳谱中更有一系列的诀要，明确规范身形的静。如立身中正安舒支撑八面，尾闾中正神贯顶，中土不离位，中定守中土等等。大中至正是大道本具，立如平准即中正不倚，相应就有了守中的原则，这是身形的标准，有中正之体，才能言太极拳。囟门至尾闾垂直一线，是人身之中轴，有理无形，名之为虚中。虚中的中心，是人一身之中心，名之为真中、中土、正位等等，守中就是守住这一真中与其上下延长线虚中，守住了就有周身一家之整，就有全体之均衡如一，太极拳一切理法，乃文乃武皆由此而及。

活似车轮为身形之用，是身形运动的总纲。拳谱曰：“一举动，周身俱要轻灵，尤须贯串”，“一动无有不动，一静无有不静”。阐明身形应如车轮之灵动，周整而圆活。以车轮喻周身，车轮一动，全体无一处不动。拳谱指明，身形之动，要有圆活之趣，应得曲成之妙，周身俱要相随，转接要一线贯串，也就是要求身形活似车轮。一身有中土中心与虚中之轴，以四肢为辐，发于中达于四维之气势场为轮，太极拳为圆运动，应接变换，旋转而已。一动内外一齐依轴心而转，有中正均整之动；一静全体归于中定，有守中土之静，此即太极拳之守中用中。

性命双修，修养元神、元气。人生三宝神与气精，元精寓于神气之中，即元神、元气酝酿流行之精华，性命双修即精气神三宝之修养。神有知，精气无知，无知者必赖有知之神以护养之，所以养精气必先养神，养神又必先养心。因为心不静则神不定，心不清则神不明，心不正则神不全，心得养则神灵明，故养心是关键。孟子曰：“养心莫善于寡欲”，老子曰：“不见可欲，使民心不乱”，必须将一切贪欲杂念扫除得干干净净。然而“欲正其心、先诚其意”，精诚所至，心静如水，心明如镜，心明则性见，性见元神、元气皆见。

经曰：“静处炼命，动处炼性”，动静双修也就是性命双修。动处炼性，此动非举动不停之谓，乃有事应对之谓。要知有事之时，即是用功修性之时，视听言动必求中礼，喜怒哀乐必求中节。如此随来随应，随应随忘，以前不思，过后不想，无欲求而心自定，心定则性自定，身处动中，心自静定，时时应事即时时养性。静处炼命，此静非不动之谓，乃于无事之时，无论行住坐卧，返观内照。以神抱气，两不相离，如鸡抱卵，如龙养珠，日积月累，静极动生，自然真气冲冲，周旋一身内外，河车之路畅通运转不息。

太极拳之修，也就在一动一静之间，动中求静，静中求动，视动犹静，视静犹动。太极拳之静功，外静而内动，形静而意动，气遍周身流动，全凭心意做功夫。以心行气，身内无一处无内气之流通，无一处不在精微玄妙的动。太极拳之动功，身虽动，心贵静，形动而心静，外动而内静。其动是如水之流、如气之旋，自然而然，心意完全忘记了形体如何而动，不知手之舞之，足之蹈之。太极拳者，性命双修之学，凝神即修性，调息即修命，有动有觉，为命为气；无动无觉，即性即神，于动静之间，求明心见性。性本虚无，一旦清静自如，知得虚静，了无事物，即见性矣。心本虚灵，一旦光明觉照，洞达无碍，物之照也光不分，物之去也光不灭，即明心矣。心明性见，太极拳之修有成。

太极拳无形无象，全体透空，一团虚无之元气流行即是。太极拳又名十三势，合八卦五行之数，纳天地自然之气，所以十三势亦为一气之流行。分而言之，气流之升降开合、缓急轻重因时因势而变，故有八门五步之别。前面曾以势、以水言八法，明其大要，然势与水有形有象，有失太极虚空纯净之真。气无形无象，虚而待物，太极拳炼至全身气化，也就全体透空，太极拳之用，即一身内外元气之因应流动，言应化无方，八门五步而已。

掤为气流之上升，产生浮托之势。捋为气流向身后，形成引化之势。挤是气由后向前流通，有推挤之势。按是气由后流向前，走一上半圆弧线，有掀、推、按三劲依次而生。采是气流由上而下，如果熟下落。挒如气流之旋转，扶摇羊角。肘是气流之喷射，集束而发。靠有狂飙之威，排山倒海。五步为气流前后左右之流通，中定是内气凝定中土，凡有应对，内气发于中，达于四维，自然成为合理应对之势。

说无形无象，此说仍有形象，未至元气虚而待物之神妙。元气氤氲流行，无形迹可觅，随用而生，用过归无，所谓掤、捋、挤、按皆非是，是掤又非掤，非掤还是掤，合理恰当解决了问题即是。化生千亿归抱一，达于神妙化境，万化归一，一还非究竟，由一归零，返回无极才是。郑曼青先生说："身似行云，打手安用手，浑身似手手非手"。已是超越了形象，超越了招法，凡有招法终究成空。虚而待物，一语将太极拳法说尽。

经书曰："心中无物为虚，念头不起为静"。虚而待物者，以真心真意待物，无一毫勉强，若有丝毫勉强，即是用心揆度谋虑，非虚无之真。《楚辞·远游篇》王船山认为是内丹功法之著作，篇中云："道可受兮，而不可传；其小无内兮，其大无垠；毋滑而魂兮，彼将自然；一气孔神兮，于中夜存；虚以待之兮，无为之先"。文中魂指心神，滑为动乱不定之意，彼者身形也，是说必先收心安神，舒松身体，全身自然而然，自能入静。一气是领魂归气而气得养，孔神为摄神归魂而意不弛，则神存而全，即一气孔神之意。中夜是夜半子时，存即存神存思，静候活子时之到临。释文曰："中夜自生之妙，不可有心先为将迎，惟虚静而俟其至"，此无为之先即不敢为先，虚以待之即虚而待物。

《性命圭旨》中曰："内不觉其一身，外不知其宇宙。逮夫亥之末，子之初，天地之阳气至则急采之，未至则虚以待之，不敢为之先也"。亥末子初说的是正子时，修内丹功，必虚静待活子时之来临，不敢为之先。太极拳之应物，彼不动，己不动，虚静以待彼之动，绝无先动之妄；彼有些微之动，我虚静之真心已然觉知，先天之良能不期而然，于虚静中予以合理适当的应对，不先不后，至当恰好。待之以虚，应之以虚，气也者，虚而待物者也，一气之对待即是，这就是太极拳之神明化境。

八一、为而不争

信言不美，美言不信。善者不辩，辩者不善。知者不博，博者不知。圣人不积，既以为人己愈有，既以与人己愈多。天之道，利而不害。圣人之道，为而不争。

《老子》一书八十一章，以“为而不争”收尾，在第三章就提出了“使民不争”，老子在书中共有七章八次论述不争，不争是老子道家哲学的重要理念。老子指明不争是德，德是道的体现，曰“是谓不争之德，…是谓配天，古之极”，这种德符合天道，是远古流传的优良传统，以和为贵，谦让宽容。其善良的品德像水一样，“水善利万物而不争”。因为不去争夺，也就不犯错误，没有过失，“夫唯不争，故无尤”。因为没有去争的念头，恬淡虚无，清静寂寞，在这里争不到什么，所以没有人来相争，“夫唯不争、以其不争，故天下莫能与之争”。老子所提倡的不争，不是消极逃避，也不是什么都不做，而是以德善、德信为标准。无为而无不为，做应做的善事，利万物，止于至善，曰“圣人之道，为而不争”。因其所作所为一应遵循天道，天道无亲，常与善人，有上天的佑助，所以能得到最完美的成功，“天之道，不争而善胜”。正因为如此，要引导人们不崇尚名位，不为私利而争斗，“不尚贤，使民不争”。

老子稍后的孙子，著有兵法十三篇，称之为《孙子兵法》，其谋攻篇中说：“是故百战百胜，非善之善者也；不战而屈人之兵，善之善者也”。这与老子不争而善胜的理念相合，首要在于不战，不用战争的手段而能解决问题，当然是大善、至善。不知孙子是否是受老子思想的影响，重生爱生的仁慈大爱是相通的，不争不战，能保护天下生灵，免遭涂炭之苦。这种胜利肯定是善之善者的大善。

真实可信的不一定漂亮，漂亮的又不一定实用。正如有些拳术，花拳绣腿好看，却不一定实用；简明古朴的不太好看，却很实用。太极拳朴素大方，以养生为主，惟道是从，回复人先天原始之固有，其良知良能，亦足以应付不测。前辈先贤们依据中国传统哲理，尤其是老荘道家的学说理论，丰富了传统的养生功法，逐渐形成了太极拳。他们为而不恃，功成而弗居，从不留下自己的名字。后人无从考证，附会种种传说，引起一些争辩。太极拳应该不是某一人能发明的，因其内容太深奥，太微妙了。张三丰先生也只能说是太极拳之集大成者，有人说是附会神仙，殊不知三丰二字自有其深刻的寓意。

王壮弘先生说："历史上至少有几百个张三丰，为什么叫张三丰呢？三丰是一个乾卦，一个坤卦，中间一竖，乾三连，坤六段，阴阳啊"。蓝晟先生在所著《国学与太极拳》一书中，也有这一观念。汤金石先生说："丰其实是简化了的乾坤，三代表天地人，丰代表乾坤。从三丰即乾坤天地人的意义来说，三丰实际上是宋明一个道的符号多于是一个人物的意义。如果说太极拳创于张三丰，是代表太极拳的理论，根源于乾坤天地人的中华文化，或可接受"。以上说明，三丰二字是代表了乾坤天地人，是中华传统文化的一种表示。

在张三丰本人著作的《玄机直讲》中说："故曰，乾为父，坤为母，男女媾精，只把汞去投铅，生男生女；不把铅来投汞，成佛成仙。这个铁馒头打得破，何难为三丰中之三丰也"。张三丰先生在此说，乾阳坤阴合为先天之太极，太极一动阴阳生，生人生物，为乾坤之顺行。反者道之动，阴阳逆转，则返归先天之太极。在经书中，汞代表神，为主宰，八卦为离中虚；铅代表气，为宾辅，八卦为坎中满。汞去投铅，是说神生气，为天道之顺行，生人生物，生生不已。而铅来投汞，是炼气化神，反者道之动，乾坤逆运则成仙。能识透这个理，打破后天世俗的成见，纯阳纯阴则不难回复。此文中用三丰二字代表乾坤二卦，乾三连、坤六断，阴阳相济、相生相克之理寓于其中。非先生在此自矜自是。

一阴一阳谓之拳，具体而言一内气一外形即是，“意气君来骨肉臣”。乾阳之健运不息，为阳刚之内气，为主宰；坤阴之厚载顺随，为阴柔之形体，为从属，这是太极拳的主纲。乾三连在身形上以肩、腰、胯为代表，如乾卦之三阳爻，是身体运动的三个最重要的枢纽。以内气论，则为肩、腰、胯三道气圈，由内气充填，在心意的主导下围绕着虚中主轴旋转。此三道气圈用于养生则整体转动；用于应对则以虚中主轴为中心，三圈各自向两边分离，成为六个半圈，此即是坤六断。在此由百会到会阴的主轴虚中，即三丰的丰字一竖。乾三连，坤六断，三丰二字之意就在于此。养生者乾三连，应对者坤六断，符合太极拳健顺参半、形用半、劲用对五的体用原则。应对中三个整气圈分断为六个半圈，根据具体情况，灵机应变，作不同的旋转，为乱环法术。

太极为一浑沦之圆球，太极拳炼化形体为一大气球，三道气圈是大气球球面上三个平行圆环。实际在大气球上，与虚中主轴垂直，可以有无数个气圈。虚中主轴是大气球的直径，圆球中凡通过球心达于球面者都是直径，随心意而生。如此球中有无数的直经，球面也就有无数与各个直径垂直的环，彼此交织而成球面，大气球就是如此由无数道气圈纵横交织组合而成，球面上任何一点都是纵横斜数道气圈的交点。何处须要应对，何处随用而生，即有应对之气圈发挥作用。又依太极拳之乱环法则，各种旋转皆成圈，乾坤太极无穷的变化，可以圈的形式表达，应接变换，一转而已。

例如太极拳之《撒放密诀》：擎、引、松、放，其精义就在大气球之旋转。如有应接之事，大气球以立圈之一边接人，用气将人粘住，由下向上旋转。向上一旋即有拔人足跟的气势，使人失根上浮，此为擎起。大气球继续旋转，由下而上的接人边继之而向内旋，即趁人失根身浮而引之向前，这是引进。当引到身前之时，大气球旋转不停，接人边已由向内转而向下，将人向下松放，人已随大气球之立圈起落，因向下松放而生落空之感。继续，大气球之接人边已由向下转向前进，人已随立圈之向前被发放而出。大气球作立圈的一转，完成了擎引松放的全过程，也就是太极拳引进落空的全过程，应接变换就此一转，就是这样简单，是三丰丰字的作用。切莫把丰字看呆板了，丰字的一竖是虚中主轴，又不是虚中主轴，在大气球内凡通过球心的直径皆是。球可作周天 360 度的立体旋转，三道气圈随球也能有 360 度的周天旋转，这就是乱环法术。

乾三连，坤六断可以由手掌的中指表示，中指上的三道横纹，代表了乾三连，有体现全身功能的全息作用。全身内气之周天运行，前任后督九窍贯通，全都在中指上显示。中指肚上的三横纹，代表任脉上的上、中、下三丹田；而中指背上的三关节，代表督脉上的尾闾、夹脊、玉枕三关；中指尖代表了百会穴,中指根为会阴穴。张三丰先生在《无根树道情》中说:“过三关，透泥丸，早把通身九窍穿”。内气循督脉上行，过尾闾等三关，上通百会穴而下行任脉，作周天运行。与身上之任督河车运转全息对应，内气由中指根上行，沿指背过指尖，再循指肚下行，回到指根。上述对应之三关，三田、百会、会阴说了八窍，还有一窍在中指上节斗纹最圆凸处。该处其触觉最为灵敏，是听劲懂劲知觉的重要部位，当与人相接时，更是内劲，内气出入的门户，不可忽视。

任督二脉是内气流行的主要通路，任督一通，百脉皆通。当全身为一大气球时，任督二脉一开则与大气球周边相合；任督二脉一合则与冲脉合一，成为中脉。内气在中指上可循指背或指肚流通，也可循中指的中轴流行，这就是丰字的一竖。当内气贯通中指，一出到指尖，一回到指根，坤六断即是。因为是全息反应，全身的内气流通，在中指上能有相应如一的景象。到此中指即全身，全身即中指，有些手相、手诊就用这种全息对应。

在太极拳修炼中，有中心移位，劲源搬家之炼法，就是将全身之中心移动到中指上，将一身之劲源搬到中指，如此中指就代表了全身，炼中指也就是全身的修炼。通过修炼在中指上形成气球，因比全身之大气球要小，所以称为小气球，双手中指的两个小气球与全身的大气球相合相应。大气球为本体，两小气球为作用，太极涵三，有如此三个气球；涵三归一，两小气球归于大气球统领。大气球充足的内气源源不断供给小气球，小气球沿着大气球的球面灵动，是大气球上的一对灵珠，一双慧眼。这种关系怎么比喻都不过分，充分体现了双手与大脑的机能。金庸先生的笔下有乾坤大挪移的绝妙功法，在太极拳修炼者身上，将全身的中心移到中指上，乾三连、坤六断，三丰都体现在中指上，也就是乾坤大挪移。

若问中指小气球有何妙用，这是太极拳最上层的功夫，把全身的中心放在中指上，乾坤三丰都在，手中有八卦，掤、捋、挤、按都在手掌中。中指小气球的不同旋转，擎引松放、敷盖对吞都含在其中，一吸能拿得人起，一呼能放得人出。只一接人，在接点就能尽知人的阴阳虚实，掌控人的劲端、劲源。修炼太极拳者心知，用于应对的作用只占三成，七成的作用在于养生。小球融合于空虚散的大气球中，真正松圆了就能养生，致虚守静，与道合真，长生久视而证道。

炼拳合道，回归本原

一

“道者万物之奥”、“渊兮似万物之宗”，道是万物归藏的所在，道无所不容，博大深厚，是万物的宗主。学太极拳为入道之基，遵循玄奥渊深之道，步进众妙之门，回归于虚静无为之本原。这一回归的过程，即求物寻道、炼拳道合于大道的归途。

“道之为物，惟恍惟惚”，“微妙玄通，深不可识”。这个物恍兮惚兮，往来于虚空，“迎之不见其首，随之不见其后”，视之不见，听之不闻，搏之不得。如此“无状之状、无物之象”的物，正是太极拳追求之究竟，所以无形无象，全体透空，应物自然，为其正功。然而说无又有，说实又虚，这就叫恍惚，宇宙因之具备了形象，天地因之形成了万物，太极拳因之有了理法。道不可见，在其作用中见，起作用者则是先天至宝，元神、元气、元精。

大中至正，不偏不倚，为虚静无为之元神；无极所生，混沌若一，即无所不在的元气；元神、元气又含藏着隐微的精气。精气神三宝来自虚无，真空生妙有，既来之而真实存在，曰“其精甚真，其中有信”，是万物的根本，更是太极拳的根本。入道修致虚守静之功，以凝神、敛气、聚精为要，此人生三宝正是太极拳所求之物。这个物“在天曰命，在人曰性，在物曰理，在拳曰内劲”，内劲又叫内气。汪永泉先生说：“内劲也叫太极劲，是神意气的化合”。精化气、气化神、神化虚，虚明而无所不通的物，是太极拳性命双修之所求。太极拳于动静兼修中，先求有，终求无，追求无的境界，炼得什么都没有，空无所空，无无亦无。一气化神还虚，合于道之本原，“大象无形，道隐无名”。

二

“多言数穷，不如守中”，数的极限是无穷接近于0，0为数之始，也是万物之始，大中至正就在0之中，守这个中，就是守道。守中是太极拳最根本之修，拳论提出的立如平准，以及立身中正安舒、中土不离位、占住中定等要诀，是守中原则的具体化。立身中正而能支撑八方，运转八方，乃有屈伸开合拳法之用。所以说有中定乃有十三势，乃有太极拳，是太极拳向大中至正的道的归依。

道本虚无，道体之大中至正，是文理，本无形象。太极拳之守中本虚无之理，无中生有，有亦归无。守身形之中，以天地之正中，黄中真土为中心，上下延伸，连通百会与会阴，为一身之中轴。此中轴无实体之存在，故名之为虚中，虽虚而不实，确是一身动变之中枢，无此中则无太极拳。通过虚中，上开百会天门，与乾天相接，纯阳正气源源充入体内；下开会阴地门，与坤阴连通，阴浊之气顺此下沉入地。虚中为贯通天地之通道，实现天地人三才一气之交流，此中为无中之有，虚中之实。

守内理之中，即心神之中正，拳谱云：“一要心性与意静”，心神虚静即不生一念、不着一意，有致虚守静之修。盖意念一生，即是偏倚，即有倾向，失其中正。这个中是心神之念头未起，不偏不倚、不增不减，如此光明通透，自然纯朴。心神本虚，守之者虚，所守者亦虚，以虚守虚，虚空粉碎，为大中真中，至正纯正之道，太极拳之所求。

“万物负阴而抱阳，冲气以为和”，冲者中也，冲气即是中气、是围绕中不停地运动着的阴阳之气。而和是天地之正，阴阳之平。阴阳对立，依赖冲气中和调节，使阴阳得以相生相济。这个原则规定了太极拳必守中用中，处中以制外。“道冲，用之或不盈。挫其锐，解其纷，和其光，同其尘，湛兮，似或存”。道的作用显现在阴阳二气不停地运转，没有止境，所谓“大盈若冲，其用不穷”。阴阳二气的中和协调，挫锐解纷，和光同尘，使天下万事万物自然生成生长。

三

“载营魄抱一，能无离乎”，“抱一为天下式”，“万物得一以生”，一是太极，是元气，道生一，无极生太极而元气生。《性命圭旨》曰：“一者，有物混成，先天地生也。大哉一乎，以其流行谓之气，以其凝聚谓之精，以其妙用谓之神。始因太极一判，分居二体之中。先则凝神于混沌，次则寂照含虚空。抱一无离，是为返本还原之妙道也”。营魄即魂魄，广义而言，魂为精神，魄为形体。抱一无离即精神与形体抱守元气而合一，神与形之合一，是中华武学的最高境界。天下万物得元气则生，失元气则灭，所以抱守元气是天下万物共同的法式。一气化三清，即精气神三元，三元原本一气，为人生之大宝，养生之大药，太极拳所修在此一气。

道自虚无生一气，欲得一气之充盈，必作虚静无为之修，故有“致虚极，守静笃”炼心修心的六字真言。太极拳首重修心，心清如水则气行如泉。修心必寡欲，“不见可欲，使民心不乱”，“常无欲，可名于小”，清除了对尘俗的欲望，对外物没有了贪念。此心小而无内，不容微尘；大而无外，虚空明净。“不欲以静”、“清静为天下正”，心神得以清静，天地悉皆归，故致虚守静为修道之正法，是直养元气的正功，以此回归到最终的根本，“归根曰静”。

作虚静无为之修，必须忘掉形体，以根除尘情贪欲的干扰，“及吾无身，吾有何患”。道家有堕肢体，黜聪明，离形去知的坐忘之修。心神清静了，明心见性，心复归为道心，神返回为元神，寻回真正的本来面目。太极拳静中触动动犹静，视静犹动，视动犹静，身虽动，心贵静，通过虚静之修，炼己筑基，为“深根固柢，长生久视之道”。

四

“天下之至柔，驰骋天下之至坚”，“柔弱胜刚强”，“守柔曰强”，柔弱的事物最具旺盛的生命力，而强硬的东西则接近衰亡，故曰“坚强者死之徒，柔弱者生之徒”。初生的婴儿生命力最旺盛，而骨柔筋弱。水是最柔弱的，能随方就圆，随曲就伸，“天下莫柔弱于水”。太极拳效婴儿之天真，仿水性之柔弱，以柔克刚，以弱胜强，以四两拨千斤，是太极拳应对之原则。不是有意有为去克、去制，而是在于不用强，因为“强梁者不得其死”，“坚强者死之徒”，故“不敢以取强”。太极拳的操守是“知其雄，守其雌”，深知什么是雄强，深明雄强的利弊，所以安心守在柔弱的雌位。

“不敢为天下先”，“不敢为主而为客，不敢进寸而退尺”，为何不敢？老子曰：“勇于敢，则杀；勇于不敢，则活”，勇于不敢则小心谨慎，遇事谋而后动，三思而后行，绝不轻率鲁莽。“祸莫大于轻敌，轻敌几丧吾宝”。太极拳之应对，以顺随为法，舍己从人，容让谦下。水之所以能以柔克刚，“以其善下之”，让人为主，容人在先，彼不动己不动。应人以坤阴柔顺之德，修己以乾阳刚健之道，内刚而外柔，内动而外静，内气健运流行不息，外形柔弱顺从沉静，如此之玄德，“是谓配天，古之极”。

“天之道，不争而善胜”，“水善利万物而不争”，“夫唯不争，天下莫能与之争”。道是虚无的，什么都没有，自己没有必要去与人争。道无为无执，争到什么也无处收藏，争也空争，所以不争。因为与虚空争不到个什么，所以天下也不与之相争。如此互不相争，是最平和、最友善的胜利，叫作双赢。这种不争之德，是中华礼乐之邦的高风亮节，礼之用，和为贵，待人相敬如宾，舍己为人，宽厚包容，何争之有。

太极拳有推手术，千万不要将推手术当成争的手段，那违背了不争的原则。太极拳推手无胜负，只是创造一种条件，推手双方给对方以审查的机会，检验平日的习练是否正确，是否合理。相互间还可通过喂劲接招，相互帮助，提高听劲懂劲的能力，熟练拳法技巧。听人之劲，借人之力，“善用人者为之下”，相互谦虚礼让，相互善意帮助，才能相互提高，共同进步。

五

道家学说的核心是无为，道本虚无，宇宙原本什么都没有，后来的有是由虚无而生，“有生于无”。道则“生而不有，为而不恃”，“无之以为用”，“为之于未有”。这个为是“为无为”，纯任自然而然的为，不预设，不操作，无心无意，“处无为之事”、“不为而成”。因为“天下神器，不可为也”，天下既神秘又玄奥，不可知，更不可为。“为者败之，执者失之”，强行作为将产生严重的后果，所以“不敢为也”。“无为故无败，无执故无失”，无为就不至于发生危殆，因其知“无为之益”，所以“道常无为而无不为”。

道家顺任自然，不有意作为，而天下万事万物由道而生，恃道而长，处处都有道的作用，宇宙万物的生长、消亡都是道的作用，其作用是无所不为。“道常无为”是道的体；“无不为”是道的用。无中生有，是无不为，是道的作用；有归于无，最终归于虚静，是无为，是道的本体。

修太极拳，无为而无不为，心神为拳之本体，身形为拳之作用，一内一外，以内用外，内主外从。心神者本体虚静无为，其作用则无不为，能指挥一切，调动一切。身形者其本体无知故无为，其作用为供驱使，被调动，如何受支配便如何为。心神之虚极静笃，一念不生，纯净如水，透明如镜，是本体之无为，于虚静无为中修道。心神之主宰调运，以意行气，以气运身，返观内照，守中抱一，是本体之无不为，体现本体之作用，道在用上见，于此而见道。身形之无形无象，全体透空，肌肉若一，清虚脱换，是修身形之本体，无为以近道。身形之顺随依从，随曲就伸，粘黏连随，圆活灵动，是身形之作用，体现心神的意志，反映以拳证道之无不为。无不为以无为为主导，当有为之修达于极致，阶及神明，也就升华至虚空无为，回归其本体。终究太极拳之体用皆虚静无为，通过无为之修以求得道。自然而然的直养双修，自然而然的应对有事，随用而生，不为而成，自然就是道，“道法自然”，“道常无为”。

编后语

道是宇宙间万事万物的本原，所以道不可须臾离。然而道微妙玄通，深不可识，难见其本来面目。老子用五千言论道，从不同的角度、不同的层面描述道，倡道家学说，明道虚静、恬淡、寂寞、无为之本具。凡中华之传统文化，包括所有的文学艺术、音乐绘画等等，能得道空灵淡远之神韵者，必为绝妙佳品，传世经典。

太极拳为中华之传统文化，世人以道家学派誉之。道家先哲李道子、许宣平、张三丰等人，依道家学说，发展并传播了太极拳，留有经典文论，阐明太极拳为证道求道之修。后有王宗岳、杨露禅、武禹襄等大师为之发扬光大。

追本溯源，太极拳归根于老子《道德经》，以虚静无为为其本体，以因应变化为其作用，总不离大道之本具。为一探太极拳道之究竟，遵循《老子》八十一章之轨范，逐章寻求，以期体悟无极而太极、无为而无不为、无中生有、脱有入无之真意。希望寻得通往众妙之门的路径，见其本来面目，不负太极拳先贤们攀登不息之心志。

然个人水平有限，心有余而力不足，回头细看，遗憾多多。言者不知，知者不博，无知强言，有违老君训诫。且作引玉之砖，投石问路。定有学力渊博、修道有成之大家，能叩开通往大道殿堂之天门。

感谢王佩华、汪新华、李春辉、刘建林、汪天罡、萧智君、王波涛等同学的全力帮助，谢谢。

图书在版编目（CIP）数据

老子·太极拳本原 / 张文鼎编著.
— 武汉：湖北科学技术出版社，2017.8
ISBN 978-7-5352-9699-3

Ⅰ.①老… Ⅱ.①张… Ⅲ.①太极拳—研究 Ⅳ.
①G852.11

中国版本图书馆CIP数据核字(2017)第234480号

责任编辑：谭学军　徐　竹　　　封面设计：喻　杨

出版发行：湖北科学技术出版社　　　电话：027—87679468
地　　址：武汉市雄楚大街268号
（湖北出版文化城B座13—14层）　　　邮编：430070
网　　址：http://www.hbstp.com.cn

排　　版：湖北桑田印刷策划有限公司　　　邮编：430070
印　　刷：武汉中科兴业印务有限公司　　　邮编：430071

700×1000　1/16　22.75印张　350千字
2017年9月第1版　　　2017年9月第1次印刷

定　　价：46.00元